Rita Feick

narr STUDIENBÜCHER

Inez De Florio-Hansen

Fremdsprachen-unterricht lernwirksam gestalten

Mit Beispielen für Englisch, Französisch und Spanisch

narr
VERLAG

Inez De Florio-Hansen (Dr. phil. habil.) war Professorin für Fremdsprachenlehr- und -lernforschung sowie Interkulturelle Kommunikation an den Universitäten Erfurt und Kassel. Seit ihrer Versetzung in den Ruhestand hat sie zahlreiche Fortbildungsveranstaltungen für Fremdsprachenlehrkräfte geleitet und Unterrichtsmaterialien für den Fremdsprachenunterricht entwickelt. Sie ist Wissenschaftliche Beraterin am IQ Hessen (Landesschulamt und Lehrkräfteakademie).

Bibliografische Information der Deutschen Nationalbibliothek

Die Deutsche Nationalbibliothek verzeichnet diese Publikation in der Deutschen Nationalbibliografie; detaillierte bibliografische Daten sind im Internet über http://dnb.dnb.de abrufbar.

Dischingerweg 5 · D-72070 Tübingen

Gedruckt auf chlorfrei gebleichtem und säurefreiem Werkdruckpapier.

Internet: http://www.narr-studienbuecher.de
E-Mail: info@narr.de

Printed in the EU

ISSN 0941-8105
ISBN 978-3-8233-6870-0

Inhaltsverzeichnis

Vorwort

Liebe Leserinnen, liebe Leser,

Wissenschaft ist der Wahrheit verpflichtet. Im Rahmen der vorliegenden Publikation werden wir der Wahrheit eines lernwirksamen Fremdsprachenunterrichts näherkommen. Ich stelle Ihnen ein wissenschaftlich fundiertes Unterrichtsmodell vor, welches in seinen wesentlichen Aspekten auf empirisch-quantitativer, insbesondere experimenteller, Forschung beruht. Neuere und neueste Untersuchungen machen deutlich, dass in der Theorie und Praxis des Fremdsprachenunterrichts die Ergebnisse empirisch-quantitativer Forschung stärker berücksichtigt werden müssen, wenn wir größere Lernerfolge für alle Schülerinnen und Schüler erzielen wollen.

Ein Pendelausschlag weg von der bisher propagierten Individualisierung? Ein neuer Trend in der Nachfolge von John Hattie? Oder der Tribut, den wir der rasant fortschreitenden Verwissenschaftlichung aller Lebensbereiche zollen? Nicht von ungefähr habe ich mich zu Beginn dieses Vorworts auf die Wahrheitssuche der Wissenschaft berufen. Wahrheit hat viele Gesichter. Im Folgenden greife ich aus der großen Zahl philosophischer Wahrheitsbegriffe diejenigen heraus, die im Zusammenhang mit Schule und Unterricht von besonderer Bedeutung sind (vgl. Hörisch 2004: 18ff.).

- Da ist zunächst der Charisma-Begriff von Wahrheit. Danach ist wahr, was wir als Wahrheit ausweisen, indem wir einer mitreißenden Persönlichkeit folgen.
- Der Konsens-Begriff besagt, dass das als wahr gelten soll, worüber wir nach Abwägung aller erdenklichen Einsprüche und Argumente Einvernehmen erzielen.
- Nach dem Kohärenz-Begriff sehen wir das als wahr an, was in sich stimmig, aber nicht unbedingt widerspruchsfrei ist.
- Oft geht es bei der Wahrheit um Reduktion von Komplexität. Wahr ist danach, was uns einen Überblick und somit Orientierung verschafft.
- Aufgrund des Konstruktions-Begriffs von Wahrheit gelten unsere Wirklichkeits-Konstruktionen als wahr, vorausgesetzt wir sind davon überzeugt, dass es keinen anderen Zugang zur Realität gibt.
- Wichtig ist nicht zuletzt auch der Falsifikationsbegriff von Wahrheit: Aussagen gelten solange als wahr, bis nachgewiesen wird, dass sie falsch bzw. unzutreffend sind.

Wer sich diesen und weiteren Wahrheitsbegriffen verpflichtet fühlt, kann in einem so komplexen Bereich wie dem Fremdsprachenunterricht keine umumstößlichen Wahrheiten verkünden. Mit anderen Worten: Ich stelle ein wissenschaftlich fundiertes Modell für den Fremdsprachenunterricht zur Diskussion, welches dem gegenwärtigen Stand empirischer Forschung, nicht nur quantitativer, sondern auch qualitativer Untersuchungen, weitestgehend entspricht. Mit der vorliegenden Publikation gebe ich praxistaugliche Anregungen und leite zur Umsetzung des Modells – ganz oder in Teilen – anhand von Beispielen für Englisch, Französisch und Spanisch an. Nach sorgfältiger Abwägung bin ich davon überzeugt, dass Lehrpersonen, die sich ihrer Aufgabe und ihrer Möglichkeiten bewusst sind, ihren Unterricht auf der Grundlage des vorgestellten Modells lernwirksamer gestalten können. (Zusatzmaterial zum Download: www.narr.de/narr-studienbuecher/fremdsprachenunterricht-lernwirksam-gestalten)

Angesprochen sind zukünftige Fremdsprachenlehrerinnen und -lehrer in beiden Phasen der Ausbildung, vor allem aber Lehrpersonen im Dienst sowie die jeweiligen Fachschaften. Als weiteren Leserkreis wünsche ich mir diejenigen, die sich für das Lehren und Lernen von Fremdsprachen interessieren oder auf irgendeine Weise damit befasst sind. Für Sie alle gilt das, was ich im Rahmen dieses Buches mehrfach wiederhole: Letzlich sind Sie es, die entscheiden, ob und wie Sie meine Vorschläge in Ihren Lerngruppen bzw. für sich selbst umsetzen. Ich bin zuversichtlich, dass alle, die diese Anleitung kritisch-konstruktiv nutzen, bessere Unterrichtsergebnisse erreichen und größere Zufriedenheit erlangen können.

Die Zustimmung, die Anregungen und die Kritik der Leserinnen und Leser würden auch mir in Zukunft zu besseren Ergebnissen und größerer Zufriedenheit verhelfen.

Mein besonderer Dank gilt Frau Kathrin Heyng, M. A., der zuständigen Lektorin des Narr Verlags. Sie war mir stets eine kompetente und kooperative Ansprechpartnerin.

Kassel, im Juni 2014

Inez De Florio-Hansen

www.deflorio.de
deflorio@t-online.de

P. S. Auf meiner Website finden Sie kontinuierlich Hinweise und Anregungen zur Gestaltung von Feedback, welches aus meiner Sicht der wichtigste Aspekt einer lernwirksamen Unterrichtspraxis ist.

1. Einführung

1.1 Auf dem Weg zu sichtbaren Lernergebnissen

Seit der ‚kommunikativen Wende' in den 1970er Jahren (vgl. u. a. Piepho 1974; Legutke 2008) und dem *intercultural turn* (vgl. Byram 1997; De Florio-Hansen 2001) haben sich Fremdsprachenlehrerinnen und -lehrer stärker als zuvor bemüht, die Lernprozesse ihrer Schülerinnen und Schüler zu berücksichtigen und zu fördern. Durch Vergleichsuntersuchungen wie TIMSS (*Third International Mathematics and Science Study*; Köller & Baumert 2001), PISA (*Programme for International Student Assessment*; OECD 2001) und DESI (Deutsch Englisch Schülerleistungen International; Beck & Klieme 2007) hat sich der Blickwinkel von Lehrpersonen, Schülerinnen und Schülern sowie deren Eltern inzwischen deutlich verschoben.

Nicht die Lernprozesse, sondern die Lernergebnisse stehen nunmehr im Mittelpunkt der Betrachtung. Durch die Einführung von Bildungsstandards (KMK 2004; 2005) hat die Bildungspolitik diese Entwicklung zusätzlich vorangetrieben. Für das Lehren und Lernen von Fremd- und Zweitsprachen spielen darüber hinaus die Vorgaben des Europarats eine herausragende Rolle. Der Gemeinsame europäische Referenzrahmen für Sprachen: lernen, lehren, beurteilen (Europarat 2001; GeR) empfiehlt nachdrücklich, welche Kompetenzen die Lernenden in den verschiedenen sprachlichen Bereichen auf einzelnen Niveaustufen von A1 – C2 erreichen sollen.

Im Prinzip ist eine Orientierung an den Resultaten des Lehrens und Lernens zu begrüßen. Noch während meiner Ausbildung erwiderte ein Gymnasiallehrer auf die Frage von Referendaren, wann die Schülerinnen und Schüler denn den Gebrauch der Fremdsprache lernen würden, dass er sich damit nicht aufhalten könne: Er vermittele Lexik und Grammatik sowie eine gute Kenntnis der Literatur und der Landeskunde; das „bisschen Sprachpraxis" könnten die Lernenden nach dem Abitur leicht bei einem Auslandsaufenthalt erwerben.

Tempi passati! Freilich darf interkulturelle Kommunikationsfähigkeit bzw. Diskursfähigkeit in der Fremdsprache (vgl. unten 1.3) keine vage Zielvorstellung bleiben. Mit anderen Worten: Nach wie vor ist der Weg das Ziel, aber alle Fremdsprachenlernenden sollen auf dem Weg zum Ziel durch geeignetes Feedback (vgl. ***Kap. 9***) kontinuierlich erfahren, wo sie stehen und wie sie weiterkommen können. Das setzt – über lernförderndes Feedback hinaus – eine vertrauensvolle Rückmeldung der Lernenden an ihre Lehrpersonen voraus. Fremdsprachliches Lernen muss also „sichtbar" werden, aber wie?

1.2 Ein Schüleraustausch

Vor einigen Jahren klagte mir eine Englischlehrerin aus Frankfurt am Main ihr Leid: Sie plane mit ihrer neunten Hauptschulklasse einen Schüleraustausch, stoße aber auf erheblichen Widerstand bei den Beteiligten – dem Fachkollegium, der Schulleitung und den Eltern. Nur die Schülerinnen und Schüler seien uneingeschränkt dafür und schmiedeten bereits Pläne.

Zunächst konnte ich mir die Ablehnung nicht erklären. Doch meine harmlos gemeinte Frage, wohin die Reise denn gehe, brachte die Klärung. Die Kollegin plante einen Schüleraustausch mit der Abschlussklasse eines Collège, einer Gesamtschule der Sekundarstufe I, in einem vergleichbaren Viertel in Paris. Zum Englischlernen nach Frankreich? Die Lehrerin hatte gute Gründe: Für beide Schülergruppen sei Englisch eine Fremdsprache. Das baue Ängste ab und fördere die Motivation. Ihrer Kenntnis nach würden deutsche Hauptschulklassen nur selten Austauschfahrten nach Frankreich unternehmen und hätten daher wenig Gelegenheit, französische Jugendliche näher kennenzulernen. Zudem hätte sich gerade durch die Verwendung des Englischen eine internationale Jugendkultur herausgebildet, so dass es viele Gemeinsamkeiten, aber auch Unterschiede zu entdecken gäbe.

Mir fielen die zahlreichen E-Mail-Projekte ein, bei denen Kinder und Jugendliche aus verschiedenen Ländern gemeinsam an einem Thema bzw. einem Projekt in ihrer jeweiligen „Lernsprache", sei es nun Englisch, Französisch oder Spanisch, arbeiten. War nicht außerdem hinreichend belegt, dass bei internationalen Begegnungen meist Englisch gesprochen wird, obgleich keiner der Beteiligten Muttersprachensprecher des Englischen ist? Gut vorstellen kann man sich bei einer solchen Konstellation – Sprecher unterschiedlicher Muttersprachen tauschen sich in einer Lingua franca aus – vor allem eine Verbesserung der Mediations-Kompetenz der Lernenden. Vermutlich würden sich reale Anlässe zur Sprachmittlung ergeben, die im Unterricht nur schwer zu simulieren sind (vgl. De Florio-Hansen 2013).

Die Kolleginnen und Kollegen sowie die Schulleitung und einige Eltern hielten der Englischlehrerin entgegen, Englisch lerne man am besten in England oder in den USA. Die Lernenden würden sich in Frankreich eine „schlechte" Aussprache angewöhnen und überhaupt mehr „Fehler" lernen, als sie von dem Austausch für ihre Englischkenntnisse profitieren könnten. Dass der Schüleraustausch schließlich doch stattfand, war den Schülerinnen und Schülern mit Migrationsgeschichte zu verdanken. Vor allem die türkischstämmigen Jugendlichen hatten ihre Eltern mobilisiert. Generell haben nämlich türkische Migrantinnen und Migranten durch Atatürk, den Gründer der modernen Türkei, ein enges Verhältnis zu Frankreich und vor allem zur französischen Sprache. Diese Eltern befürworteten den Austausch also uneingeschränkt (vgl. De Florio-Hansen 2011).

1.3 Leitziel: Diskursfähigkeit in der Fremdsprache

Trotz der skizzierten positiven Argumentation kann man sich fragen, inwiefern der soeben vorgestellte Austausch mit Frankreich die Englischkenntnisse von Lernenden aus Deutschland dem Leitziel des Fremdsprachenunterrichts näherbringt. In welcher Hinsicht wird die Diskursfähigkeit in der Fremdsprache Englisch bei dieser interkulturellen Begegnung gefördert? Um diese Frage zu beantworten, wollen wir kurz zusammenfassen, was mit Diskursfähigkeit gemeint ist bzw. in welcher Ausprägung der Begriff beim Lehren und Lernen fremder Sprachen gegenwärtig verwendet wird.

Gleich zu Beginn seines Beitrags mit dem Titel *Diskursfähigkeit heute. Der Diskursbegriff in Piephos Theorie der kommunikativen Kompetenz und seine zeitgemäße Weiterentwicklung für die Fremdsprachendidaktik* weist W. Hallet (2008: 76 ff.) auf die Vielschichtigkeit des Diskursbegriffs hin. „Diskurstüchtigkeit" bei Piepho deckt sich nur zum Teil mit dem Diskursbegriff von Habermas, auf den Piepho sich beruft. Habermas unterscheidet zwischen „kommunikativem Handeln" einerseits und dem „Diskurs" andererseits (vgl. Habermas 1971: 114 f.). Kommunikatives Handeln umfasst den üblichen Austausch von Informationen und Erfahrungen, während man nach

Habermas in einen Diskurs eintritt, wenn man einen Sprechakt problematisiert und dessen Geltungsansprüche hinterfragt. Ein Beispiel: Zunächst stellt ein Befehl einen kommunikativen Sprechakt dar. Hinterfragt einer der Gesprächspartner den Befehl, tritt er mit seinem Gegenüber in einen Diskurs ein. Folglich sind die Grenzen zwischen beiden Interaktionsformen fließend, d. h. die Übergänge erfolgen oft unmerklich. Wie viele Forscher vor und nach ihm bringt Habermas mit seinem Diskursbegriff eine Form der Metakommunikation ins Spiel, die beim Lehren und Lernen von Fremdsprachen gerade in Zeiten der Internationalisierung und Globalisierung von herausragender Bedeutung ist (vgl. De Florio-Hansen 2010).

Generell ist auch beim Fremdsprachenlernen zwischen zwei verschiedenen Diskursebenen zu unterscheiden: Der *discourse* (kleingeschrieben) der unteren Ebene, den die sogenannte Diskursanalyse untersucht, bezieht sich auf die „Beschreibung der sprachlichen Merkmale von kommunikativen Austauschprozessen, der Verhaltensweisen der Sprachbenutzer und der Interaktionen zwischen Diskursteilnehmern in gegebenen (meist ‚natürlichen') Situationen" (vgl. Hallet 2008: 79 f.). In der Unterrichtsforschung findet dieser „kleine" Diskursbegriff oft auf den *classroom discourse* Anwendung. Forschungsfragen lauten u. a.: Welche methodisch-didaktischen Praktiken bestimmen die Unterrichtskommunikation? Wie werden Aktionen und Interaktionsabläufe im Klassenzimmer gestaltet?

Die nächsthöhere Kommunikationsebene wird vom *Discourse* (großgeschrieben) bestimmt. Sie weist über die Akkumulation von Sätzen zu Texten deutlich hinaus. Zwar bezieht auch die untere Diskursebene den Kommunikationskontext ein: "This process of activation of a text by relating it to a context of use is what we call discourse" (Verdonk 2002: 18). Der Kontext des Gebrauchs geht jedoch nicht über die angemessene sprachliche Verwendung der Redemittel hinaus. Hinzukommen muss der *Discourse*. In enger Anlehnung an den Diskursbegriff von Foucault umreißt Kramsch, welche Merkmale für diese höhere Kommunikationsebene entscheidend sind:

> In order to understand a text, one has to understand what the text is responding to or against. This existing prior language, accumulated over the life of a discourse community, has been called Discourse with a capital D. Discourses, in this sense, are more than just language, they are ways of being in the world, or forms of life that integrate words, acts, values, beliefs, attitudes, and social identities. (Kramsch 1998: 61)

Ohne Zweifel ist diese Ausweitung des Diskursbegriffs für das Lernen und den Gebrauch von Fremdsprachen bedeutsam: Es kann nicht nur darum gehen, den Lernenden Sprechakte und *Skills* zu vermitteln. Sie müssen nach und nach erfahren, dass jeder Kommunikationsakt sich auf eine soziale und kulturelle Praxis bezieht. Nur durch diese Einsicht wird ihre (partielle) Teilhabe an der zielsprachlichen *discourse community* möglich. Das Leitziel „Diskursfähigkeit in der Fremdsprache" geht also über Fremdsprachenkenntnisse hinaus.

Das darf jedoch nicht dazu verleiten, überhöhte Forderungen an den Fremdsprachenunterricht zu stellen. Zunächst sollte man bedenken, dass Foucault und Habermas sich in erster Linie auf muttersprachliche Sprecher beziehen. In obigem Zitat definiert Kramsch *Discourse* als die vorhandenen Sprachbestände, die eine Sprechergemeinschaft während ihrer gesamten Existenz angesammelt hat. Ohne Zweifel können sich Lernende im schulischen Fremdsprachenunterricht mit dem zielsprachigen *Discourse* auf einer metakognitiven Ebene auseinandersetzen. Mitglied einer nichtmuttersprachlichen Diskursgemeinschaft zu werden und Facetten der eigenen Identität entsprechend auszubilden bzw. zu verändern, ist im bzw. durch Unterricht nur in Ausnahmefällen möglich. Daher fragt es sich, ob die hohen Ziele, die Hallet (2008: 89 ff.) skizziert, überhaupt in einer Fremdsprache zu erreichen sind.

Was Fremdsprachenlernende ausbilden können und müssen, ist die Fähigkeit zur Metakommunikation in der jeweiligen Fremdsprache. Das gilt für alle Schülerinnen und Schüler, die Fremdsprachen erlernen, nicht nur für die Lernstärkeren. Deshalb sollten wir einmal schauen, wie es der deutschen Hauptschulklasse beim Schüleraustausch in Paris ergeht.

1.4 Eine bedenkenswerte Episode

Einige Schülerinnen und Schüler hatten die Lehrerin, die viel mit dem französischen Kollegen unterwegs war, gebeten, doch einmal auf der *Place du Trocadéro* vorbeizuschauen. Man wollte ihr vorführen, wie man sich gemeinsam – französische und deutsche Partnerschüler und -schülerinnen – beim Roller- bzw. Inlineskating amüsierte. Die *Place du Trocadéro* in der Nähe des Eifelturms ist für diese Aktivitäten weit über die Grenzen Frankreichs hinaus bekannt.

An einem späten Nachmittag konnte sich die Lehrerin davon überzeugen, dass es die sonst bei Austauschfahrten üblichen Gruppierungen – auf der einen Seite die ausländischen Schüler und auf der anderen Seite die deutschen – erfreulicherweise nicht gab. Und ihre Schülerinnen und Schüler hatten deutlich die „Oberhand". Das führte sie darauf zurück, dass die Aussprache des Englischen Deutschen generell leichter fällt als Franzosen. Folglich gab es auch mehr Kontakte zwischen den Jugendlichen aus den unterschiedlichsten Ländern, für die die *Place du Trocadéro* wegen des Skating einen besonderen Anziehungspunkt bildet, und ihren Lernenden.

Indessen kam es zu einer „interkulturellen" Begegnung, die die Lehrerin freilich nur aus der Ferne beobachten konnte. Eine Familie mit zwei Kindern näherte sich einer Schülergruppe. Ganz offenbar wollte man eine Auskunft erfragen. Es hatte den Anschein, dass die französischen Jugendlichen von der Familie – es handelte sich vermutlich um englische Muttersprachler – nicht so recht verstanden wurden, und die deutschen Jugendlichen als „Sprachmittler" tätig wurden. Dann aber nahm das Gespräch ein jähes Ende. Der Vater wandte sich ab und bedeutete seiner Frau und seinen Kindern, die gern noch weiter dem Skating zugeschaut hätten, ihm in Richtung Eiffelturm zu folgen.

Was war geschehen? Wie die Lehrerin später erfuhr, hatte sich eine deutsche Schülerin danach erkundigt, woher die Familie stamme – aus Glasgow nämlich. Diese Auskunft hatte ein Schüler freundlich lächelnd kommentiert: „Ah, you come from England." Das nächste Fettnäpfchen ließ nicht auf sich warten: Die schottischen Touristen wollten wissen, ob und wie man die langen Warteschlangen an den Kassen des Eiffelturms vermeiden könnte. Dazu fiel einer deutschen Schülerin die ihrer Meinung nach witzige Bemerkung ein: „We learned at school that you like to stand in line." Das war dann doch zu viel. Die Lehrerin erklärte den Jugendlichen, warum das Gespräch aus ihrer Sicht diese negative Wende genommen hatte. Spätestens da erkannte sie, dass sie die Lernenden während der Vorbereitung auf den Austausch nicht nur mit Dos und Don'ts im Umgang mit Franzosen hätte vertraut machen müssen, sondern auch mit den kommunikativen und kulturellen Gepflogenheiten von Menschen aus dem UK und den USA.

1.5 Diskursfähigkeit unter Beweis stellen

'The proof of the pudding is in the eating' war stets die Devise der Lehrerin, wenn es darum ging, sich Rechenschaft über die Lernergebnisse ihrer Schülerinnen und Schüler abzulegen. Aus ihrer Sicht hatten Vokabeltests, Klassenarbeiten sowie Vergleichs- und zentrale Abschlussarbeiten nur bedingten Aussagewert. Die informellen und formellen Testungen beschränkten sich häufig auf sprachliche Teilbereiche, z. B. das Leseverstehen oder das Schreiben in der Fremdsprache, behandelten sie aber nicht in Kombination miteinander. Obgleich es Möglichkeiten gab, auch die Sprechkompetenz zu überprüfen, fehlten solche Testaufgaben für gewöhnlich. Davon abgesehen wurde oft nicht das überprüft, was angeblich getestet werden sollte. So beschränkten sich viele Aufgaben zur Sprachmittlung auf die Überprüfung des Lese- oder des Hörverstehens und sparten die eigentliche Mediation aus. Es wurde also bei weitem nicht das gemessen, was man messen kann, einmal davon abgesehen, dass das Leitziel 'Diskursfähigkeit in der Fremdsprache' auch im günstigsten Fall einer Testung im unterrichtlichen Kontext nur eingeschränkt zugänglich ist. Deshalb bemühte sich die Lehrerin ihre Schülerinnen und Schüler bei Kontakten in der Zielsprache, wie bei diesem Schüleraustausch, zu beobachten.

Wie können Fremdsprachenlernende bzw. die Nutzer einer Fremdsprache ihre interkulturelle Kommunikationsfähigkeit unter Beweis stellen? Wie können sie zeigen, bis zu welchem Grad sie ihre Diskursfähigkeit in der Fremdsprache ausgebildet haben? Kann man dieses Lernen in und außerhalb des Unterrichts überhaupt „sichtbar" machen (vgl. die Übersetzung der Hattie-Studie 'Visible Learning': 2013)?

Es ist immer wieder darauf hingewiesen worden, dass Lernen ein höchst individueller Vorgang ist. Bekanntlich werden Informationen nicht abbildhaft aufgenommen, sondern in vielfältigen Prozessen in eigene kognitive Strukturen überführt (vgl. De Florio-Hansen 2009). Das haben die Neurowissenschaften nachdrücklich bestätigt. Trotz beeindruckender Forschungsergebnisse wird die Hirnforschung als Leitmedium für die Fremdsprachendidaktik jedoch oft überschätzt. Auch wenn die bildgebenden Verfahren, das sogenannte *neuroimaging*, zeigen, welche Areale durch bestimmte äußere Stimuli aktiviert werden, wissen wir noch lange nicht, wie diese Stimuli im Einzelnen beschaffen sein müssen, um wünschenswerte Reaktionen auszulösen. Und wir erfahren nichts darüber, warum dieselben Aktivierungen bestimmter Areale bei verschiedenen Menschen zu unterschiedlichen Ergebnissen führen. Deshalb fordern bekannte Neurowissenschaftler, wie z. B. G. Roth, eine enge Zusammenarbeit zwischen der Neurobiologie, der pädagogischen Psychologie, der Erziehungswissenschaft und den Fachdidaktiken (vgl. G. Roth 2011: 212f.).

Die Erkenntnis, dass jeder Mensch anders lernt, hat im Bereich des schulischen Unterrichts dazu geführt, die Steuerung durch die Lehrperson weitgehend zurückzunehmen. Offene bzw. individualisierende Methoden gelten als besonders zielführend. Dadurch, dass die Schülerinnen und Schüler ihr Lernen selbst steuern, sollen sie bessere Lernergebnisse erzielen. Stimmt das überhaupt? Meiner Meinung nach liegt solchen Forderungen ein Fehlschluss zugrunde. Wenn ich selbst etwas lernen möchte, suche ich mir einen Experten und lasse es mir mit zeitlichem Abstand immer wieder erklären und/oder zeigen, bis ich es selbst kann. Weiteres Üben und Überlernen bis hin zur Automatisierung kann ich dann auch selbsttätig bzw. selbstbestimmt durchführen. In diesem Zusammenhang ist auch Folgendes zu bedenken:

> Gemeinhin geht man davon aus, dass wir unsere Entscheidungen bewusst und aus freiem Willen treffen. Allerdings sind dem Mensch [sic] nur diejenigen Anteile der Denkprozesse bewusst, welche in der Großhirnrinde stattfinden. Wesentlichen Anteil an der Steuerung menschlichen Verhaltens übernehmen aber die Teile unseres Gehirns, die dem Bewusstsein nicht zugänglich sind. (Roth [8]1997: 306)

Die griffige Formel ‚das Lernen lernen', auf die selbstbestimmtes Lernen oft reduziert wird, suggeriert Lernenden und Lehrpersonen, dass die Vermittlung von Lerntechniken und die Bewusstmachung von Strategien einschließlich eines Strategien-Trainings mit selbstbestimmtem Lernen gleichzusetzen sei (vgl. auch zum Folgenden De Florio-Hansen 2008a). Generalisierbare Beweise, dass solche unterrichtlichen Maßnahmen das Fremdsprachenlernen nachhaltig verbessern, stehen aber nach wie vor aus (vgl. schon Little 2007). Aber man kann Lernen durch geeignete Planung, Vorgaben, Nachbereitung und kontinuierliches Feedback unterstützen. Das gilt insbesondere für die Steuerung bzw. die Gestaltung des Lernens durch Lehrpersonen, Experten sowie „erfahrene" Peers.

Was wir Schülerinnen und Schülern mit Blick auf die gesellschaftspolitische Notwendigkeit des ‚lebenslangen Lernens' vermitteln müssen, sind Kompetenzen, die es ihnen ermöglichen, in und außerhalb des Unterrichts sowie über die schulische Ausbildung hinaus weiter zu lernen. Diese Lernkompetenz gründet sich in erster Linie auf Selbstkompetenz sowie auf die Kenntnis lernförderlicher Methoden einschließlich der passenden Auswahl von Medien.

Das bedeutet jedoch nicht, dass die Schülerinnen und Schüler gänzlich auf sich selbst gestellt durch *trial and error* herausfinden müssen, wie sie mit ihrem Lernen am besten vorankommen. Bei entsprechender Anleitung sind alle Schülerinnen und Schüler in kürzerer Zeit in der Lage, diese Kompetenzen in wünschenswertem Umfang auszubilden und gute fremdsprachliche Lernergebnisse zu erzielen. „Der soeben verwendete Begriff ‚Anleitung' klingt nach Instruktion; er ist auch so gemeint. Es ist keinesfalls erwiesen, dass offene Unterrichtsformen erfolgreicher sind als eine gut durchdachte Instruktion." (De Florio-Hansen 2008a: 234; vgl. ***Kap. 3*** sowie die praxisbezogenen Vorschläge in ***Kap. 5 – 9***).

1.6 *Visible Thinking* und *Visible Learning*

Die Publikationen von John Hattie *Visible Learning* (2009), *Visible Learning for Teachers* (2012) und (zusammen mit Gregory Yates) *Visible Learning and the Science of How We Learn* (2014) haben dazu geführt, dass insbesondere im deutschsprachigen Raum verstärkt über „sichtbares Lernen" diskutiert wird. Dabei kommt es zu Fehleinschätzungen, die einerseits – bewusst oder unbewusst – von Hattie in Kauf genommen werden und andererseits darauf zurückzuführen sind, dass nur wenige die Veröffentlichungen des neuseeländischen Forschers gelesen haben. Darüber hinaus wird der Terminus ‚Visible Learning' fälschlich auf Hattie zurückgeführt, obgleich ‚visible' im Sinne von ‚evident', ‚nachweisorientiert', ‚(durch Forschungsergebnisse) belegt', also letztlich ‚auf Evidenz beruhend', ein gängiger englischer Fachbegriff ist, der auch in verschiedenen europäischen Sprachen in diesem Sinn verwendet wird.

Bereits im Jahre 2009 wurde in Reggio Emilia in Norditalien ein Forschungsbericht mit dem Titel *Rendere visibile l'apprendimento* (vgl. u. a. www.reggiochildren.it) veröffentlicht, der auf einer langjährigen Kooperation zwischen verschiedenen norditalienischen Schulbehörden sowie Universitäten und dem *Project Zero* der Harvard Universität (*Project Zero Harvard Graduate School of Education*) unter Leitung von Howard Gardner basiert. Das Unterrichts- bzw. Lernmodell, welches auf den amerikanischen Wissenschaftler zurückgeht, wird in der englischen Übersetzung des soeben genannten italienischen Berichts *Making Learning Visible* (Gardner u. a. 2011) ausführlich beschrieben. Es geht um nichts anderes als um evidenzbasiertes Lehren und Lernen, das nicht nur in Italien, sondern auch in Frankreich (und Kanada) eine längere Tradition hat. Bereits früher hatte Gardner Lernprozesse, bei denen gewisse Denkformen und -strukturen von Lernenden auf den Umgang mit fachlichen Inhalten angewendet bzw. transferiert werden, als ‚Visible Thinking' bezeichnet (vgl. auch die Veröffentlichung des Ministero dell'Istruzione, dell'Università e della Ricerca 2012: *Visible Thinking, Slow Learning*).

Bevor wir uns kurz damit beschäftigen, was Hattie selbst unter *visible learning* versteht, möchte ich zwei deutsche Rezensionen anführen: Nach Terhart (2011: 282) lässt sich *visible learning* mit „explizites Unterrichten – aktives Lernen" fassen. Für Steffens & Höfer (2012) bedeutet *visible learning* in erster Linie, dass die Wirkungen des Lehrerhandelns in den Blick genommen werden (vgl. ***Kap. 2: Wege zum evidenzbasierten Fremdsprachenunterricht***).

Hattie selbst bezeichnet *visible teaching and learning* als umfassende Botschaft seiner Untersuchungen:

> Visible teaching and learning occurs when learning is the explicit goal, when it is appropriately challenging, when the teacher and the student (in their various ways) seek to ascertain whether and to what degree the challenging goal is attained, when there is deliberate practice aimed at attaining mastery of the goal, when there is feedback given and sought, and when there are active, passionate, and engaging people (teacher, student, peers, and so on) participating in the act of learning. It is teachers seeing learning through the eyes of students, and students seeing teaching as the key to their ongoing learning. The remarkable feature of the evidence is that the biggest effects on student learning occur when teachers become students of their own teaching and when students become their own teachers. (Hattie 2009: 22)

Mit diesem längeren Statement gleich zu Beginn seiner Studie umreißt Hattie sein Unterrichtsmodell, noch bevor er die Forschungsergebnisse vorstellt, auf die es gegründet ist bzw. gegründet sein soll. Denn wie wir in ***Kapitel 3 (Forschungen zum evidenzbasierten Lehren und Lernen),*** in dem ich das Forschungsdesign des neuseeländischen Forschers und das anderer ähnlich arbeitender Wissenschaftler vorstelle, sehen werden, bezieht Hattie keineswegs nur empirisch-quantitative Untersuchungen, sondern auch qualitative Studien ein, freilich ohne dies explizit anzugeben.

In jedem Fall ist Hatties Unterrichtsmodell, das auch in den Arbeiten deutscher Bildungsforscher und Erziehungswissenschaftler in ähnlicher Form lange vor Hattie ausführlich dargestellt wird (vgl. Wellenreuther 2004, Neubearbeitung 2013, [7]2014), für uns bedeutsam. Viele der auf empirischer Forschung basierenden Vorschläge lassen sich auf den deutschsprachigen Raum und insbesondere auf den Fremdsprachenunterricht übertragen (vgl. ***Kap. 4: Ein wissenschaftlich fundiertes Modell für den Fremdsprachenunterricht***).

Nach Hattie findet Lernen dann statt, wenn es das erklärte Ziel des Unterrichts – *the explicit goal* (vgl. obiges Zitat 2009: 22) – ist. Das mag selbstverständlich erscheinen, ist es aber ganz offensichtlich nicht: Zu lange bestand auch bei uns das Hauptziel des Unterrichts in der Erfüllung (um nicht zu sagen dem ‚Abarbeiten') der Vorgaben von Lehr- und Stoffplänen. Ziele müssen zudem eine angemessene Herausforderung darstellen (*challenging goals*), dürfen die Lernenden aber nicht überfordern. Deshalb müssen sich Lehrpersonen mit ihren Schülerinnen und Schülern kontinuierlich darüber abstimmen, inwieweit die Lernenden die miteinander abgesprochenen Ziele erreichen können bzw. wie mit „Lernschwierigkeiten" im konkreten Einzelfall umzugehen ist, damit auch die Lernschwächeren zu größeren Lernerfolgen kommen. Auf diese Aspekte gehe ich in ***Kapitel 5 (Planung und Einstieg in den Unterricht)*** anhand von Beispielen ausführlich ein.

Ob und in welchem Umfang die Schülerinnen und Schüler die Ziele erreichen können, hängt zu einem großen Teil davon ab, ob es der Lehrperson gelingt, die Vorkenntnisse der Lernenden – im engeren fachlichen Bereich aber auch hinsichtlich des Weltwissens – einzuschätzen und/oder zu ermitteln und an dieses Vorwissen anzuknüpfen. Nur so kann die Lehrperson geeignete Verfahren auswählen, um den Schülerinnen und Schülern die neuen Lerninhalte näherzubringen und die Wissensgrundlage zu schaffen, auf der die Lernenden mehr oder weniger selbstgesteuert aufbauen und weiterarbeiten können. Welche Formen der Erläuterung seitens der Lehrperson sich für den Fremdsprachenunterricht eignen, zeige ich anhand von Beispielen für die häufigsten Schulsprachen. Häufig bietet sich für die Einführung des neuen Lernstoffs die Modellierung, d.h. das Vormachen bzw. Vorführen und gerade beim Lehren und Lernen von Fremdsprachen auch die Nutzung von Audio- und Videobeispielen an. Hierzu gibt es Erläuterungen und praxisnahe Beispiele in ***Kapitel 6 (Darbietung neuer Lerninhalte und Verständnissicherung)***.

Im zitierten Ausschnitt aus der Studie (2009: 22) fordert Hattie zu Recht eine gutdurchdachte Praxis des Übens und Überlernens, damit die Inhalte nach und nach im konzeptuellen Gedächtnis verankert werden: *deliberate practice aimed at attaining mastery of the goal*. Das ***7. Kapitel: Vom angeleiteten und selbstständigen Üben*** ist der ersten Anwendung des Gelernten gewidmet. Auch Testungen, die sich auf eine Rangfolge innerhalb der Lerngruppe oder auf eine externe Norm wie z. B die Niveaustufen des Gemeinsamen europäischen Referenzrahmens (GeR) beziehen, können als Lerngelegenheiten dienen. Dass Testaufgaben auch Lernaufgaben sein können bzw. dass diese Unterscheidung eigentlich hinfällig ist, wird ebenfalls in Kapitel 7 erläutert.

Eine wirkliche Automatisierung, die gerade beim Fremdsprachenlernen von herausragender Bedeutung ist, wird aber durch entsprechende Übungsformate noch nicht erreicht. Wenn man einen Transfer des Gelernten auf neue Situationen, insbesondere auf reale Begegnungssituationen, anstrebt, bedarf es zusätzlicher Anstrengungen seitens aller Beteiligten. Hattie spricht hier von *active, passionate, and engaging people (teacher, student, peers)*. Die ***Fortführung durch kooperative und handlungsorientierte Lernformen*** wird in ***Kapitel 8*** anhand von Praxisbeispielen beschrieben.

Besonderes Gewicht messen die meisten Forscherinnen und Forscher dem Feedback bei (vgl. z. B. Timperley 2013). Damit ist keineswegs die Rückmeldung durch Noten in Tests und Klassenarbeiten gemeint, sondern der kontinuierliche Dialog zwischen den Lernenden und der Lehrperson. Feedback wird dabei nicht nur gegeben, sondern auch gesucht (*when there is feedback given and sought*). Lehrpersonen sollen sich in allen Phasen des Unterrichts Rechenschaft über die Lernfortschritte einzelner Schülerinnen und Schüler ablegen, um gezielt und fördernd eingreifen zu können.

Darüber hinaus soll Feedback aber auch nachgefragt werden: Die Schülerinnen und Schüler sollen sich untereinander helfen, aber auch ohne Scheu die Lehrperson um Hilfe bitten können. Das Entscheidende bei Hattie ist jedoch das Feedback, welches Lehrpersonen von ihren Lernenden erhalten, um sich Rechenschaft über die Wirkung ihres Unterrichts abzulegen. Wie neuere Formen des Feedbacks für den Fremdsprachenunterricht in verschiedenen Schulformen und auf verschiedenen Schulstufen gestaltet werden können, ist Gegenstand von ***Kapitel 9 (Feedback)***.

Lehrpersonen sollen zu Lernenden werden, die ständig und nachhaltig an der Verbesserung ihres Unterrichts arbeiten, und Schülerinnen und Schüler werden Schritt für Schritt zu ihren eigenen Lehrern. Hatties Forderung (*when teachers become students of their own teaching and when students become their own teachers*) zeigt, dass lehrergesteuertes Vorgehen – Hattie wirbt nachdrücklich für *direct instruction* – letztlich zu *self-directed learning* als Vorbereitung auf lebenslanges Lernen führt. Wie dieses Globalziel, das durch die Vorgabe von Bildungsstandards nicht greifbarer geworden ist, in deutschen Klassenzimmern erreicht werden kann, versuche ich in ***Kapitel 10 (Bildungsstandards, Kompetenzen und lernwirksamer Fremdsprachenunterricht)*** einer Klärung näherzubringen.

Anregungen zum Nachdenken und Diskutieren

1. Befürworten Sie die oben beschriebene Initiative „Englischlernen in Frankreich“ insgesamt? Warum? Warum nicht?

2. Listen Sie Vor- und Nachteile eines solchen Schüleraustauschs auf.

3. Bekannte Forscher haben in einer experimentellen Studie untersucht, welchen Einfluss die Aussprache von Englischlehrkräften mit indischer Muttersprache auf englischlernende Chinesen hat. Welchen Sinn hat ein solches Experiment Ihrer Ansicht nach?

4. Sollten Lernende des Französischen als Fremdsprache auch mit Formen des Französischen als Lingua franca vertraut gemacht werden? Warum? Warum nicht?

5. Wenn wir Spanisch als Weltsprache begreifen, müssten Spanischlernende mit verschiedenen Varianten der spanischen Sprache vertraut gemacht werden. Mit welchen?

6. Wie schätzen Sie das Leitziel ‚Diskursfähigkeit in der Fremdsprache‘ ein? Was können Sie in ihren Lerngruppen in dieser Hinsicht erreichen?

7. Nennen Sie Bedingungen, unter denen Lernprozesse nachweisbar sind. Woran kann man sehen, dass Schülerinnen und Schüler mit dem Lernen von Fremdsprachen vorankommen?

8. Machen Sie eine Liste von differenzierenden Maßnahmen, durch die sie das Lernen einzelner Schülerinnen und Schüler im Fremdsprachenunterricht fördern können.

Lektüreempfehlungen

Hattie, John (2009): *Visible Learning. A Synthesis of over 800 Meta-Analyses Relating to Achievement.* London and New York: Routledge.

Lesen Sie das erste Kapitel, in dem Hattie erläutert, was ihn zu seinen Studien veranlasst hat und was er sich von den Ergebnissen verspricht. Am besten benutzen Sie die englischsprachige Ausgabe (Chap. 1: *The challenge,* 1–6). Wenn sich Französisch- und Spanischlehrkräfte mit Englischlehrerinnen und -lehrern zusammentun, dürfte es kein Problem sein, Hattie im Original zu lesen. Wenn Sie glauben, Ihr Englisch reiche für die Lektüre dieses kurzen Kapitels nicht aus, können Sie die deutsche Übersetzung (*Lernen sichtbar machen*. Baltmannsweiler: Schneider Hohengehren, 2013) benutzen. Es geht Ihnen dann freilich viel verloren, nämlich der missionarische Drive von Hattie und seine klaren Formulierungen.

De Florio-Hansen, Inez (2014): *Lernwirksamer Unterricht. Eine praxisorientierte Anleitung.* Darmstadt: Wissenschaftliche Buchgesellschaft.

Im 4. Kapitel meiner Einführung (Vom „guten" zum lernwirksamen Unterricht: 57-67) erfahren Sie, dass „guter" Unterricht nicht unbedingt lernwirksamer Unterricht sein muss. Ältere Darstellungen zum „guten" Unterricht geben an vielen Stellen die subjektive Einschätzung des jeweiligen Erziehungswissenschaftlers bzw. bestimmter ‚didaktischer Schulen' wieder. Sie gründen fast ausschließlich auf Expertenmeinungen und qualitativen Untersuchungen und sparen empirisch-quantitative Forschungsarbeiten weitgehend aus. Zudem sollen die vorgeschlagenen Kriterien auch für die Beurteilung des Unterrichts herangezogen werden. Daraus folgt, dass „guter" Unterricht keineswegs mit lernwirksamem Unterricht gleichgesetzt werden kann. Dem stehen neuere Darstellungen gegenüber, die weitverbreitete Annahmen in Frage stellen, z. B. ein 10 Punkte umfassender Katalog „Lernwirksam unterrichten – auf einen Blick" (vgl. Felten & Stern 2012).

2. Wege zum evidenzbasierten Fremdsprachenunterricht

2.1 Resümee einer Fortbildungsveranstaltung

Anke und Nadine, zwei Englischlehrerinnen an einer Kooperativen Gesamtschule, unterhalten sich über eine Fortbildungsveranstaltung, an der Anke vor kurzem mit Harry, einem Französisch-Kollegen, teilgenommen hat.

Nadine: Na, wie war's? Hat es was gebracht?

Anke: Ja, es war recht interessant. Der Dozent hat wesentliche Aspekte von Hatties Unterrichtsmodell erläutert, vor allem die Bedeutung der Lehrperson, und er ist ausführlich darauf eingegangen, wie wichtig das Feedback im Unterricht ist.

Nadine: Was hat er denn zu den einzelnen Ergebnissen gesagt, wie z. B. dem schlechten Abschneiden von offenem Unterricht?

Anke: Dazu hat er eigentlich gar nicht viel gesagt. Auch Fragen von Kollegen, ob lehrergesteuerter Unterricht für viele Schülerinnen und Schüler nicht doch lernwirksamer sei, ist er ausgewichen.

Nadine: Wie erklärst du dir das?

Anke: Ich weiß nicht so recht. Denn bei anderen Faktoren, z. B. beim kooperativen Lernen und der Strukturiertheit des Unterrichts, hat er die Effektstärken herausgestellt.

Nadine: Na, das Übliche!

Anke: Was meinst du damit?

Nadine: Wenn es zu den bei uns propagierten Theorien passt, ist es ok. Andernfalls wird es einfach unter den Teppich gekehrt. Und sonst?

Anke: Natürlich ist er auf die Unzulänglichkeiten von Hatties Studie eingegangen. Aber er hat auch immer wieder darauf hingewiesen, dass evidenzbasiertes Lehren und Lernen heutzutage richtungsweisend sei.

Nadine: Und was soll ‚evidenzbasiert' denn nun heißen?

Anke: Also, ich habe das so verstanden, dass es um möglichst zahlreiche wissenschaftliche Nachweise aus empirisch-quantitativer Forschung zu einem Untersuchungsgegenstand geht. Wenn eine große Zahl von Studien nachweist, dass eine bestimmte Unterrichtsstrategie besonders erfolgreich ist, sollte man sie einmal im eigenen Unterricht ausprobieren. Ich finde, dass man vieles aus der Hattie-Studie auch bei uns machen kann, wenn man nur will.

Nadine: Dann lass uns doch einmal überlegen, wie wir vorgehen können. Vielleicht sollten wir uns nächste Woche treffen und über Einzelheiten reden.

Anke: Das ist wirklich eine gute Idee. Hattie bezieht sich nämlich bei seinen Analysen so gut wie gar nicht auf den Sprachunterricht, und Englisch als Zweit- oder Fremdsprache bleibt vollständig außen vor. Da müssen wir sowieso viel adaptieren.

Nadine: Die letzte Entscheidung liegt ohnehin immer bei uns. Aber ich denke, dass wir mit etlichen Unterrichtsstrategien, die Hattie als besonders effektiv ausweist, auch in unserem Fremdsprachenunterricht größere Lernerfolge erzielen können.

Anke: Ja, das denke ich auch, obgleich mir inzwischen auch Bedenken gekommen sind.

Nadine: Was für Bedenken?

Anke: Zwar glaube ich, dass die Zusammenschauen möglichst vieler wissenschaftlicher Untersuchungen und die Berechnung von Mittelwerten mehr bringen als irgendeine einzelne Expertenmeinung. Aber man muss ganz genau hingucken, was das für Untersuchungen sind.

Nadine: Da hast du vollkommen Recht. Übrigens, was hat denn Harry zu dem allem gesagt?

Anke: Er meinte, man könne sich doch ohnehin nicht nur von wissenschaftlichen Erkenntnissen leiten lassen.

Nadine: Na, das sieht ihm ähnlich. Er möchte am liebsten, dass alles so bleibt wie bisher; nur keine liebgewonnenen Gewohnheiten aufgeben.

Wie wir dem Gespräch der beiden Lehrerinnen entnehmen können, ging es bei der Fortbildungsveranstaltung, ausgehend von der Hattie-Studie (Hattie 2009; 2012), darum, die Unterrichtsentwicklung auch bei uns stärker als bisher auf empirisch-quantitative Forschungsergebnisse zu gründen. Um im Rahmen der verstärkten Diskussion über nachweisorientiertes Lehren und Lernen reflektierte Entscheidungen für den Fremdsprachenunterricht und darüber hinaus treffen zu können, müssen wir uns mit den Grundlagen empirisch-quantitativer Forschung befassen. Dabei beschränke ich mich auf Ausführungen, die insbesondere für das Verständnis von systematischen Übersichtsarbeiten (*reviews*) und Meta-Analysen (*meta-analysis*) erforderlich sind. Für vertiefende Studien sei auf die zahlreichen allgemeinen und speziellen Einführungen verwiesen (vgl. allgemeine Einführungen: Bortz & Döring [4]2006; Böhm-Kasper et al. 2009; Darstellungen zum Fremdsprachenunterricht: Brown [2]1990, 2010; Porte [2]2010; Albert & Marx [2]2014; Doff 2012).

In den folgenden Abschnitten dieses 2. Kapitels betrachten wir empirisch-quantitative Forschung anhand ausgewählter Beispiele, um uns ein Urteil über den Nutzen des einen oder anderen Verfahrens für das Lehren und Lernen von Fremdsprachen bilden zu können. Da es jedoch darum geht, den Unterricht so weiterzuentwickeln, dass möglichst alle unsere Schülerinnen und Schüler größere Erfolge beim Fremdsprachenlernen erzielen, müssen wir uns auch Rechenschaft darüber ablegen, welche Kombinationen unterschiedlicher Strategien im fremdsprachlichen Klassenzimmer lernwirksam sein können. Hattie listet nämlich in seiner monumentalen Studie die Lernwirksamkeit von 138 Einzelfaktoren auf (Hattie 2009; erweitert auf 150 in Hattie 2012). Über eine wechselseitige Verstärkung oder Beeinträchtigung bei der Verbindung einzelner Faktoren macht er keine Angaben.

Noch wichtiger ist, dass wir nur aufgrund eines Basiswissens über empirisch-quantitative Forschung ermessen können, wie relativ die Angaben von Lerneffekten in Zahlen sind. Mit anderen Worten: Bei allen unseren Entscheidungen ist es unerlässlich, dass wir den möglichen Nutzen des einen oder anderen Unterrichtsverfahrens, welches in den umfänglichen Studien auf einen Mittelwert gebracht wird, für unsere individuellen Lernenden einschätzen lernen. „Die letzte Entscheidung liegt ohnehin immer bei uns“, sagt Nadine treffend. Nicht nur das Festhalten an überkommenen Lehr-Gewohnheiten kann schädlich sein („Das haben wir immer so gemacht“). Auch das unreflektierte Experimentieren mit Lehr- und Lernmethoden bringt die Schülerinnen und Schüler nicht voran („Das machen doch jetzt alle so“).

Unsere Hauptfragen, auf die wir am Ende von Kapitel 2 (vorläufige) Antworten haben sollten, lauten:

- Wie verhält es sich mit den von Hattie und anderen Unterrichtsforschern angegebenen Effekten, bei denen aufgrund der Forschungsmethodologie von den konkreten schulischen und fachlichen Zusammenhängen abstrahiert wird?
- Was können wir davon auf den deutschsprachigen Kontext und auf den Fremdsprachenunterricht mit unseren Schülerinnen und Schülern übertragen?
- Welche Veränderungen bzw. Adaptionen müssen wir vornehmen, wenn wir eine mehr oder weniger bedeutsame Innovation in unserem Unterricht umsetzen wollen?

2.2 Empirisch-quantitative Forschung

Was bedeutet Empirie in einem komplexen Forschungsfeld wie dem Fremdsprachenunterricht? Dazu gibt A. Bonnet folgende Erläuterungen:

> Empirie heißt wörtlich ‚Erfahrung' und bezeichnet wissenschaftstheoretisch Strömungen, die diese Erfahrung als Quelle der Erkenntnis gegenüber anderen Verfahren favorisieren. Man geht davon aus, dass nur über die Erzeugung von Daten geklärt werden kann, welche Theorien gegenüber anderen erklärungsmächtiger und dem Gegenstand angemessener sind. Am Beginn des 21. Jh.s befindet sich die Fremdsprachendidaktik auf dem Weg von einer normativen und stark geisteswissenschaftlich-philologisch geprägten Disziplin zu einem interdisziplinären empirischen Forschungsfeld. (Bonnet 2010: 46)

Die Zeiten, in denen sich Forscherinnen und Forscher damit begnügt haben, bestimmte Unterrichtsverfahren allein aufgrund ihrer persönlichen Einschätzung und einer gewissen Sachlogik, also praktisch vom Schreibtisch aus, zu propagieren, sind lange vorbei. Viele Untersuchungen basieren auf Empirie, d. h. die Daten werden im fremdsprachlichen Klassenzimmer in mehr oder weniger unterrichtsähnlichen Situationen erhoben. Worin liegt der Unterschied zwischen solchen Unterrichts-Studien und der zunehmenden Tendenz, sich auch im Fremdsprachenunterricht stärker auf empirisch-quantitative Daten zu stützen?

2.2.1 Untersuchungsansätze der Fremdsprachenlehr- und -lernforschung

Viele der älteren, auf Erfahrung basierenden Untersuchungen arbeiten ausschließlich oder zu großen Teilen mit einem empirisch-qualitativen Design, d. h. sie erläutern die gefundenen Zusammenhänge in Worten. Als Beispiel kann meine Untersuchung *Vom Reden über Wörter* dienen. Darin analysiere ich Semantisierungsverfahren im herkömmlichen Italienischunterricht anhand von Tonmitschnitten aus zahlreichen Unterrichtsveranstaltungen (De Florio-Hansen 1994). Die aus der Analyse der Transkripte hervorgegangenen Gesprächsmuster ordne und interpretiere ich in weiteren Schritten bezüglich ihres Nutzens für den Wortschatzerwerb. Aber an keiner Stelle belege ich die Lernwirksamkeit eines Semantisierungsverfahrens im Vergleich zu einem anderen durch Zahlen. Damit folge ich der damaligen Auffassung, dass die ‚Faktorenkomplexion' des Fremdsprachenunterrichts zwar Plausibilitätsannahmen, aber keine generalisierbaren Resultate gestatte. Das Bedürfnis nach Verallgemeinerbarkeit der Ergebnisse hat sich jedoch auch in der Fremdsprachenlehr- und -lernforschung in den letzten beiden Jahrzehnten mehr und mehr durchgesetzt, d. h. ein beträchtlicher Teil neuerer Forschungsarbeiten stützt sich zumindest teilweise auf empirisch-quantitative Untersuchungsmethoden, welche die gefundenen Ergebnisse in Zahlen benennen.

Das folgende Beispiel belegt diese Entwicklung. N. Rück (2009) untersucht in ihrer Dissertation die *Auffassungen vom Fremdsprachenlernen monolingualer und plurilingualer Schülerinnen und Schüler*. Ihr Ziel ist es, „generalisierbare Unterschiede zwischen einsprachig-deutsch aufgewachsenen und lebensweltlich mehrsprachigen Lernenden zu ermitteln“ (Rück 2009: 55). Es geht ihr um statistische Signifikanz, d. h. sie weist nach, welche Ergebnisse nicht aufgrund des Zufalls zustande gekommen sind. Das setzt eine repräsentative Stichprobe voraus, die Rück dadurch gewinnt, dass sie Fremdsprachenunterricht in verschiedenen Bundesländern in ihre Untersuchung einbezieht (Zahl der Probanden n = 120; vgl. dazu Dörnyei 2003). Sie räumt also der Verallgemeinerbarkeit der Ergebnisse den Vorrang vor der „Verstehenstiefe“ ein (Rück 2009: 55). Da die sprachliche und kulturelle Heterogenität in fremdsprachlichen Klassenzimmern noch wenig erforscht ist, ergänzt sie ihr quantitatives, auf Generalisierbarkeit zielendes Design durch explorative, qualitative Untersuchungsmethoden.

2.2.2 Neuere Forschungsdesigns

Kommen wir auf das Gespräch der beiden Englischlehrerinnen zurück. Sie sprechen kurz die unterschiedliche Wirkung von offenen und lehrergesteuerten Unterrichtsmethoden an, die Hattie und andere Wissenschaftler zu belegen suchen. Deren empirisch-quantitative Forschungen sind jedoch anders ausgerichtet als die soeben skizzierte Dissertation. Rück liefert generalisierbare Ergebnisse zu den Auffassungen vom Fremdsprachenlernen einsprachig und mehrsprachig aufgewachsener Schülerinnen und Schüler. Damit schafft sie Voraussetzungen für das Vorgehen von Lehrpersonen im Fremdsprachenunterricht in multiethnisch und multilingual zusammengesetzten Lerngruppen. Zwar leitet sie aus ihrer Studie Handlungsempfehlungen für den Unterricht ab, macht dabei jedoch keinerlei Angaben zur Lernwirksamkeit einzelner Unterrichtsverfahren.

Wie oben erwähnt, legen empirisch-quantitative Forschungsarbeiten ihre Ergebnisse immer in Zahlen vor. Diese Gemeinsamkeit quantitativer Designs darf aber nicht darüber hinwegtäuschen, dass es eine große Bandbreite empirisch-quantitativer Untersuchungsmethoden gibt. Das Gleiche gilt selbstverständlich auch für qualitative Methoden und die häufig befürwortete Kombination zwischen beiden (wissenschaftlichen) Methodologien im gleichen Forschungszusammenhang. Einen guten Überblick liefert der von Doff (2012) herausgegebene Sammelband. Er enthält keinen Anwendungsbeitrag zu einem randomisierten Kontrollgruppenexperiment in der Fremdsprachen-Unterrichtsforschung, aber eine quasi-experimentelle Studie und einige empirisch-quantitativ ausgerichtete Untersuchungen.

Ebenso wie es bei qualitativen Studien zum Lehren und Lernen von Fremdsprachen große Qualitätsunterschiede hinsichtlich des Designs gibt, werden auch im Bereich der quantitativen Forschung Grade der Fundiertheit unterschieden (vgl. Wellenreuther 2004; Neubearbeitung 2013, [7]2014). In der englischsprachigen Forschung ist in diesem Zusammenhang von *evidence* die Rede.

Im Deutschen wie im Englischen bedeutet ‚Evidenz/*evidence*' in alltagsweltlicher Kommunikation ‚Offensichtlichkeit' bzw. ‚unmittelbare Einsichtigkeit'. Der Begriff lässt also zunächst nicht an wissenschaftliche Belege bzw. Nachweise im strengen Sinn denken. Wir sagen: „Das ist doch ganz evident" und meinen damit, dass etwas einen bestimmten Anschein erweckt. Freilich ist es keine Seltenheit, dass alltagsweltliche Begriffe beim Übergang in die wissenschaftliche Terminologie einen Bedeutungswandel erfahren. Im Zusammenhang mit empirischen Untersuchungen wird ‚evidence' als Beleg bzw. als Nachweis verstanden. Wissenschaftliche Evidenz liegt folglich dann vor, wenn belastbare Aussagen über die Wirksamkeit bestimmter Faktoren gemacht werden. Daran ändert sich auch dadurch nichts, dass Evidenz in philosophischer Diktion die Subjektivität menschlicher Denk- und Sprechweisen einbezieht (vgl. Bellmann & Müller 2011). Wer diese letztlich immer vorhandene Subjektivität als Argument gegen quantitative und insbesondere experimentelle Untersuchungen ins Feld führt, negiert die Ergebnisse wissenschaftlicher Forschung.

In ähnlicher Weise argumentiert der Kollege der beiden Englischlehrerinnen, wenn er sagt, man könne sich doch nicht nur von wissenschaftlichen Erkenntnissen leiten lassen. Das ist unbestritten. Das bedeutet aber keinesfalls, dass wissenschaftliche Ergebnisse, insbesondere solche aus empirisch-quantitativen Studien, außer Acht gelassen werden dürfen. Geisteswissenschaftlich-geprägte Erziehungswissenschaftler argumentieren oft mit dem Slogan „Mischwald ist besser als Monokultur" (vgl. H. Meyer zuletzt 2014). Damit verteidigen sie die im Prinzip wünschenswerte Methodenvielfalt im Unterricht, freilich ohne anzugeben, welche Methoden sich in einem bestimmten Unterrichtsfach bei einem speziellen Lerngegenstand als besonders effektiv erwiesen haben. Mischwald ist eben nicht gleich Mischwald, wie wir in den praxisorientierten ***Kapiteln 5 bis 9*** noch sehen werden. Außerdem kann auch Monokultur bisweilen ertragreich sein – es kommt immer auf den Zusammenhang an.

2.2.3 Grade der Evidenz

Im Wesentlichen kann man fünf Grade der Evidenz bzw. der Fundiertheit wissenschaftlicher Untersuchungen unterscheiden (vgl. De Florio-Hansen 2014: 19):

I. Die Spitze bilden Kontrollgruppenexperimente.
II. Es folgen die zahlreichen quasi-experimentellen Untersuchungen.
III. Korrelationsstudien (Quer-/Längsschnittuntersuchungen) bilden die Mitte.
IV. Beschreibende Studien werden lediglich dem vorletzten Rang zugeordnet.
V. Den geringsten Evidenzgrad erhalten in dieser Pyramide Expertenmeinungen.

Den höchsten Grad an Evidenz weisen in dieser Modellierung Experimente auf. Aber Experiment ist nicht gleich Experiment. Als Goldstandard der internationalen empirischen Forschung gelten randomisierte Kontrollgruppenexperimente (RCT: *Randomized Control Trial*). Nehmen wir einmal an, eine Lehrperson ist mit der Erledigung der Hausaufgaben in der 8. Klasse, in der sie Englisch unterrichtet, nicht zufrieden: Mündliche Hausaufgaben werden von vielen Schülerinnen und Schülern nicht ernst genommen bzw. einfach ignoriert, bei schriftlichen Aufgaben wird viel abgeschrieben. Mit anderen Worten: Die gestellten Hausaufgaben bringen aus der Sicht der betroffenen Lehrerin so gut wie keinen Lernfortschritt. Nachdem sie sich mit Fachkolleginnen und -kollegen besprochen hat, denen es ähnlich ergeht, tragen sie ihre Beobachtungen bei einer Fortbildungsveranstaltung an den Dozenten heran. Der weist sie auf die Ergebnisse der Hattie-Studie (2009: 234ff.) hin, wonach Hausaufgaben nicht besonders lernwirksam sind. Insgesamt lägen die Ergebnisse von *homework* unterhalb der Grenze wünschenswerter Effekte (vgl. unten 2.2.4). Am Rande erwähnt der Dozent, dass Hausaufgaben nach Hattie das Lernen in der Sekundarstufe I, vor allem in höheren Klassen, stark fördern, während sich bei Kindern im Grundschulalter durch Hausaufgaben nur geringe Lerneffekte zeigen. Was sagt Hatties Mittelwert also letztlich aus?

2.2.4 Empirisch-experimentelle Forschung

Planen wir in Gedanken ein randomisiertes Kontrollgruppenexperiment zur Lernwirksamkeit von Hausaufgaben im Englischunterricht der 8. Jahrgangsstufe. Dazu brauchen wir eine hinreichend große Stichprobe, d. h. wir müssen eine repräsentative Auswahl aus der Gesamtpopulation treffen. Dann werden die für die Untersuchung ausgewählten Schülerinnen und Schüler nach dem Zufallsprinzip – in wissenschaftlicher Terminologie durch Randomisierung – in zwei gleich große Gruppen eingeteilt. Es hat sich gezeigt, dass störende Faktoren durch Randomisierung am ehesten kontrolliert werden können (vgl. Bortz & Döring [4]2006: 113f.).

Nach dem Zufallsprinzip bildet die eine Hälfte der Lernenden die Versuchsgruppe, die andere Hälfte wird der Kontrollgruppe zugerechnet. Die Versuchsgruppe erhält Hausaufgaben, die Kontrollgruppe nur den regulären Unterricht (ohne Hausaufgaben). Vor dem eigentlichen Experiment nehmen alle Probanden an einem Vortest (*pretest*) teil. Er soll Aufschluss über den Leistungsstand der Schülerinnen und Schüler geben und gegebenenfalls ihre bisherigen Erfahrungen mit Hausaufgaben zeigen. Nun folgt die Intervention: Die Schülerinnen und Schüler der Versuchsgruppe erledigen die erteilten Hausaufgaben – *hopefully* –, während die Kontrollgruppe im Unterricht wie gehabt fortfährt, aber keine Hausaufgaben zu machen braucht.

Nachdem die Lehrpersonen, die mit ihren Lernenden am Experiment teilnehmen, diesen Vorgaben für einen vom Forscher festgelegten Zeitraum, z. B. für einen Monat, gefolgt sind – Versuchsgruppe mit, Kontrollgruppe ohne Hausaufgaben – wird erneut ein Test, der sogenannte Nachtest (*posttest*) durchgeführt. Er ist nicht mit dem Vortest identisch, um aus der Bearbeitung des *pretest* resultierende Lerneffekte auszuschließen. Der Nachtest ähnelt ihm aber im Aufbau, um die Lernergebnisse der Probanden in beiden Tests miteinander vergleichen zu können. Bisweilen kommt das sogenannte *after-only-design* zur Anwendung, bei dem auf den Vortest verzichtet wird.

Im günstigsten Fall kann man nach dem Experiment Aussagen darüber treffen, ob und wie lernwirksam das Anfertigen von Hausaufgaben im Fach Englisch in der 8. Jahrgangsstufe ist. Aber wie weiß man, wie groß der Unterschied hinsichtlich des Lerneffekts zwischen der Versuchs- und der Kontrollgruppe ist? Man rechnet für beide Gruppen die Mittelwerte der Testergebnisse aus und vergleicht sie miteinander (Einzelheiten zur Berechnung der Effektstärke vgl. unten 2.3).

Gleichwohl sind die Resultate unseres idealtypischen Experiments für eine Lehrperson, die ihre Hausaufgabenpraxis lernwirksamer gestalten möchte, von geringem Wert. Kommen wir auf die oben angeführte Englischlehrerin zurück, die mit der Erledigung der Hausaufgaben durch ihre Lernenden höchst unzufrieden ist. Was hat sie gewonnen, wenn sie nun weiß, dass Hausaufgaben das Lernen eher fördern als der Verzicht darauf? Was könnte sie konkret verändern? Um die Hausaufgabenpraxis in ihrer Lerngruppe zu verbessern, müsste sie genau wissen, wie die Hausaufgaben im Kontrollgruppenexperiment beschaffen waren: Waren es mündliche oder schriftliche Aufgaben? Wie umfangreich waren sie? Waren sie anregend und motivierend? Konnten sich die Lernenden Rechenschaft darüber ablegen, dass das Anfertigen der Hausaufgaben sie im Lernen voranbringt? Waren es Aufgaben, die das vertiefte bzw. konzeptuelle Lernen fördern, oder ging es um ein mehr oder weniger monotones Abarbeiten bestimmter Lehrbuch- oder Workbook-Abschnitte? War es den (meisten) Schülerinnen und Schülern klar, welche Teilkompetenzen sie auf- bzw. ausbauen konnten? Oder ging es um ein bloßes Fertigkeitstraining?

Diese Fragen, die keinesfalls erschöpfend sind, zeigen, dass die Planung eines aussagekräftigen Kontrollgruppenexperiments sehr hohe Anforderung an den Wissenschaftler oder die Forschergruppe stellt. Zahlreiche Einzelheiten müssen bedacht werden. Und damit nicht genug: Die Ergebnisse eines Experiments können trotz großer Umsicht der Forschenden z. B. durch ‚Probandenschwund' verfälscht sein. Das ist besonders bei Experimenten der Fall, deren Durchführung längere Zeit in Anspruch nimmt. In unserem Fall wäre beispielsweise wenig gewonnen, wenn wir uns auf das einmalige Erteilen oder nicht Erteilen einer Hausaufgabe beschränkt hätten. Oft ist es dann schwer zu entscheiden, wie mit fehlenden Daten umzugehen ist.

Empirische Forschung, gleichgültig ob qualitativ oder quantitativ ausgerichtet, ist aber auch anfällig hinsichtlich der Voreingenommenheit oder Unredlichkeit des Forschers (vgl. auch zum Folgenden De Florio-Hansen 2014: 17ff.). Nehmen wir einmal an, der Wissenschaftler ist von einer bestimmten Unterrichtsstrategie besonders überzeugt, weil er bei Unterrichtsbeobachtungen festgestellt hat, dass eine oder mehrere Lehrpersonen damit gute Erfolge in ihren Lerngruppen erzielen. Das könnten z. B. Multiple-Choice-Aufgaben zur Überprüfung des Leseverständnisses sein. Der Forscher hat gesehen, dass die Schülerinnen und Schüler den Inhalt eines gelesenen Textes besser verstehen und behalten, wenn sie Aufgaben mit Mehrfachauswahl im Anschluss an die Lektüre bearbeiten. In anderen Lerngruppen glaubt er festgestellt zu haben, dass die Beantwortung von Fragen zum Text weniger lernwirksam ist.

Um belastbare Ergebnisse zu erhalten, plant er ein Experiment. Er bemüht sich darum, möglichst gute Multiple-Choice-Aufgaben für die Versuchsgruppen zu erstellen, bei denen die Distraktoren (d. h. die unrichtigen Antworten) genau auf den Text abgestimmt sind. Er informiert die Lehrpersonen, die am Experiment teilnehmen, welche positiven Resultate er vom Einsatz der Mehrfachauswahlantworten erwartet. Möglicherweise nehmen diejenigen, die in den Versuchsgruppen unterrichten, an einem vorbereitenden Training teil. Den in den Kontrollgruppen tätigen Lehrpersonen gibt er lediglich den Hinweis, sie sollten ihren Unterricht planen und durchführen wie bisher. Es ist höchst unredlich, wenn die Lernbedingungen in den Kontrollgruppen bewusst so gestaltet werden, dass möglichst wenig gelernt wird. Zwar ergibt sich dann ein hoher Effekt für die gewählte Strategie, das Vorgehen ist aber nicht glaubwürdig (vgl. Wellenreuther 2004; Neubearbeitung 2013, [7]2014: 33). Meist werden solche Verzerrungen von anderen Forscherinnen oder Forschern aufgedeckt. Oft kommt es auch zur ganzen oder teilweisen Wiederholung des Experiments, wenn Zweifel am Untersuchungsdesign auftreten. Replikationen unter möglichst gleichen Versuchsbedingungen sind im englischsprachigen Raum sehr häufig.

Oft ist es aus verschiedenen Gründen nicht möglich, bei der Bildung der Versuchs- und der Kontrollgruppen nach dem Zufallsprinzip zu verfahren. Dann wird z. B. auf die Parallelisierung zurückgegriffen: Man bildet Paare von Lernenden, die sich hinsichtlich möglichst vieler Merkmale sehr ähnlich sind. Diese Zweiergruppen werden geteilt, und je ein Schüler bzw. eine Schülerin wird der Versuchs- bzw. der Kontrollgruppe zugeordnet. Wenn solche quasi-experimentellen Studien sorgfältig geplant werden, kann man auch mit diesem Design aussagekräftige Resultate erzielen. Dennoch sind quasi-experimentelle Untersuchungen randomisierten Kontrollgruppenexperimenten nicht gleichgestellt. Sie nehmen in der Pyramide der Evidenz-Grade (vgl. oben) deshalb nur den zweiten Rang ein.

2.2.5 Nicht-experimentelle Forschung

Warum aber werden randomisierte Kontrollgruppenexperimente als Goldstandard der empirischen Forschung gehandelt? In erster Linie geht es um den sogenannten Kausalzusammenhang. Durch ein Experiment kann man am ehesten prüfen, welche Effekte bei einer Versuchsbedingung (z. B. Hausaufgaben, Multiple-Choice-Aufgaben etc.) zu verzeichnen sind. Aber selbst wenn sich im Experiment eine bestimmte Strategie als besonders lernwirksam erweist, ist das noch kein endgültiger Beweis. Denn seit Popper (1938, [11]2005) gilt das Prinzip der Falsifikation: Eine wissenschaftliche Theorie oder die Wirksamkeit eines Unterrichtsverfahrens, hat nur so lange Gültigkeit, bis weitere Forschungen dieses Ergebnis falsifizieren und damit das Gegenteil belegen. Hinreichend überprüfte und bestätigte Erkenntnisse bzw. Ergebnisse sind für uns dennoch relevant. Wir müssen aber stets bedenken, dass es immer Entwicklungen geben kann, die gut belegte Forschungsresultate widerlegen. Dazu schreibt Petty:

> But getting the truth is far from being easy, so we need to keep an open mind. Thanks to more effective research we are learning fast, and the best evidence available can only give us the best guess so far. Medical and agricultural practice changes [sic] as new evidence becomes available; education should be the same. (Petty [2]2009: 5)

Wie wir im letzten Abschnitt erfahren haben, sind randomisierte Experimente mit großen Stichproben sehr aufwendig. Deshalb werden sie – abgesehen von den unterschiedlichen Forschungstraditionen – im deutschsprachigen Raum viel seltener durchgeführt als beispielsweise in den USA. Aus diesem Grund ist es oft unumgänglich, nicht-experimentelle Untersuchungen in Betracht zu ziehen. Dabei müssen wir zusätzlich zu den obigen Vorbehalten berücksichtigen, dass bei nicht-experimentellen eine Zuordnung von Ursache und Wirkung nur eingeschränkt möglich ist, dass also die Prüfung eines Kausalzusammenhangs fehlt.

Für die Fremdsprachenlehr- und -lernforschung sind im Bereich der nicht-experimentellen Untersuchungsdesigns vor allem Quer- und Längsschnittuntersuchungen von Belang. Sie weisen Korrelationen, also Wechselwirkungen zwischen zwei (oder mehr) Variablen, nach. Daher werden diese Forschungsarbeiten auch Korrelationsstudien genannt. Sie nehmen in der obigen Evidenzpyramide die mittlere Position ein. Dass eine Wechselwirkung zwischen zwei Variablen noch keinen Kausalitätszusammenhang beinhaltet, können wir uns an folgendem Beispiel klarmachen: Man beobachtet, dass Schülerinnen und Schüler, die während des Unterrichts von Zeit zu Zeit einen Schluck Wasser aus den mitgebrachten Flaschen trinken, konzentrierter und aktiver mitarbeiten als die anderen. Daraus zu schließen, dass die höhere Konzentration und die aktivere Mitarbeit auf den Wasserkonsum zurückzuführen sei, ist ein Fehlschluss. Das Lernverhalten dieser Schülerinnen und Schüler kann ganz andere Ursachen haben. Es bedarf einer sorgfältigen Überprüfung des Sachverhalts, um die konzentriertere und aktivere Mitarbeit im Unterricht auf eine bestimmte Ursache zurückzuführen. Es steht zu vermuten, dass verschiedene Faktoren, darunter möglicherweise auch das regelmäßige Trinken von Wasser, eine Rolle spielen.

Zur Ermittlung von Korrelationen werden, wie erwähnt, Quer- und Längsschnittuntersuchungen durchgeführt. Dabei werden die unabhängige und die abhängige Variable zum gleichen Zeitpunkt an einer möglichst großen Stichprobe gemessen. In unserem Zusammenhang bezeichnet man als unabhängige Variable eine von der Wissenschaftlerin oder dem Wissenschaftler gewählte Intervention, z. B. Hausaufgaben, Multiple-Choice-Tests oder ein anderes Unterrichtsverfahren, dessen Einfluss auf die Lernleistung, die abhängige Variable, untersucht werden soll. Es besteht eine ‚Wenn-Dann-Relation': Wenn die Lernenden Multiple-Choice-Aufgaben im Anschluss an die Lektüre eines Textes lösen, dann erreichen sie größere Lernerfolge (als wenn sie dies nicht tun oder andere Aufgaben bearbeiten). Der Unterschied zwischen Quer- und Längsschnittuntersuchungen besteht darin, dass bei letzteren die soeben beschriebene Messung zu mehreren Zeitpunkten erfolgt. Aber auch das berechtigt nicht dazu, die ermittelten Korrelationen in einen Kausalzusammenhang zu bringen. Um begründet von der Ursache auf die Wirkung zu schließen, bedarf es der weiteren Überprüfung durch ein Experiment. Dennoch sind Quer- und Längsschnittuntersuchungen sehr wichtig, liefern sie doch Hypothesen und Plausibilitätsannahmen, die durch experimentelle Kontrolle weiter untersucht und entweder bestätigt bzw. verworfen werden können.

Ähnliches gilt auch für empirisch-qualitative Untersuchungen, die häufig relevante Fragen zum Unterrichtsgeschehen aufwerfen, die anschließend durch experimentelle Studien besser beantwortet werden können. Qualitative Untersuchungen haben noch einen weiteren Vorteil. Sie liefern oft nützliche Einblicke in soziale und affektive Zusammenhänge, die mit empirisch-quantitativen Designs nur schwer zu erfassen sind. In den folgenden Kapiteln (vgl. vor allem ***Kap. 5 – 7***), die sich mit dem konkreten Vorgehen im Fremdsprachenunterricht Englisch, Französisch und Spanisch beschäftigen, werden wir feststellen, dass (ältere und neuere) Lern- und Gedächtnismodelle sowie Motivationstheorien ihren Ursprung in qualitativen Studien haben und zum Teil auf entsprechenden Untersuchungen beruhen.

2.3 Systematische Übersichtsarbeiten (*reviews*), Meta- und Mega-Analysen

Wie in der obigen Evidenzpyramide ausgewiesen, gelten die Ergebnisse, die in einem sorgfältig geplanten und in seinen Einzelheiten beschriebenen Experiment ermittelt werden, als zuverlässiger als eine Expertenmeinung, die den untersten Rang einnimmt. Für eine Lehrperson, die sich an Belegen bzw. Nachweisen für die eigene Unterrichtspraxis orientieren möchte, ist aber durch ein einziges Experiment bzw. eine quasi-experimentelle Studie wenig gewonnen. Deshalb ist es schon seit Jahrzehnten üblich, mehrere Untersuchungen zu demselben Forschungsgegenstand in einer systematischen Übersichtsarbeit (review) oder einer Meta-Analyse (meta-analysis) zusammenzufassen. Beispielsweise hat M. H. Long Anfang der 1990er Jahre alle verfügbaren Untersuchungen (über 250!) zum *age factor*, also dem Einfluss des Alters auf das Erlernen einer Zweit- bzw. Fremdsprache, überblicksartig zusammengefasst. Später hat er eigene empirische Untersuchungen zu diesem Thema durchgeführt (vgl. z. B. Long 2005).

2.3.1 Evidenzbasierte Unterrichtsforschung

Übersichtsarbeiten und Meta-Analysen fassen eine große Zahl bzw. möglichst alle Primärstudien zu einem Untersuchungsgegenstand zusammen, um der Praxis begründete Entscheidungen zu erleichtern. Dabei geht man von folgender Überlegung aus: Weisen möglichst viele empirische Untersuchungen, vor allem Experimente und quasi-experimentelle Studien, nach, dass eine Intervention große positive Wirkung entfaltet bzw. wirkungslos ist oder sogar negative Effekte zu erwarten sind, kann man aus einer solchen Zusammenschau entsprechende Rückschlüsse für das Vorgehen in der Praxis ziehen. Das entscheidende Kriterium dabei ist die Evidenz im wissenschaftlichen Sinne.

Am Ende des vorigen Kapitels (vgl. ***Kap. 1,*** Abschnitt 1.6) bin ich kurz darauf eingegangen, dass *visible* nicht nur ‚sichtbar' (*capable of being perceived by the eye*) bedeuten kann. Im Englischen wird *visible* auch in der Bedeutung von ‚evident' (*capable of being perceived by the mind*) verwendet (z. B. *no visible dangers*). *Visible* ist also mehrdeutig und fordert – wie wir oben gesehen haben – in Verbindungen wie *visible thinking* oder *visible learning* zu Interpretationen heraus. Wenn man auf Wortspiele und Metaphern verzichtet, heißt *visible teaching and learning* nichts anderes als ‚evidenzbasiertes Lehren und Lernen'.

Eine längere Tradition als das evidenzbasierte Lehren und Lernen hat die nachweisorientierte Medizin. Das geht auch aus obigem Zitat von Petty hervor. Der britische Erziehungswissenschaftler fordert nämlich, dass die Pädagogik ähnlich verfahren sollte wie Medizin (und Landwirtschaft). Bei neuen Erkenntnissen muss die jeweilige Praxis ihr Vorgehen gegebenenfalls revidieren. Auch Hattie (2009: VIII) bezieht sich gleich zu Beginn seiner Studie auf die evidenzbasierte Medizin. Er erzählt vom fünfjährigen Elliot, der an Leukämie erkrankt ist. Nachdem sich die Diagnose erhärtet hat, beginnt sogleich die Therapie. „Thus began a year of constant monitoring and feedback to the medical team about Elliott's progress. All throughout they collected evidence of progress, they knew what success looked like, and kept all informed about this evidence."

Selbstverständlich gibt es Unterschiede zwischen der nachweisorientierten Medizin und der evidenzbasierten Pädagogik. Kritik an der auf Evidenz gegründeten Ausrichtung der Erziehungswissenschaft wird vor allem deshalb geübt, weil das Unterrichtsgeschehen weitaus komplexer sei als die Überprüfung der Wirkung von Medikament A im Vergleich zu Medikament B. Das ist meiner Meinung nach nur bedingt richtig, wenn man einmal die unterschiedlichen Vorerkrankungen der Patienten und die zahlreichen Nebenwirkungen von Medikamenten bedenkt. Die Konsequenz aus Vergleichen zwischen unterschiedlichen Wissenschaftsdisziplinen kann aber nicht darauf hinauslaufen, dass man aufgrund der ‚Faktorenkomplexion' des Fremdsprachenunterrichts die Ergebnisse empirisch-quantitativer Unterrichtsforschung unberücksichtigt lässt. Die Folgerung aus der Komplexität des Unterrichtsgeschehens besteht vielmehr darin, dass man sorgfältig darauf zu achten hat, welche Primärstudien ein Wissenschaftler bzw. ein Forscherteam in eine systematischen Übersichtsarbeit oder eine Meta-Analyse aufgenommen hat.

Außerdem sind auch in der evidenzbasierten Medizin letztlich immer die Expertise des Arztes und die Bedürfnisse und Wünsche des Patienten ausschlagend. Ihre Interaktion wird durch Übersichtsarbeiten und Meta-Analysen lediglich unterstützt. Das gleiche gilt auch für das Lehren und Lernen im Unterricht: Lehrpersonen können zusammen mit ihren Lernenden begründetere Entscheidung zugunsten der einen oder anderen Strategie treffen, wenn sie wissenschaftlichen Erkenntnissen folgen. Sie dürfen diese jedoch nicht als letzte Gewissheit ansehen.

2.3.2 Von systematischen Übersichtsarbeiten zu Meta-Analysen

In den letzten drei Jahrzehnten sind systematische Überblicke mehr und mehr von Meta-Analysen abgelöst worden. Das hat vor allem zwei Gründe: Zum einen waren viele Mitglieder der *scientific community* und die jeweiligen „Abnehmer" in der Praxis mit den *reviews* unzufrieden. Nach Ansicht der Kritiker beruhten sie zu stark auf der subjektiven Meinung bzw. der Interpretation des jeweiligen Wissenschaftlers. Vor allem aber war es schwierig, aus den verbalen Darstellungen konkret zu entnehmen, was wirkt und vor allem was besser wirkt als etwas anderes.

Um Lehrpersonen die Ergebnisse der gesamten verfügbaren Forschung zu einer bestimmten Fragestellung in nachvollziehbarer, knapper Form zugänglich zu machen, genügt es demnach nicht von „besser als ..." oder „lernwirksamer als ..." zu sprechen (vgl. auch zum Folgenden De Florio-Hansen 2014: 14ff.). Die Ergebnisse müssen mithilfe eines Mittelwerts sowie durch ein standardisiertes Wirkungsmaß, nämlich die Effektstärke, in Zahlen ausgedrückt werden. Auf diese Weise wird es interessierten Lehrerinnen und Lehrern ermöglicht, die Lerneffekte verschiedener Unterrichtsverfahren zu vergleichen und zwischen einzelnen Möglichkeiten abzuwägen. Durch die vergleichende Sichtung von Alternativen wird die wünschenswerte Methodenvielfalt ermöglicht. Aus den angegebenen Wirkungsmaßen und den begleitenden Erläuterungen zu Einschränkungen und besonders hohen Lerneffekten kann man außerdem für den Unterricht ableiten, welche Unterrichtsstrategien sich in ihrem Zusammenspiel potenzieren können.

Wie wir der Forschungsarbeit von Rück (vgl. Abschnitt 2.2) entnehmen konnten, hat auch sie einzelne Aspekte beziffert, um eine Verallgemeinerbarkeit ihrer Ergebnisse zu gewährleisten. Sie tut das mithilfe der statistischen Signifikanz, dem Standardmaß der empirisch-quantitativen Forschung. Als signifikant bezeichnet man Unterschiede zwischen Variablen (und anderen Messgrößen) in Bezug auf eine zuvor festgelegte Schwelle. Ähnlich wie ‚evident' hat ‚signifikant' in der (induktiven) Statistik eine andere Bedeutung als in der Alltagssprache. (Statistisch) signifikant heißt nicht etwa ‚bedeutsam', ‚groß' oder ‚wichtig', sondern lediglich, dass ein Zusammenhang nicht durch Zufall zustande gekommen ist. Mit einer solchen Angabe ist Lehrpersonen, die nach Alternativen für ihre Unterrichtspraxis suchen, jedoch wenig geholfen.

Deshalb wird in Meta-Analysen die Wirkung in Effektstärken angegeben. Auch Wellenreuther (⁷2014: 31) bezeichnet Effektstärken als das geeignete Maß, um die Effekte verschiedener Untersuchungen miteinander vergleichen zu können. Sie beschreiben Unterschiede hinsichtlich der Mittelwerte zwischen der Versuchs- und der Kontrollgruppe in Standardabweichungseinheiten (Einzelheiten der Berechnung vgl. ibid.: 30 ff.). Weiterhin führt er aus:

> Effektstärken sind standardisierte Maße für die Stärke von Zusammenhängen. Grundlage für die Berechnung der durchschnittlichen Effektstärke sind *alle* ausgewählten empirischen Studien. Man untersucht, wie groß der durchschnittliche Effekt ist, wenn alle bisher durchgeführten Studien berücksichtigt werden. (Wellenreuther ⁷2014: 30; Hervorhebung des Autors)

In Rezensionen und Besprechungen der Hattie-Studie im deutschsprachigen Raum, z. B. in dem von E. Terhart herausgegebenen Sammelband „Die Hattie-Studie in der Diskussion" (2014), erwecken vornehmlich geisteswissenschaftlich ausgerichtete Forscher den Eindruck, als handele es sich bei Meta-Analysen um eine höchst selten verwendete Methode empirisch-quantitativer Forschung. So verweist z. B. Pant im Zusammenhang mit dem großen Interesse der nichtwissenschaftlichen Medien an der Hattie-Studie auf Folgendes:

> In diesem Zusammenhang wird auch eine hochspezialisierte statistische Methode wie die *Metaanalyse,* die selbst in der Erziehungswissenschaft und Psychologie in der Regel bestenfalls rudimentär vertraut ist [sic], zum Bestandteil der öffentlichen Debatte. (Pant 2014: 134; Hervorhebung des Autors)

Dieses Statement wird schon dadurch entkräftet, dass Hattie allein bis 2009 ca. 800 Meta-Analysen aus den letzten dreißig Jahren in seine Mega-Analyse (vgl. Abschnitt 2.4) einbezogen hat und im Jahr 2012 bereits bei 900 Meta-Analysen angekommen ist. Dabei beschränkt er sich auf Aspekte, die die kognitive Lernleistung betreffen. Dass solche Studien der Allgemeinen Didaktik im deutschsprachigen Raum weitgehend unbekannt sind, sagt nichts über die genannte Methodologie und ihren Nutzen aus. Der Hype um Hattie zeigt vielmehr, dass es auch bei uns schon lange ein Bedürfnis nach aussagekräftiger empirisch-quantitativer Forschung gibt. Vor allem Lehrpersonen wünschen sich Forschungsergebnisse, die einer Prüfung zugänglich sind.

2.3.3 Möglichkeiten und Grenzen von Meta- und Mega-Analysen

Aus meinen bisherigen Ausführungen zu Meta-Analysen geht deutlich hervor, dass Forschende, die eine solche Zusammenschau erarbeiten und veröffentlichen, eine ganz besondere Verantwortung tragen. Den Begriff ‚Meta-Analyse' für diese Form wissenschaftlicher Überblicke hat übrigens Gene V. Glass eingeführt. Er definiert Meta-Analyse als *analysis of analyses* (Glass 1976). In aller Regel führt ein Forscher bei einer Meta-Analyse keine eigenen Untersuchungen durch. Vielmehr handelt es sich um eine Sekundäranalyse. Der Wissenschaftler ist gehalten, möglichst alle Primärstudien zu einem Untersuchungsgegenstand ausfindig zu machen, sie sorgfältig zu prüfen und die dort angegebenen Wirkungen in Effektstärken zu beziffern und zusammenzufassen.

Um den Wert oder Unwert einer Meta-Analyse einschätzen zu können, wollen wir uns die Hauptschritte bei deren Erarbeitung vor Augen führen (vgl. De Florio-Hansen 2014: 21 f.):

- Den Ausgangspunkt bildet eine Forschungsfrage, z. B. wie lernwirksam sind Hausaufgaben? Da man die Wirkung von Hausaufgaben nicht für alle Schulformen, Schulstufen und Unterrichtsfächer untersuchen kann, erfolgt eine Eingrenzung der Fragestellung. Um zu aussagekräftigen Resultaten zu kommen, ist es zudem sinnvoll, die Arten von Hausaufgaben festzulegen, die man in die Meta-Analyse einbeziehen will. Unterbleibt eine solche Einschränkung bzw. genaue Festlegung sind die Ergebnisse bisweilen zwar spektakulär, aber wenig relevant für die Unterrichtspraxis.

- Nun schließt sich eine systematische und möglichst erschöpfende Literaturrecherche an. In unserem Fall versucht der Forscher, alle Untersuchungen, welche die Wirksamkeit einer bestimmten Form von Hausaufgaben in einem festgelegten Bereich empirisch-quantitativ erforscht haben, ausfindig zu machen. Das bezieht sich auch auf kleinere Studien und unveröffentlichte Arbeiten, deren Ergebnisse dadurch berücksichtigt werden können.
- Nun folgt die Sekundäranalyse im engeren Sinn: Auf der Grundlage der Gütekriterien, die für empirische Forschung gelten, nämlich Objektivität, Validität (d. h.: Wird gemessen, was gemessen werden soll?) und Reliabilität (d. h.: Kommt man bei einer Wiederholung der Untersuchung zu denselben Ergebnissen), sichtet und prüft der Wissenschaftler alle vorhandenen Studien. Bei der Auswahl der Untersuchungen, die er in seine Meta-Analyse einbeziehen will, gelten die oben angegebenen Grade der Evidenz.
- Ist eine sorgfältige Auswahl getroffen, werden die Daten der Primärstudien kodiert und elektronisch aufbereitet. Das setzt, wie auch der folgende Schritt, sehr gute Kenntnisse und Erfahrung im Umgang mit statistischen Verfahren voraus. Keineswegs alle Wissenschaftler verfügen über die notwendige Expertise.
- Anschließend erfolgt die (oben skizzierte) statistische Analyse der Daten.
- Am Ende werden die Ergebnisse sachgerecht aufbereitet und in Bezug auf die Forschungsfrage interpretiert. Mit der angemessenen Aufbereitung der Resultate ist nicht nur die eindeutige Angabe der jeweiligen Effektstärke – Hattie (2009) benutzt dazu ein stilisiertes Barometer – gemeint. Vielmehr geht es auch darum, im begleitenden Text die Moderatoren/*moderators* zu benennen. In wissenschaftlicher Terminologie bezeichnet ‚Moderator' einen Faktor bzw. Begleitumstand, der die Ergebnisse einer Untersuchung, in unserem Fall also einer Primärstudie, verändern bzw. abschwächen könnte (*to moderate*).

Die Auflistung dieser sechs Schritte – und es sind nur die wichtigsten – machen deutlich, dass die Zuverlässigkeit einer Meta-Analyse ganz wesentlich davon abhängt, welche Primärstudien ein Forscher einbezieht und welche er wegen mangelnder Qualität aus seiner Meta-Analyse ausschließt. Beispielsweise haben C. Torgenson und ihre Mitarbeiter 4555 Primärstudien zur Förderung von *adult numeracy and literacy* gesichtet, aber letztlich nur zwölf (!) dieser Studien in ihre Meta-Analyse einbezogen (vgl. Torgerson et al. 2005), weil die restlichen Studien nicht eindeutig belegen, ob das eingesetzte Förderprogramm oder andere, nicht kontrollierte Faktoren zu der verbesserten Lese- und Rechenleistung geführt haben. Der Zusammenhang zwischen dem Förderprogramm (Ursache) und der Verbesserung der Leistung in *numeracy und literacy* der (erwachsenen) Versuchspersonen (Wirkung) war also in den aussortierten Forschungsarbeiten nicht hinreichend zu klären.

Die Ergebnisse aus Meta-Analysen sind für jeden Unterricht von großem Wert. Sie können zu nennenswerten Verbesserungen der Unterrichtspraxis und somit zu einer deutlichen Steigerung des Lernerfolgs für alle Schülerinnen und Schüler führen. Die Grundvoraussetzung dafür ist, dass die Lehrperson die angegebenen Effektstärken auf ihren Ausgangstext bezieht, diesen zum eigenen Zielkontext, der stark von den ursprünglichen Gegebenheiten abweichen kann, in Beziehung setzt und daraus die nötigen Rückschlüsse zieht. Das kann bedeuten, dass man eine Intervention für die eigene Lehrtätigkeit in einer bestimmten Lerngruppe ausschließt, obwohl die entsprechende Meta-Analyse dafür eine hohe Effektstärke ausweist. Andererseits kann die eigene Begutachtung des Kontextes auch dazu führen, dass sich die Übernahme eines Unterrichtsverfahrens trotz niedriger Effektstärke als lernwirksam erweist. In jedem Fall wird es nie möglich sein, eine Strategie eins zu eins zu übernehmen. Stets wird man Veränderungen und Adaptionen – mit Rückmeldung durch die Lernenden – vornehmen müssen.

Um die Angaben in Meta-Analysen einschätzen zu können, sollte man stets einige grundlegende Kriterien berücksichtigen:

- Eine Meta-Analyse ist nur so gut bzw. aussagekräftig wie die Primärstudien, die in sie eingehen. Im Allgemeinen werden in qualitativ hochwertige Meta-Analysen nur die Ergebnisse aus randomisierten Kontrollgruppenexperimenten und quasiexperimentellen Studien aufgenommen. Bezieht ein Forscher auch Korrelationsstudien ein, sollte er dies begründen, wenn er glaubt, auf die eine oder andere Quer- oder Längsschnittuntersuchung nicht verzichten zu können.
- Bezieht ein Wissenschaftler aus guten Gründen Primärstudien minderer Qualität in eine Meta-Analyse ein, sollte er eine entsprechende Gewichtung vornehmen. Es verringert den Aussagewert erheblich, wenn Untersuchungen mit hohem Evidenzgrad in gleicher Weise berücksichtigt werden wie beispielsweise Korrelationsstudien.
- Eine weitere Gewichtung ist hinsichtlich der Stichprobengrößen notwendig. Es ist nicht sinnvoll, die Ergebnisse aus einer Untersuchung mit mehreren hundert Probanden einer kleinen Studie mit 30 Versuchspersonen gleichzustellen. Dabei spielt es keine Rolle, ob es sich bei beiden um Arbeiten mit dem gleichen Grad an Fundiertheit handelt.
- Besonders wichtig ist bei der Erarbeitung einer Meta-Analyse auch die sorgfältige Sichtung der relevanten Begriffe. Wenn man sich beispielsweise die große Bandbreite individualisierender Verfahren oder offener Unterrichtsmethoden vor Augen führt, kann man leicht ermessen, dass das Verfahren X der einen Primärstudie nicht unbedingt mit dem genauso benannten Verfahren einer anderen Primärstudie identisch ist.

Fazit: Die beiden folgenden Hinweise sind stets zu berücksichtigen, also nicht nur bei der Sichtung von Meta-Analysen, sondern bei allen Forschungsergebnissen. Sie setzen freilich die Unvoreingenommenheit der Lehrperson und eine gewisse Distanz zum eigenen Unterricht voraus.

“Instructional strategies are tools only. Although the strategies presented in this book are certainly good tools, they should not be expected to work equally well in all situations.“ (Marzano et al. 2001:8)
“We mustn’t abandon our intuition or our own evidence; this is the final court of justice.” (Petty ^{2}2009:1)

Anregungen zum Nachdenken und Diskutieren

1. Beantworten Sie die Fragen auf S. 13 zunächst für sich selbst. Vergleichen und diskutieren Sie Ihre Antworten anschließend mit denen von Kolleginnen und Kollegen.

2. Planen Sie ein Experiment zum *concept mapping*. Unter solchen ‚Begriffslandkarten' versteht man die graphische Darstellung der konzeptuellen Struktur eines Lerngegenstands (vgl. Hattie 2009: 168f.; deutsche Übersetzung 2013: 200f.). Was müssen Sie bedenken? Wie können Sie vorgehen?

3. Warum haben Experimente einen höheren Grad an Evidenz als Korrelationsstudien?

4. Worin unterscheiden sich systematische Übersichtsarbeiten (*reviews*) grundlegend von Meta-Analysen?

5. Welchen Nutzen haben Lehrpersonen von den in Meta-Analysen angegebenen Effektstärken?

6. Welche Einschränkungen bezüglich der Ergebnisse können bei der Zusammenfassung von Primärstudien zu Meta-Analysen auftreten? Fertigen Sie eine Liste an und diskutieren Sie die verschiedenen Gesichtspunkte mit Kolleginnen und Kollegen.

7. Warum sind empirisch-quantitative Untersuchungen und insbesondere Meta-Analysen für die Praxis des Fremdsprachenunterrichts relevant?

Lektüreempfehlungen

Albert, Ruth & Marx, Nicole (²2014): *Empirie in Linguistik und Sprachlehrforschung. Anleitung zu quantitativen Studien von der Planungsphase bis zum Forschungsbericht.* Tübingen: Narr (Narr Studienbücher).

Die Einführung (11 – 17) bietet einen praxisnahen und gut verständlichen Überblick über die in diesem Kapitel angesprochen Aspekte empirischer Forschung. Da empirisch-quantitative Forschung auch für das Lehren und Lernen von Fremdsprachen zunehmend an Bedeutung gewinnt, ist es sinnvoll, sich noch einmal die wissenschaftlichen Gütekriterien, die oben nur kurz angesprochen wurden, ins Gedächtnis zurückzurufen. Dazu ist prägnante Darstellung von Albert & Marx gut geeignet (Kap. 2.4: *Gütekriterien für empirische Untersuchungen*, 27 – 33).

Roth, Gerhard (2011): *Bildung braucht Persönlichkeit. Wie Lernen gelingt.* Stuttgart: Klett-Cotta.

Roth gibt im ersten Kapitel (29 – 34) Antworten auf die Frage: *Was soll Bildung, was kann Schule?* Er beantwortet diese Fragen aus der Sicht eines reflektierten Neurowissenschaftlers, der sich auf empirisch-quantitative Hirnforschung stützt, ohne deren Ergebnisse überzubewerten. Ebenso lesenswert ist sein Fazit (*Zusammenfassung und Ausblick*, 308 – 313): Hier benennt er systematisch, wovon erfolgreiches Lernen abhängt und wie Lehrpersonen die Lernwirksamkeit ihres Unterrichts steigern können.

3. Forschungen zum evidenzbasierten Lehren und Lernen

3.1 Einleitende Begründung

Im Gespräch der Englischlehrerinnen zu Beginn des letzten Kapitels erwähnt eine der beiden, dass Hattie keine Untersuchungen zu Englisch als Zweit- oder Fremdsprache in seine Studie einbezieht. Darauf weist der neuseeländische Forscher selbst hin (Hattie 2009: 15). Auch den Unterricht Englisch als Erstsprache berücksichtigt er in seiner Mega-Analyse lediglich im Rahmen von Lese- und Schreibförderung in der Primarstufe. Englisch in der *High School, English Language Arts,* bleibt vermutlich deshalb unberücksichtigt, weil sich ästhetisches Lernen im Zusammenhang mit Literatur nur höchst eingeschränkt messen bzw. mit Effektstärken belegen lässt. Auch die beiden anderen Erziehungswissenschaftler, deren Forschungsergebnisse ich in diesem Kapitel im Anschluss an die Publikationen von John Hattie (vgl. 3.2) darstelle, nämlich Robert J. Marzano (vgl. 3.3) und Martin Wellenreuther (vgl. 3.4), berücksichtigen keine Untersuchungen zum Lehren und Lernen von Zweit- oder Fremdsprachen.

Warum sollen wir uns dann überhaupt mit den Forschungsprojekten der drei Wissenschaftler beschäftigen, wenn sie keinerlei Aussagen zum Fremdsprachenunterricht machen? Was nützen uns Angaben zu Effektstärken, die sich nicht auf fremdsprachendidaktische Zusammenhänge beziehen? Wer damit argumentiert, dass ausschließlich Untersuchungen zum Lehren und Lernen von Zweit- oder Fremdsprachen für uns von Bedeutung sind, übersieht mindestens dreierlei:

1. Schon immer war die Fremdsprachenlehr- und -lernforschung eine Wissenschaftsdisziplin, die sich stark an sogenannten ‚Nachbardisziplinen', z. B. der Linguistik, der Literaturwissenschaft und der Psychologie, orientiert hat. In den letzten drei Jahrzehnten haben weitere Wissenschaftsdisziplinen Plausibilitätsannahmen und Erkenntnisse vorgelegt, die hohen Stellenwert für den Fremdsprachenunterricht haben. Dazu gehören Ergebnisse der kognitiven Psychologie und der Neurowissenschaften sowie Untersuchungen zu Inter-/Transkulturalität und zum Umgang mit digitalen Medien. Außerdem hat sich die Fremdsprachenlehr- und -lernforschung schon immer in besonderem Maß an der Allgemeinen Didaktik orientiert. Seit der Jahrtausendwende gewinnt die empirisch-quantitative Erziehungswissenschaft zunehmend an Bedeutung. Zu Recht weist deshalb Bonnet (Bonnet 2010: 46; vgl. oben S. 13) im Zusammenhang mit Empirie darauf hin, dass sich die Fremdsprachendidaktik auf dem Weg von einer normativen und stark geisteswissenschaftlich-philologischen Disziplin zu einem interdisziplinären empirischen Forschungsfeld befindet.

2. Es gibt Merkmale von Unterricht, die in jedem Klassenzimmer, also auch beim Lehren und Lernen von Fremdsprachen im schulischen Kontext, eine große Rolle spielen. Dazu gehören u. a. das Klassenmanagement, die Schüler-Lehrer-Beziehung, die Klarheit der Lehrperson, ihre Erwartungen hinsichtlich des Lernerfolgs aller Schülerinnen und Schüler einer Lerngruppe und der Einfluss von Peers. Diese Merkmale mögen je nach Bildungstradition, Schulsystem und speziellem Lernkontext unterschiedliche Ausprägungen aufweisen, sie sind aber in irgendeiner Form für jeden Unterricht bedeutsam. Daher sind Angaben

darüber, welche Effekte sie auf den Lernerfolg im Einzelnen haben, für Fremdsprachenlehrkräfte ebenso relevant wie für Mathematik- oder Geschichtslehrer.

3. Bestimmte Lehr- und Lernstrategien, wie z. B. das Experimentieren, haben Vorrang in bestimmten Unterrichtsfächern bzw. sind auf sie beschränkt. Die meisten Strategien aber, z. B. *advance organizers, concept mapping, mastery learning,* ausgearbeitete Lösungsbeispiele (*worked examples*) oder verteiltes vs. massiertes Üben (*spaced vs. massed practice*), können von einem Unterricht auf den in einem anderen Fach übertragen werden (zu den einzelnen Punkten vgl. die folgenden praxisorientierten ***Kap. 5 – 9***). Das setzt voraus, dass man den Ausgangskontext, in dem die Untersuchungen durchgeführt wurden, genau analysiert, bevor man sich für eine Übernahme bzw. für bestimmte Formen der Adaption entscheidet. Eine ‚Begriffslandschaft', z. B. eine graphische Darstellung des Zeitensystems im Französischen, wird ganz anders aussehen als das *concept mapping* im Fach Chemie. Eine angemessene Veranschaulichung kann aber in verschiedenen Unterrichtsfächern ähnlich lernwirksam sein, geht es doch dabei in erster Linie um den Effekt der Visualisierung, die aufgrund der herausragenden Rolle des Bildgedächtnisses für jedes Lernen wichtig ist.

3.2 Die Forschungen von John Hattie

3.2.1 Der Hype um Hattie

Paul König, Lehrer für Mathematik und Physik, ist in seiner Funktion als Schulleiter einer Realschule zu einem Vortrag von John Hattie eingeladen, den eine deutsche Universität zusammen mit dem Kultusministerium des betreffenden Bundeslandes organisiert. Als er im Kollegium beiläufig davon berichtet, ist er höchst verwundert über die lebhafte Diskussion, die diese Einladung oder besser der Name ‚Hattie' auslöst.

Abends berichtet er Evelyn, seiner Frau, von dem Vorfall. Sie ist Grundschullehrerin und unterrichtet hauptsächlich Englisch. „Kannst du mich nicht mitnehmen? Sieh doch mal auf der Einladung nach, ob du eine Begleitperson mitbringen darfst," fällt Evelyn ihm ins Wort. Normalerweise hält sie solche Veranstaltungen für vergeudete Zeit. An dieser Stelle beginnt Paul König zu ahnen, was es mit dem Hype um Hattie auf sich hat.

„Was weißt du denn über Hattie? Wieso willst du dir denn auf einmal einen Vortrag anhören? Du hast doch immer gesagt, das sei Frontalunterricht pur."

Zu seinem Erstaunen sprudelt es aus seiner Frau nur so heraus:

„Also, er hat nicht nur eine enorme Leistung mit seiner Studie vollbracht. Er sagt auch klar, was Sache ist und redet nicht um den heißen Brei herum wie unsere Experten. Außerdem hat er eine flotte Schreibe und kann sich gut vermarkten."

„Hast du noch nicht gehört, dass Kollegen aus Neuseeland ihm vorwerfen, er habe aufgrund der Millionen an Fördergeldern die Daten manipuliert, um sich den neuseeländischen Bildungsbehörden anzudienen?" gibt ihr Mann zu bedenken.

„Das ist doch purer Neid. Das *Times Educational Supplement* hat geschrieben, er habe den heiligen Gral des Unterrichtens entdeckt. Ist das etwa nichts?" hält Evelyn dagegen.

„Ich hätte es mir trotzdem nicht auf den Buchdeckel drucken lassen. Das ist kein guter Stil," wirft Paul ein, wohl wissend, dass eine weitere Erörterung mit seiner Frau nichts bringt. Also sagt er versöhnlich:

„Ich werde morgen mal auf dem Einladungsschreiben nachsehen. Vielleicht ist da ja etwas zu machen."

„Du bist ein Schatz," antwortet Evelyn erfreut.

Vielleicht fragen Sie sich an dieser Stelle, was Informationen, die eigentlich in die Boulevard-Presse gehören, in diesem wissenschaftsorientierten Buch zu suchen haben. Je mehr ich mich mit den Untersuchungen von Hattie (vgl. z. B. auch den von Terhart herausgegebenen Sammelband 2014: *Die Hattie-Studie in der Diskussion*) beschäftige, umso mehr stelle ich fest, dass deutschsprachige Rezensenten, Bildungspolitiker, Schulleitungen und Lehrpersonen Hatties Publikationen allenfalls im Auszug gelesen haben. Das erkennt man u. a. daran, dass auch diejenigen, die anderen vorwerfen, sie hätten Hattie nicht gelesen, selbst nicht sehr weit mit der Lektüre gekommen sind.

So beklagt z. B. H. Meyer (Meyer 2014: 122): „Da hätte Hattie in *Visible Learning* ruhig etwas auskunftsfreudiger bei der Frage sein können, ob einzelne Meta-Analysen wegen methodologischer Schwächen nicht einbezogen worden sind." Hattie äußert sich zu diesem Punkt, und zwar an mehreren Stellen: Im Vorwort (vgl. Hattie 2009: IX) legt er dar, dass er in seiner Studie auf Kritik an der bestehenden Forschung grundsätzlich verzichtet, d. h. er schließt auch Arbeiten minderer Qualität nicht aus. Außerdem räumt er ein, dass er sich vornehmlich auf Korrelationsstudien und nur zu einem geringen Teil auf randomisierte Kontrollgruppenexperimente bzw. Quasi-Experimente stützt (vgl. Hattie 2009: 4). An anderer Stelle geht er darauf ein, dass er keine der ihm zugänglichen Studien ausgeschlossen hat (Hattie 2009: 11): „The aim should be to summarize all possible studies regardless of their design – and then ascertain if quality is a moderator to the final conclusions." (vgl. unten Kritik an der Hattie-Studie). Know thy Hattie!

Ich empfehle jedem, der die nötige Zeit und Geduld hat, die Lektüre von Hatties Publikationen im Original. Dann versteht man die obige Aussage der Grundschullehrerin, der neuseeländische Wissenschaftler habe eine flotte Schreibe und könne sich gut vermarkten. In den einleitenden Kapiteln der Studie (Hattie 2009) sowie dem Lehrerhandbuch (Hattie 2012) beweist Hattie, dass er mit den ‚Stilregeln' sach- und wissenschaftsbezogener Publikationen gut vertraut ist. Er zeichnet sich durch einen gewinnenden, bisweilen missionarischen Ton aus, der ihn trotz der Mängel seiner Mega-Analyse als glaubwürdig erscheinen lässt. In den Erläuterungen zu den Effektstärken der 138 bzw. 150 Einzelfaktoren hingegen schlägt er den nüchternen Ton des Statistikers bzw. des Wissenschaftlers an. In der Übersetzung bleibt nur wenig von Hatties Stil erhalten.

Obgleich in zahlreichen englischsprachigen Rezensionen und Blogs ausführlich erörtert wird, wo die Grenzen von Meta-Analysen im Allgemeinen liegen und welche Defizite Hatties Synthetisierung von Meta-Analysen zu einer Mega-Analyse darüber hinaus aufweist, ist das Ansehen des neuseeländischen Erziehungswissenschaftlers ungebrochen. Er reist in der Welt umher und beglückt alle mit seinen eingängigen Slogans: „Know thy impact" (Hattie 2012: 169) oder „What teachers do matters" (Hattie 2009: 22) oder „We are change agents" (Hattie 2012: 161). Die Begeisterung für Hattie lässt mich an eine Aussage von Umberto Eco nach dem großen Erfolg seines Romans *Der Name der Rose* zu Beginn der 1980er Jahren denken. In einem Interview sagte Eco, im Anschluss an seinen erfolgreichen Roman hätte er das Telefonbuch von Bologna mit seinem Namen versehen und veröffentlichen können; das Opus hätte sich brillant verkauft.

Es ist nicht verwunderlich, dass wir bei der Beurteilung von Hatties Effektstärken-Sammlung und seines Unterrichtsmodells Zusatzinformationen nicht ohne weiteres ausblenden können. Meine Befürchtung ist deshalb folgende: Je mehr Vermutungen und Halbwahrheiten über Hattie verbreitet werden, und je mehr jeder glaubt, er/sie könne aus Hatties Ergebnissen herauslesen, was den eigenen Vorstellungen entspricht, umso geringer ist die Chance, bestimmte Unterrichtsstrategien, deren Lernwirksamkeit Hattie und andere Empiriker belegen, unvoreingenommen zu sichten und für den eigenen Unterricht in Betracht zu ziehen. Hattie hat nicht den heiligen Gral des Unterrichtens entdeckt. Der Rezensent im *Times Educational Supplement* (TES: 21. September 2008) sagt übrigens lediglich, dass Hattie sich auf die Suche danach gemacht hat, und eine weitere Überschrift in der gleichen Zeitschrift lautet: *He is not the messiah* (TES: 14. September 2012).

> Fazit: Hatties Studie von 2009 und die nachfolgenden Publikationen (2012, 2013, 2014) liefern wichtige Denkanstöße, die zu grundlegenden Verbesserungen des Unterrichts im deutschsprachigen Raum, auch unseres Fremdsprachenunterrichts, führen können.

3.2.2 Die Hattie-Studie (2009)

Seit 2011 ist John A. C. Hattie Direktor des *Melbourne Education Research Institute* an der *University of Melbourne*, Australien. Zuvor war er über zehn Jahre lang Professor für Erziehungswissenschaft an der *University of Auckland*, Neuseeland und Direktor der dortigen *Visible Learning Labs*. Vor seiner Rückkehr nach Neuseeland war Hattie als Professor an verschiedenen Universitäten in den USA und Australien tätig. Zu Beginn seiner Berufstätigkeit in den 1970er Jahren hat er an einer neuseeländischen *High School* unterrichtet.

Hattie kann als Statistik-Experte gelten, denn er hat über ein entsprechendes Thema an der *University of Toronto*, Kanada, promoviert. Vor der Studie von 2009 hat er als alleiniger Autor lediglich eine Monographie zum Thema *Self-Concept* (Hattie 1992), aber einige Hundert Forschungsberichte und Artikel zusammen mit anderen Wissenschaftlern veröffentlicht. Seit Ende der 1980er Jahre sind ihm und seinen Mitarbeitern 31 Millionen Aus$ (das entspricht über 20 Mill. €) an Fördergeldern zugeflossen (vgl. CV John Hattie *University of Auckland*; *Times Educational Supplement* vom 14. 09. 2012). Trotzdem hat er nach eigenen Aussagen ca. 15 Jahre an der Hattie-Studie gearbeitet.

Bei seiner Synthese hat sich Hattie auf *achievement*, speziell auf den fachbezogenen Lernerfolg, beschränkt. Er hat alle verfügbaren Meta-Analysen zu einzelnen Faktoren, die die kognitive Lernleistung beeinflussen, in einer Mega-Analyse zusammengefasst. Insgesamt sind in die Studie von 2009 über 800 Meta-Analysen eingeflossen (2012 waren es bereits 900, und Hattie arbeitet weiter!). Der Forscher hat aus diesen Meta-Analysen 138 Faktoren (2012: 150) herausgefiltert, die seiner Meinung nach die kognitive Leistung der Lernenden bestimmen. Schon an diesem Punkt setzt die Kritik ein: „To be more accurate, he [Hattie] is concerned not with achievement but with achievement that is amenable to quantitative measurement" (Snook et al. 2009: 95). Hattie selbst räumt ein, dass statistische Analysen sein bevorzugtes Forschungsfeld sind und es ihm folglich nicht um Interaktionen im Klassenzimmer mit ihren spezifischen Ausprägungen geht (Hattie 2009: VIII).

In seiner Einleitung unterstreicht Hattie u. a. die herausragenden Leistungen des neuseeländischen Bildungssystems, die er auf das große Engagement der dort tätigen Lehrpersonen zurückführt. Dazu folgende Anmerkung: Während sich Neuseeland zu Beginn des Jahrtausends unter den führenden PISA-Nationen befand, rangiert es nach der PISA-Studie von 2013 eher im Mittelfeld: „In the 2013 rankings, New Zealand slipped from seventh to 13th in reading, from seventh to 18th in science and from 13th to 23rd in maths" (Campbell 2013 online).

Anschließend skizzziert Hattie in Kapitel 1 (Chap. 1: *The challenge,* Hattie 2009: 1 – 6) die herausfordernde Aufgabe, vor die ihn seine Mega-Analyse gestellt hat. Dabei geht es weniger um die großen Schwierigkeiten, denen ein Forscher bei der Erarbeitung von Meta-Analysen und erst recht bei der Zusammenfassung einer so großen Zahl von Meta-Analysen zu einer Mega-Analyse begegnen muss (vgl. nächster Abschnitt *Kritik an der Hattie-Studie*). Hatties übergeordnete Zielvorstellung ist folgende: Schon lange belegen zusammenfassende Übersichtsarbeiten (*reviews*) und Meta-Analysen, welche Faktoren in irgendeiner Form lernwirksam sind. Das reicht nach Hatties Ansicht nicht aus, weil es Lehrpersonen keine Vergleichsmöglichkeiten bzw. Alternativen bietet. Erst wenn man weiß, was besser bzw. am besten wirkt, kann man auf Evidenz gegründete Entscheidungen treffen. Die Herausforderung für den neuseeländischen Forscher besteht also darin nachzuweisen, welche Faktoren die größten Lerneffekte haben.

In Kapitel 2 (Chap. 2: *The nature of the evidence – a synthesis of meta-analyses,* Hattie 2009: 7 – 21) wird das Vorgehen beim Synthetisieren der Meta-Analysen und der Berechnung der Effektstärken erläutert. Dabei ist Hatties soeben angesprochene Forderung leicht nachvollziehbar, man dürfe sich nicht auf die Frage: Was ist irgendwie lernwirksam? beschränken, sondern müsse herausfinden, was am lernwirksamsten ist. Um die Wirkung eines Unterrichtsverfahrens bzw. eines anderen Faktors bewerten zu können, benötigt man einen Schwellenwert. Hattie legt diesen *hinge point* (Hattie 2009: 17f.) bei einer Effektstärke von $d = 0.40$ fest. Für ihn gelten Effektstärken von $d = 0.20$ bis $d = 040$ als gering, von $d = 0.41$ bis $d = 0.60$ befinden wir uns im mittleren Bereich, Lerneffekte über $d = 0.60$ bewertet Hattie als groß. In den folgenden Abschnitten dieses Kapitels wird deutlich, dass andere Forscher den Schwellenwert höher ansetzen. Der Bereich der erwünschten Effekte („*zone of desired effects*" vgl. Hattie 2009: 19) beginnt bei dem neuseeländischen Forscher bei $d = 0.41$, während andere Wissenschaftler ihn bei $d = 0.60$ annehmen.

Hattie bringt, wie bereits mehrfach angedeutet, die aus den Primärstudien herausgearbeiteten Faktoren aufgrund der ermittelten Effektstärken in eine Rangfolge (vgl. Appendix A; in Appendix B werden alle Meta-Analysen aufgelistet). Zur Veranschaulichung benutzt er stilisierte Barometer. Sie sind sicher hilfreich, verführen aber dazu, lediglich auf die Angaben zu den Effektstärken in den 138 Barometer-Darstellungen zu schauen und die Ausführungen zu den einzelnen Faktoren nicht zur Kenntnis zu nehmen. Auf alle Fälle sollte man daher Hatties jeweilige Erläuterungen aufmerksam durchlesen, wenn man einem Faktor besondere Bedeutung beimisst. Man erfährt dann meistens, welche Lerneffekte der Faktor in bestimmten Jahrgangsstufen sowie den verschiedenen Fächern (z. B. Mathematik) oder Lernbereichen (z. B. Naturwissenschaften) bewirkt hat. In jedem Barometer vermerkt Hattie, dass er entwicklungsbedingte Effekte, also Lernfortschritte durch Reifung, mit d = 0.00 bis d = 0.20, und die Unterrichtseffekte eines Schuljahrs bei einer durchschnittlichen Lehrperson mit d = 0.21 bis d = 0.40 beziffert (vgl. nächster Abschnitt *Kritik an der Hattie-Studie*).

In Kapitel 3 (Chap. 3: *The argument*, Hattie 2009: 22-38) beschreibt der neuseeländische Forscher sein Vorgehen zwar detaillierter, bleibt aber an entscheidenden Stellen vage (vgl. nächster Abschnitt *Kritik an der Hattie-Studie*). Zunächst erläutert er die Lerntheorien, auf die er sich stützt (ibid.: 26ff.). Auch hier fällt auf, dass zahlreiche Ergebnisse empirisch-qualitativer Forschungsarbeiten in seine Überlegungen einfließen. Mit anderen Worten: Wie wir alle, kann auch Hattie die im Laufe seiner Lehrtätigkeit akkumulierten Erfahrungen nicht ohne weiteres ausblenden. Auf einer breiten Grundlage, nämlich seinem Vorwissen und den vorliegenden Primärstudien, bestimmt er Faktoren, welche die (messbare) kognitive Lernleistung beeinflussen können. In seiner Studie benennt er, wie bereits mehrfach erwähnt, 138 Faktoren, die er sechs Bereichen zuordnet: Einflüsse des Schülers, des Elternhauses, der Schule, des Curriculums, der Lehrperson sowie der Unterrichtsverfahren. Sieht man sich die einzelnen Faktoren genauer an – sie umfassen eine Bandbreite von Geburtsgewicht (*birth weight*, Hattie 2009: 51f.) bis Kleingruppenarbeit (*small-group learning*, ibid.: 94f.), kann man sich gut vorstellen, dass viele Experten zu einer anderen Einteilung bzw. Zuordnung gekommen wären (vgl. nächster Abschnitt *Kritik an der Hattie-Studie*). Oberhalb des von Hattie festgelegten Schwellenwerts von d = 0.40, also ab d = 0.41, liegen 63 Faktoren, darunter 75.

In der Hattie-Studie werden die fünf Bereiche Schüler, Elternhaus, Schule, Curriculum und Lehrperson in je einem Kapitel behandelt (Chap. 4 – 8), während den Unterrichtsverfahren zwei Kapitel gewidmet sind (Chap. 9, 10). In dem zusammenfassenden Kapitel 11 (Chap. 11: *Bringing it all together*, ibid.: 237 – 261) unternimmt Hattie den Versuch, die einzelnen Faktoren zueinander in Beziehung zu setzen und zu einem Unterrichtsmodell zusammenzufügen. Hattie scheint also keine Bedenken zu haben, die isoliert erhobenen wissenschaftlichen Forschungsergebnisse (die mittleren Effektstärken einzelner Faktoren) in einem umfassenden Unterrichtsmodell zusammenzuführen. Da hilft auch die schöne Metapher nichts, schließlich könne man Äpfel und Birnen auch unter dem Begriff ‚Obst' subsummieren. Manchmal passen Äpfel eben besser als Birnen; bisweilen sind aber auch ganz andere Früchte angesagt. *The devil is in the details* (Plural!).

Insgesamt schließe ich keineswegs aus, dass Hatties tentatives Unterrichtsmodell in großen Teilen für uns von Nutzen sein kann. Aus meiner Sicht handelt es sich bei der Hattie-Studie um eine „evidenzbasierte" Expertenmeinung, aus der Lehrpersonen, Schulleitungen und Bildungspolitiker wichtige Erkenntnisse und Anregungen ableiten können, vorausgesetzt sie lassen die bei allen derartigen Untersuchungen gebotene Umsicht walten (vgl. unten Abschnitt *Impulse aus der Hattie-Studie*).

3.2.3 Kritik an der Hattie-Studie

Im letzten Abschnitt von Kapitel 2 benenne ich vier grundlegende Kritikpunkte, welche die Aussagekraft von Meta-Analysen beträchtlich einschränken. Alle vier beeinträchtigen die Mega-Analyse des neuseeländischen Forschers.

Hattie stützt sich überwiegend auf Studien, die nicht den Qualitätsstandards empirisch-quantitativer Forschung entsprechen (vgl. ***Kap. 2***, Abschnitt 2.2.3). In obigem Zitat rechtfertigt er die Tatsache, dass er alle verfügbaren Primärstudien ohne Unterschied in seine Mega-Analyse einbezieht: Man könne bei den Schlussfolgerungen immer noch sehen, inwieweit dieses Vorgehen die Ergebnisse beeinträchtige. Das tut er aber nicht, jedenfalls geht er nicht mehr auf diesen Punkt ein. Für ihn zählt in erster Linie, was *„beyond reasonable doubt"* (Hattie 2009: 4), also über jeden vernünftigen Zweifel hinaus, Gültigkeit hat. Es ist aber keinesfalls so, dass minderwertige Studien immer von randomisierten Experimenten oder quasi-experimentellen Studien „aufgefangen" werden. So hat beispielsweise Anderson (2004) nachgewiesen, dass die Angaben zu Auswirkungen des Umgangs von Kindern und Jugendlichen mit gewaltverherrlichenden Video-Spielen anders ausfallen, wenn man ausschließlich hochwertige Untersuchungen in eine Meta-Analyse einbezieht. Die negativen Einflüsse sind deutlich größer, wenn den Berechnungen randomisierte oder Quasi-Experimente zugrunde gelegt werden (vgl. auch zum Folgenden die Rezension der Hattie-Studie von Hartley 2012).

Der neuseeländische Forscher bezieht alle Studien in gleicher Weise in seine Mega-Analyse ein. Er hätte, wenn er nicht auf Korrelationsstudien verzichten konnte, Kriterien für die Beurteilung dieser Studien aufstellen müssen. Dass eine kritische Prüfung bei der Fülle von 800 bzw. 900 Meta-Analysen kaum durchführbar gewesen wäre, spricht nicht gegen solche Kriterienkataloge, sondern stellt eher den Sinn von Hatties Mammut-Unternehmen in Frage. Weniger ist bisweilen besser (siehe die Forschungsprojekte anderer Wissenschaftler in den Abschnitten 3.3 und 3.4.) (vgl. auch die Kritik an Meta-Analysen und vor allem an Hatties Mega-Analyse von Higgins & Simpson 2011).

In Hatties Mega-Analyse werden auch keinerlei Gewichtungen hinsichtlich der Stichprobengrößen einzelner Untersuchungen vorgenommen. Kleinere Studien haben das gleiche Gewicht wie solche mit mehreren tausend Probanden. Auch in der Gegenüberstellung bzw. der Abfolge der einzelnen Faktoren werden Primärstudien mit großen Stichproben genauso behandelt wie diejenigen mit kleinen Probandenzahlen. Bei den Lehrstrategien (*teaching strategies*) kann Hattie sich beispielsweise auf 14 Meta-Analysen mit 1.491.369 Probanden stützen (Hattie 2009: 200ff.), während es bei den meta-kognitiven Strategien (*metacognitive stratagies*, ibid.: 29f., 188f.) nur zwei Meta-Analysen mit insgesamt 5028 Probanden sind. Daraus eine Rangfolge der Faktoren abzuleiten, halte ich zumindest für eine diskutable Vorgehensweise. Mit anderen Worten: Vergleiche von Effektstärken verschiedener Faktoren untereinander sind stets problematisch; sie sind höchst fragwürdig, wenn die Faktoren ganz unterschiedlichen Bereichen zuzuordnen sind.

Hattie prüft auch nicht genau die Bedeutung bzw. den Bedeutungsumfang der relevanten Begriffe, die in den Arbeiten verwendet und in ihrer Lernwirksamkeit bewertet werden. Vor allem bei den Unterrichtsstrategien weichen seine Definitionen von den im angelsächsischen (und im deutschen Sprachraum, vgl. Peschel 2002) üblichen Definitionen ab. Häufig wird angeführt, der neuseeländische Forscher spreche sich gegen individualisierte Lernformen aus. Das trifft so nicht zu: Das oberste Ziel aller Lehrbemühungen besteht für Hattie darin, dass die Lernenden ihre eigenen Lehrer werden: *Visible learning: when students see themselves as their own teachers* lautet eines von Hatties Mantras. Selbst wenn man einräumt, dass Individualisierung zahlreiche Vorgehensweisen umfassen kann, versteht Hattie darunter etwas anderes, als man erwarten würde. *Individualized instruction* nimmt unter den 138 Faktoren der Studie von 2009 Rang 100 ein, liegt also weit unter den wünschenswerten Effekten. Das verwundert nicht, definiert Hattie unter der Überschrift *Individual* (!) *instruction* diesen Faktor wie folgt:

> Individualized instruction is based on the idea that each student has unique interests and past learning experiences, hence an individualized instructional program for each student allows for flexibility in teaching methods and motivational strategies to consider these individual differences. (Hattie 2009: 198)

Soll die Lehrperson also für jede Schülerin und für jeden Schüler einen eigenen Entwurf für die jeweilige Unterrichtsstunde parat haben? Eine solche Forderung ist allein aufgrund der zeitlichen Überforderung der Lehrerinnen und Lehrer absurd. Darüber hinaus wissen wir, dass solche Formen der Individualisierung nicht besonders lernwirksam sind, weil wichtige Aspekte der Interaktion und Kooperation, die in einer Lerngruppe zum Tragen kommen, unberücksichtigt bleiben. Hattie erwähnt zwar die älteren Untersuchungen von Waxman et al. (1985), die unseren Vorstellungen von offenen Unterrichtsformen und den damit verbundenen Lernerfolgen näher kommen; sie haben aber innerhalb der 9 Meta-Analysen, auf die Hattie sich stützt, geringeres Gewicht.

Zu diesen grundlegenden Kritikpunkten an der Hattie-Studie kommen weitere hinzu:

Bedenklich ist, dass der Faktor, der nach Hattie die höchste Effektstärke aufweist und folglich Rang 1 einnimmt, sich u. a. auf eine Studie bezieht, die etwas anderes belegt, als Hattie angibt. Es geht um die Treffsicherheit der Lernenden bei der Einschätzung der eigenen Leistung (*self-reported grades*): „Students have reasonably accurate understandings of their levels of achievement", schreibt Hattie (Hattie 2009: 43). Die Untersuchung, auf die sich Hattie unter den sechs angeführten Meta-Analysen vorrangig bezieht, belegt aber gar nicht den von Hattie dargestellten Zusammenhang zwischen der Selbsteinschätzung der Lernenden und der tatsächlichen Leistung. Dazu gibt I. Arnold in seiner Rezension der Hattie-Studie folgende Erläuterungen:

> A great asset of Hattie's book is the reference list, which allows the inquisitive reader to dig a little deeper, by moving from the rankings to the underlying meta-studies. I have done this for the top-ranking influence, which is "self-reported grades" (d = 1.44). This result is dominated by the Kuncel et al. (2005) meta-analysis d = 3.1) (Kuncel et al. 2005). This paper is about the validity of ex-post self-reported grades (due to imperfect storage and retrieval from memory or intentional deception), *not* about student's expectations or their predictive power of their own study performance, as Hattie claims. The paper thus should not have been included in the analysis. My *N* = 1 sampling obviously has its limits, but this example does raise questions regarding the remaining average effect sizes. (Arnold 2011: 220; Hervorhebung des Autors).

Der Faktor *self-reported grades* ist aber nicht nur mit gebotener Zurückhaltung zu betrachten, weil der neuseeländische Forscher eine Meta-Analyse mit einer hohen Effektstärke einbezieht, die etwas anderes beinhaltet, als er angibt. Man muss sich darüber hinaus fragen, was wir für Schule und Unterricht aus diesem Faktor ableiten sollen. Auch Wellenreuther (⁷2014) fragt ganz zu Recht, was daraus für die Unterrichtspraxis folgt. Sollen wir Schülerinnen und Schüler dabei unterstützen, eine angemessene Selbsteinschätzung hinsichtlich ihrer Leistungen auf- und auszubauen, und dann kommt alles wie von selbst?

> Es macht dennoch wenig Sinn, den Glauben der Schüler an ihre Leistung als Ursache ihrer Leistung anzusehen. Wenn der Glaube allein schon eine solch wirkungsmächtige Ursache wäre, dann müsste man nur noch diesen Glauben erhöhen, um die gewünschte Leistungserhöhung zu erreichen. (Wellenreuther ^{7}2014: 36)

Ein weiterer Kritikpunkt aus meiner Sicht ist die Auswahl der Faktoren. Weiter oben (vgl. ***Kap. 2***) habe ich die sechs wichtigsten Schritte bei der Erstellung einer Meta-Analyse beschrieben. Ausgehend von einer Forschungsfrage, z. B.: Wie lernwirksam ist *reciprocal teaching* (Reziprokes Lernen)? bemüht sich der Wissenschaftler alle verfügbaren Untersuchungen zu diesem Thema zu sichten. Nun lautet aber die Ausgangsfrage von Hattie offensichtlich: Was beeinflusst die kognitive Lernleistung von Schülerinnen und Schülern? Nehme ich mir nun alle vorhandenen Studien zu *achievement*, in diesem Fall der messbaren kognitiven Lernleistung, vor, muss ich sie sehr sorgfältig hinsichtlich ihrer speziellen Fragestellungen und der bewerteten Effekte sichten. M. E. sind höchst subjektive Entscheidungen im Spiel, um aus der Fülle der vorliegenden Primärstudien bestimmte Faktoren herauszufiltern.

An der Hattie-Studie ist häufig kritisiert worden, dass affektive und soziale Ziele, z. B. Demokratiefähigkeit, nicht berücksichtigt werden (vgl. dazu auch in der Presse, z. B. Spiewak 2013). Dass Hattie entsprechende Untersuchungen nicht einbezieht, obwohl er der Empathie-Fähigkeit der Lehrenden und der Lernenden große Bedeutung beimisst, ist höchst bedauerlich. Das leistet den Kritikern Vorschub, die behaupten, diese wichtigen Ziele ließen sich nicht durch empirisch-quantitative Untersuchungen erfassen. Das stimmt in dieser Form nicht, vorausgesetzt, man hat ein angemessenes Untersuchungsdesign für die Prüfung einer präzisen Forschungsfrage gewählt. Zudem wiegen sich durch Hatties Vorgehen die Experten in Sicherheit, die davon ausgehen, man könne Ziele bzw. Kompetenzen im affektiven und sozialen Bereich nur oder zumindest am besten durch offene Unterrichtsformen erreichen. Das ist ein Fehlschluss, wie Untersuchungen belegen (vgl. Wellenreuther ^{7}2014: passim). *Know thy impact* predigt Hattie (2009: passim). Besser: *Know the impact of your teacher personality! Give increasing evidence for empathy and respect!*

Der größte Mangel der Hattie-Studie, den auch viele Rezensenten und Blogger beklagen, besteht darin, dass der neuseeländische Forscher gesellschaftliche Benachteiligungen nicht berücksichtigt. In einem Online-Beitrag mit dem Titel *Academics put heat on half-baked reactions* (vgl. PPTA News, April 2009, p. 4) wird die Kritik einer Gruppe von Wissenschaftlern der *Massey University,* Neuseeland, unter Federführung von I. Snook in ihren wesentlichen Punkten zusammengefasst. Dort heißt es u. a.:

Student background and social context are important

The commentary raises a number of concerns, including that social effects and background context are ruled out.
"(This) is not a book about what cannot be influenced in schools – thus critical discussions about class, poverty, resource in families, health in families and nutrition are not included – but this is NOT because they are unimportant, indeed they may be more important than many of the issues discussed in this book. It is just that I have not included these topics in my orbit," Hattie says.
The commentators however are very concerned about this attitude.

"Hattie acknowledges the important role of socio-economic status and home background ... but chooses to ignore it. This is his choice: but it is easy for those seeking to make policy decisions to forget this significant qualification," they say.

Gerade Schülerinnen und Schüler, die aus irgendwelchen Gründen benachteiligt und dadurch in ihrem Lernen eingeschränkt sind, bedürfen der besonderen Förderung durch die Lehrpersonen. Das gilt nicht nur für die Maori und vergleichbare Gruppen in Neuseeland, sondern auch für einen großen Teil der Lernenden im deutschsprachigen Raum (und anderswo in der Welt). Im Fremdsprachenunterricht gibt es zahlreiche Gelegenheiten, den Schülerinnen und Schülern aus sogenannten bildungsfernen Schichten, insbesondere solchen mit Migrationsgeschichte, zu größeren Lernerfolgen zu verhelfen (vgl. ***Kap. 5 – 9***).

3.2.4 Impulse aus der Hattie-Studie

Feel permitted to teach. Auf Deutsch etwa: Sie dürfen ruhig (wieder) lehren.

Das Motto, das ich für diesen Abschnitt ausgewählt habe, stammt von Jim Scrivener, einem bekannten Lehrerfortbildner aus dem UK. Während des Kongresses der IATEFL (*International Association of Teachers of English as a Forein Language*), der im Jahr 2012 in Glasgow stattfand, gab es einen Beitrag bzw. Workshop von Scrivener mit dem Titel: *A Proposal for Active Interventionist Teaching.* Scrivener führte aus, dass ein großer Teil des Unterrichts nur geringe Lerneffekte bei den Schülerinnen und Schülern erzielt. Er kritisiert das, was er „going through the motions" nennt, nämlich Kleingruppenarbeit, bei der Aktivitäten und Techniken hauptsächlich um ihrer selbst willen eingesetzt werden (vgl. Pattison 2013). In einer Zusammenfassung von Thaler heißt es:

> In contrast he [Srivener] argues for *demand-high teaching,* i.e. expecting more, asking for more, learning the techniques to get more:
> - Feel permitted to teach!
> - Use active interventionist teaching, i. e. strategies that push and nudge the students to achieve more.
> - Give feedback rather than praise (Not every learner's poor production is "very good").
> - Be hands-on with language.
>
> (Thaler 2013: 21; Hervorhebung des Autors)

Im Verlauf der vorangegangenen Kapitel habe ich mehrmals angedeutet, dass ich zwischen Hatties Mega-Analyse und dem von ihm propagierten Unterrichtsmodell differenziere. Es ist eine auf wissenschaftlichen Ergebnissen gegründete Modellierung, die sich nicht unmittelbar aus der Hattie-Studie ableiten lässt. Deshalb kann ich folgende Aussage eines Rezensenten gut nachvollziehen:

> I find the visible learning story a convincing story. I believe most teachers will agree with the book's main message that effective instruction cannot take place without proper feedback from student to teacher on the effectiveness of the instruction. Hattie also convincingly argues that the effectiveness of teaching increases when teachers act as activator instead of as facilitator, a view which I find refreshing in a time when teaching approaches such as problem-based learning have the effect of sidelining the instructor. My problem with the book is, however, that I would have been convinced even without the empirical analysis. (Arnold 2011: 220)

Einige von ihnen fragen jetzt sicher: Ja, aber wieso denn? Sind es denn nicht die mit Effektstärken bezifferten Faktoren des neuseeländischen Forschers, die die Grundlage für sein Unterrichtsmodell bilden? Zu einem großen Teil trifft das ohne Zweifel zu. Andererseits führt aber kein direkter Weg von Hatties Forschungsergebnissen zu seinen Vorschlägen für die Unterrichtspraxis. Nach allem, was über die Möglichkeiten und Grenzen von Meta-Analysen im Allgemeinen und Hatties unzureichender Berücksichtigung elementarer Qualitätsmaßstäbe im Besonderen in einer Flut von Rezensionen und Stellungnahmen geäußert wurde, war das auch nicht zu erwarten.

Hatties höchst subjektive Sicht auf seine Forschungsergebnisse lässt sich durch folgendes, häufig zitiertes Beispiel belegen (vgl. u. a. Steffens & Höfer 2012). Hattie wünscht sich Lehrpersonen als *change agents,* die den Unterricht aktiv und adaptiv mit Blick auf die ihnen anvertrauten Lernenden gestalten. In einer Übersicht stellt er den Lehrer als *activator*, als aktiven Gestalter, der Lehrperson als *facilitator*, als unterstützenden Lernbegleiter, gegenüber (Hattie 2009: 243). Unter der Rubrik *activator* listet er neun Faktoren mit einer Effektstärke von d = 0.74 bis d = 0.41 (Durchschnitt d = 0.60) und unter *facilitator* ebenfalls neun Faktoren mit Effektstärken von d = 0.32 bis d = 0.06 (Durchschnitt d = 0.17) auf. Dabei erfolgt die Zuordnung höchst subjektiv: Vorrangiges Ziel von Hattie bei der Gegenüberstellung ist offensichtlich die Untermauerung seiner Unterrichtstheorien, denn einige Faktoren hätten durchaus anders zugeordnet werden können. Das unterstreichen auch U. Steffens & D. Höfer in ihren Betrachtungen zur Hattie-Studie:

> Einige der wirkungsmächtigsten Faktoren zu „teacher as activator“ könnten ebenso gut den offenen Lernformen zugerechnet werden. Beispielsweise enthalten die Konzepte „Reciprocal teaching“, „Meta-cognitive strategies“ und „Mastery learning“ auch typische Komponenten offener Lernformen. Ferner kann gefragt werden, warum die Faktoren „Smaller class sizes“ und „Different teaching for boys and girls“ dem „teacher as facilitator“ zugeordnet werden. (Steffens & Höfer 2012: 13)

Hattie selbst räumt gleich zu Beginn seiner Studie ein, dass das Unterrichtsmodell, welches er in Kapitel 3 und in Kapitel 11 seiner Studie vorstellt, möglicherweise spekulativ ist: “The model I will present in Chapter 3 may well be speculative …” (Hattie 2009: 4). Jedes Unterrichtsmodell, auch ein wissenschaftlich fundiertes (vgl. die ausführliche Darstellung in ***Kap. 4***), ist letzten Endes spekulativ. Dennoch betrachte ich die „Geschichte“, die Hattie über das Lernen zusammenfügt, als richtungsweisend für unseren Fremdsprachenunterricht, und zwar aus folgenden Gründen:

- Kein Unterrichtsmodell kann in allen seinen Facetten und Wechselwirkungen als evidenzbasiert gelten. Es gibt jedoch einzelne Faktoren und Komponenten, für deren Lernwirksamkeit empirische Untersuchungen sprechen. Das gilt auch für die Hattie-Studie.
- Die entscheidenden Faktoren von Hatties Unterrichtsmodell sind durch Forschungsergebnisse zahlreicher Wissenschaftler schon lange nachgewiesen (vgl. z. B. die Überblicke bei Marzano 1998, Marzano et al. 2001; Wellenreuther [7]2014).
- Wissenschaftlich hinreichend belegte Unterrichtsverfahren, wie Hattie sie beschreibt, haben längst Eingang in Publikationen für die Hand von Lehrpersonen (vgl. u. a. Petty [2]2009) sowie in die Lehrerfortbildung gefunden (vgl. die obigen Forderungen von Scrivener).
- Aufgrund der Internationalisierung und der zunehmenden Interdisziplinarität der Fremdsprachendidaktik haben empirisch-quantitative Forschungsergebnisse an Bedeutung gewonnen. Diese zu begrüßende Tendenz wird durch Hatties Unterrichtsmodell verstärkt.
- Es lässt sich auch deshalb für den Fremdsprachenunterricht adaptieren, weil Hattie sich trotz aller Ausführlichkeit bei der Darstellung seiner Modellierung im Lehrerhandbuch (vgl. Hattie 2012; siehe nächster Abschnitt) auf allgemein gültige Empfehlungen beschränkt.

Entscheidend für mich ist die Überlegung, dass bestimmte Unterrichtsverfahren in bestimmten Unterrichtsphasen zum Tragen kommen sollten, wenn man im Fremdsprachenunterricht größere Lernerfolge für alle Schülerinnen und Schüler erzielen will. Das bedeutet nicht, dass andere Strategien in anderen Phasen des Unterrichts nicht höchst lernwirksam sein können. Letztlich steht die Lehrperson vor der Herausforderung, ein geeignetes Zusammenspiel von Interventionen für einen speziellen Lernkontext mit seinen individuellen Lernenden zu finden und zu gestalten.

There is a right time for everything. Auf Deutsch: Alles zu seiner Zeit.

3.2.5 Weitere Publikationen von John Hattie

Um einem mit Schule und Unterricht befassten Personenkreis, nämlich Lehrpersonen, Schulleitungen und Bildungspolitkern, die Ergebnisse der Studie von 2009 näherzubringen, hat Hattie im Jahr 2012 ein Lehrerhandbuch *Visible Learning for Teachers. Maximizing impact on learning* veröffentlicht (deutsche Übersetzung 2014). In dieser Publikation konkretisiert er sein Unterrichtsmodell für die Praxis. Aus meiner Sicht sind seine praxisbezogenen Überlegungen anregend und überzeugend, ich bezweifle aber, dass Lehrpersonen wirklich die Zeit und die Geduld haben, das Buch durchzuarbeiten. Das gilt nicht nur für den deutschsprachigen, sondern auch für den angelsächsischen Raum. Es handelt sich nämlich nicht – wie angekündigt – um ein Buch, welches Lehrpersonen anleitet, ihren Unterricht durch den Einsatz lernwirksamer Verfahren umzugestalten und zu verbessern, und zwar aus folgenden Gründen:

- Das Buch enthält eine überbordende Fülle durchaus treffender Empfehlungen, konkrete Beispiele für die Praxis fehlen aber fast vollständig. Ob Lehrpersonen bei der üblichen Arbeitsbelastung in der Lage sind, sich aufgrund von Hatties Ratschlägen zu *inspired, expert, adaptive teachers* (weiter) zu entwickeln, ist fraglich.
- Hattie liefert eine verwirrende Ansammlung von Kategorisierungen, Klassifizierungen und Unterteilungen. Man braucht viel Ausdauer, um die wesentlichen Punkte seines Unterrichtsmodells zu erfassen.
- Der neuseeländische Forscher gesteht keinerlei Abstriche an seinem Unterrichtsmodell zu; es soll vollständig übernommen werden. Dafür fehlen nicht nur im deutschsprachigen Raum die Voraussetzungen. Deshalb bietet Hattie in großem Umfang (kostenpflichtige) Lehrerfortbildung an.

Unter den Kundenbewertungen bei Amazon kann man die Kritik einer Lehrerin aus Sheffield vom 1. August 2013 nachlesen. Unter der Überschrift: *Great message, but an inaccessible and academic text. Not for busy teachers* fasst die Lehrerin ihren Eindruck von Hatties Lehrerhandbuch zusammen. Sie wundert sich über die lobenden Äußerungen in anderen Kundenbewertungen und vermutet, dass diese Käufer zu einem positiven Urteil gekommen sind, weil sie das Buch nicht ganz gelesen haben:

> I am a teacher with 5 years of experience and it is my aim to help my pupils not meet but exceed their potential. [...] The book contains lots of theory, some of which is not fully explained (Piagetian models, the SOLO model etc, etc). Hidden amongst the pages and pages of theoretical discussions are some practical suggestions.
> [...]
> The blurb on the back of the book suggests that the author offers "concise and user-friendly summaries of the most successful interventions. – IT DOES NOT. The text is dense and highly academic.
> The blurb also states that the book offers "practical step-by-step guidance to the successful implementation of visible learning ..." – again – IT IS ANYTHING BUT PRACTICAL. There is a serious lack of practical application and guidance. (www.amazon.co.uk/product-reviews/ By elfreda (sheffield))

Visible Learning for Teachers (Hattie 2012) besteht aus drei Teilen: In den ersten drei Kapiteln (Part I) fasst Hattie die Studie von 2009 zusammen. In Kapitel 1 (Chap. 1: *Visible learning inside,* 1 – 6) erklärt er in knapper Form, was es mit evidenzbasiertem Lernen auf sich hat. Anschließend (Chap. 2: *The source of the ideas,* 9 – 21) entwickelt er noch einmal die Vorstellungen, die ihn bei seiner Mega-Analyse geleitet haben, um in Kapitel 3 (Chap. 3: *Teachers: the major players in the education process,* 22 – 34) seine Überzeugung zu untermauern, dass die Lehrpersonen (und nicht die Schule oder strukturelle Bedingungen) das Wichtigste sind. Diese Botschaft ist eher banal, denn es ist jedem klar, dass es ohne Lehrkräfte nicht geht. Hattie meint aber nicht die Lehrerin oder den Lehrer schlechthin, sondern die aktiv gestaltende Lehrperson, die ihre vielfältigen Qualifikationen ständig weiterentwickelt. Das erreichen Lehrerinnen und Lehrer vor allem dadurch, dass sie ihren Unterricht kontinuierlich evaluieren, und zwar indem sie möglichst häufig die Rückmeldung ihrer Lernenden zum Unterricht suchen. Ab Kapitel 2 finden sich am Ende eines jedes Kapitels mit *Exercices* überschriebene Aufgaben.

Im zweiten Teil (Part II): *The lessons* (Hattie 2012: 35 – 146) stellt Hattie in fünf Kapiteln sein Unterrichtsmodell dar: Chap. 4: *Preparing the lesson* (37 – 68), Chap. 5: *Starting the lesson* (69 – 91), Chap. 6: *The flow of the lesson: learning* (92 – 114), Chap. 7: *The flow of the lesson: the place of feedback* (115 – 137), Chap. 8: *The end of the lesson* (138 – 146).

Der letzte Teil (Part III): *Mind frames* behandelt die Prozesse des Umdenkens, die einem veränderten Handeln vorausgehen müssen (Chap. 9: *Mind frames for teachers, school leaders, and systems*, 147 – 170). In diesem Kapitel ist der Teil *Eight mind frames* (159ff.) – gemeint ist Geistes- und Gemütsverfassung – sehr aufschlussreich, auch wegen des in den abschließenden Übungen enthaltenen *Your personal health check for visible learning* (169f.).

Wie wiederholt erwähnt, ist die Zahl der synthetisierten Meta-Analysen im Lehrerhandbuch von 800 (2009) auf über 900 angewachsen. Mit der ständigen Erweiterung versucht Hattie u. a. der Kritik zu begegnen, die in der Studie von 2009 zusammengefassten Untersuchungen seien zum Teil veraltet. Er ist bemüht, neuere Primärstudien und Meta-Analysen heranzuziehen. Dies hat zwar zu einer Erhöhung der Faktoren von 138 auf ca. 150, aber zu keiner substantiellen Veränderung hinsichtlich des von Hattie aufgestellten Rankings der Faktoren geführt. Die hauptsächlich von deutschen Erziehungswissenschaftlern geäußerte Kritik am Alter der berücksichtigten Meta-Analysen ist meiner Meinung nach überzogen. Eine umfangreiche Zusammenschau von Forschungsergebnissen fällt in der Regel mehr oder weniger „historisch“ aus, allein schon deswegen, weil die Erarbeitung Jahre in Anspruch nimmt. Zu kritisieren ist eher, dass die meisten Wissenschaftler bei ihrer Interpretation der Daten stillschweigend davon ausgehen, dass die Zukunft absehbar ist und sich von der Gegenwart nicht wesentlich unterscheidet.

Der neuseeländische Forscher vergrößert aber nicht nur kontinuierlich seine Forschungsbasis, um möglichen Einwänden zu begegnen. Er hat inzwischen zwei weitere Bücher veröffentlicht, um seine Mega-Analyse und sein Unterrichtsmodell zu untermauern, und zwar zusammen mit Eric M. Anderman von der *Ohio State University*, USA einen Sammelband mit dem Titel *International Guide to Student Achievement* (Hattie & Anderman 2013) sowie zusammen mit Gregory C. R. Yates (*University of South Australia*) *Visible Learning and the Science of How We Learn* (Hattie & Yates 2014).

Durch den zusammen mit Anderman herausgegebenen Sammelband soll gezeigt werden, dass die von Hattie propagierten Konzepte von renommierten Forscherinnen und Forschern weltweit vertreten werden. Dieser *International Guide to Student Achievement* ist, ähnlich wie die Hattie-Studie, ein Unternehmen von gigantischem Ausmaß: Wissenschaftlerinnen und Wissenschaftler äußern sich in über 150 Beiträgen zu ihrem jeweiligen Forschungsgebiet. Dass auf ca. 500 Seiten so viele Forscher bzw. Forschergruppen zu Wort kommen, haben Hattie und Anderman, die beiden Herausgeber, dadurch erreicht, dass der Umfang der Beiträge auf durchschnittlich drei Druckseiten begrenzt ist. Um eine leichtere Orientierung zu ermöglichen, sind die einzelnen Einträge gleich aufgebaut: An die Einleitung schließt sich ein Abschnitt mit den empirischen Befunden (*Research Evidence*) an. Es folgen eine Zusammenfassung mit Empfehlungen und das Literaturverzeichnis.

In dem genannten Sammelband stammt nur ein einziger Beitrag von Hattie selbst, und zwar 4.7 zum Thema *Class size* (Hattie 2013: 131 ff.). In seiner Studie von 2009 gibt Hattie die Verbesserung des Lernens durch eine Verringerung der Klassengröße von 25 auf 15 Schülerinnen und Schüler mit einer Effektstärke von d = 0.21 an. Das entspricht Rang 106 von 138 (Hattie 2009: 85 – 88). In früheren Analysen, auf die beispielsweise Petty ([2]2009: 69) sich beruft, hat Hattie den Nutzen kleinerer Klassen deutlich höher angesetzt (Hattie: *table of effect sizes*, o. J.). Viele Rezensenten haben Hattie entgegengehalten, dass Klassen mit geringerer Schülerzahl das Lernen nachweislich fördern. Vor allem aber wirft man Hattie vor, er habe mit seinem Ergebnis den Wünschen von Bildungspolitkern entsprechen wollen, da die Verkleinerung der Klassenstärke sehr kostenintensiv ist.

In dem Sammelband-Beitrag zu *Class size* räumt Hattie ein, dass die Klassenstärke zunächst nichts über die Lernleistung der Schülerinnen und Schüler aussagt. Mit anderen Worten: Dass kleinere Klassen in den von ihm herangezogenen Meta-Analysen nicht den insbesondere von Eltern und der breiten Öffentlichkeit erwarteten Nutzen haben, liegt nicht an der Reduktion der Schülerzahl, denn Letztere kann ohne Zweifel zu einer Steigerung des Lernerfolgs beitragen. Es hat sich vielmehr herausgestellt, dass die meisten Lehrerinnen und Lehrer in kleineren Klassen genauso unterrichten wie bei einer Klassenstärke von 25 und mehr Lernenden. Es bedarf also einer zusätzlichen Qualifizierung der Lehrpersonen, wenn die Effekte kleinerer Klassen zum Tragen kommen sollen.

> Given the enormous costs and the high levels of advocacy by teachers and parents for lower class size, it is necessary to rephrase the key question from does class size reduction positively influence student achievement toward how can we optimize reaching in small classes. (Hattie 2013: 132)

Das Buch *Visible Learning and the Science of How We Learn,* welches Hattie mit Yates veröffentlicht hat, liefert hinsichtlich des Unterrichtsmodells des neuseeländischen Forschers keine neuen Erkenntnisse im Vergleich zu den Publikationen von 2009 und 2012. Es führt die Erfolgsserie auf der Grundlage von neueren (empirischen) Untersuchungen fort.

3.3 Die Forschungen von Robert J. Marzano

3.3.1 Begründung

Warum greife ich aus der Fülle der vorliegenden Primärstudien und Meta-Analysen ausgerechnet die Forschungen von Marzano heraus? Zu Beginn dieses Kapitels habe ich erläutert, warum auch empirische Untersuchungen, die sich nicht speziell auf den Zweit- oder Fremdsprachenunterricht beziehen, für uns von Bedeutung sind. Daher haben wir uns – über die Anerkennung und das weltweite Aufsehen von Hattie hinaus – mit seiner Studie und den nachfolgenden Publikationen beschäftigt. Für Marzano, einen US-amerikanischen Wissenschaftler und Pädagogen, sprechen noch andere Gründe.

Wie Hattie und Wellenreuther, dessen Arbeiten wir im nächsten Abschnitt genauer kennenlernen (vgl. 3.4), geht es Marzano nicht in erster Linie darum, Meta-Analysen zu erarbeiten, um empirisch-quantitative und insbesondere experimentelle Forschungsmethoden zu erproben und zu verfeinern, wie es beispielsweise die Meta-Analyse zur *teaching effectiveness on student learning* von Seidel & Shavelson (2007) für sich beansprucht. Die beiden zuletzt genannten Forscher sind bemüht, der *Scientific Community* aufzuzeigen, welche Wechselwirkungen zwischen dem Forschungsdesign und einzelnen Komponenten des Lehr- und Lernprozesses bestehen. Für Lehrpersonen sind die Ergebnisse von Seidel & Shavelson wenig hilfreich.

Marzanos vorrangiges Interesse besteht darin zu zeigen, wie die Unterrichtspraxis auf der Grundlage empirisch-quantitativer Forschungsergebnisse verbessert werden kann. Das deckt sich mit den Intentionen, die ich mit dieser Anleitung zur Gestaltung eines lernwirksamen Fremdsprachenunterrichts verfolge. Wir beschäftigen uns in den ersten drei Kapiteln mit den Grundlagen empirisch-quantitativer Forschung in Form von Primärstudien und Meta-Analysen, um anschließend praxisbezogene Entscheidungen für das Lehren und Lernen von Fremdsprachen treffen zu können (vgl. ***Kap. 5 – 9***).

Wie Hattie und Wellenreuther überträgt Marzano Forschungsergebnisse, sowohl seine eigenen als auch die anderer Wissenschaftler, auf den Unterricht. Das gelingt ihm besonders gut, weil er eine ausgewogene Balance zwischen wissenschaftlichem Anspruch und praxisrelevanten Erkenntnissen findet. Sein Lehrerhandbuch, auf das ich weiter unten eingehe, wird dem Anspruch an ein für Lehrpersonen nützliches „Praxisbuch" gerecht, ohne in Rezeptologie abzugleiten. Für Marzanos Arbeiten spricht also, dass er, wie Hattie und Wellenreuther, die Lehrerbildung und die Verbesserung der Unterrichtspraxis in den Vordergrund stellt. Wie nach ihm viele Experten, die sich auf wissenschaftliche Nachweise stützen, misst der US-amerikanische Forscher der engagierten Lehrperson dabei herausragende Bedeutung bei.

Marzano ist für das Ziel, ein wissenschaftlich fundiertes Unterrichtsmodell mit Hilfe von Beispielen für den Englisch-, Französisch- und Spanischunterricht (mit einer impliziten Übertragbarkeit auf den Unterricht in allen modernen Fremdsprachen) so praxisbezogen wie möglich darzustellen, noch aus einem anderen Grund richtungsweisend. Marzano beschränkt sich auf wichtige Unterrichtsstrategien, welche Lehrpersonen mit ihren Schülerinnen und Schülern erproben und in adaptierter Form in ihren Unterricht integrieren können, ohne auf zusätzliche Ressourcen zurückzugreifen oder auf grundlegende Veränderungen des Bildungssystems warten zu müssen. Auch in dieser Anleitung für einen lernwirksamen Fremdsprachenunterricht beschränke ich mich im Rahmen des auf empirische Nachweise gegründeten Unterrichtsmodells auf Verfahren bzw. Strategien, die Fremdsprachenlehrerinnen und -lehrer, die guten Willens sind, allein oder besser in Kooperation mit Fachkolleginnen und -kollegen umsetzen können.

Noch etwas spricht aus meiner Sicht für Marzanos wissenschaftliche Arbeiten und deren Übertragung auf den Unterricht: Der US-amerikanische Forscher hat bei seinen Forschungen früh erkannt, dass die lernstärkeren Schülerinnen und Schüler von bestimmten Innovationen überproportional profitieren und sich somit die Schere zwischen dem oberen und dem unteren Drittel einer Lerngruppe immer weiter öffnet. Wie er dem mit Hilfe einer differenzierten Analyse und Interpretation zu begegnen versucht, stelle ich weiter unten kurz dar. Wie mehrfach betont, geht es bei dem wissenschaftlich fundierten Unterrichtsmodell, welches wir in den folgenden Kapiteln erörtern und mit Hilfe von Beispielen konkretisieren werden, in erster Linie darum, allen Schülerinnen und Schülern, also auch denjenigen aus sogenannten bildungsfernen Schichten, beim Lehren und Lernen von Zweit- oder Fremdsprachen zu größeren Lernerfolgen zu verhelfen.

Fazit: Die Forschungen von Marzano sind für unseren Fremdsprachenunterricht aus folgenden Gründen relevant:
- Marzano hat seine Meta-Analysen mit großer Sorgfalt erarbeitet.
- Sein Ansatz ist hinsichtlich der Wirkungen auf die Lernenden differenzierter als der von Hattie.
- Im Fokus von Marzano stehen Unterrichtstrategien, die Lehrpersonen mit ihren Lernenden ohne zusätzliche Ressourcen erproben und einführen können.
- Es gelingt Marzano, Lehrerinnen und Lehrern seine Forschungsergebnisse in gut verständlicher Form verfügbar zu machen.

3.3.2 Die Meta-Analysen von Marzano

Robert J. Marzano ist der Mitbegründer und Geschäftsführer des *Marzano Research Laboratory (MRL)* in Centennial, Colorado und war zuvor einer der wissenschaftlichen Leiter des *Mid-Continent Research for Education and Learning* in Aurora, Colorado. Seine Ziele und seine Vorgehensweisen am MRL beschreibt Marzano wie folgt:

> I've always started with the research. Translating it into strategies, helping teachers use the strategies, and hearing that they're getting good results is what MRL is about. In this complex endeavor called K–12 schooling, there's a place for tools and strategies that will positively impact students. MRL was created to discover those tools and articulate those strategies in ways that allow teachers and school leaders to use them to effect positive change in students' lives. (Homepage des MRL: www.marzanoresearch.com)

Bereits Ende der 1990er Jahre hat Marzano eine sehr einflussreiche und umfangreiche Forschungsarbeit vorgelegt mit dem Titel: *A theory-based meta-analysis of research on instruction* (Marzano 1998). Auf diese Meta-Analyse, in der 4000 Effektstärken erhoben, zusammengefasst und interpretiert werden, sowie vorangegangene und nachfolgende empirisch-quantitative bzw. empirisch-experimentelle Untersuchungen des US-amerikanischen Wissenschaftlers stützt sich auch Hattie. Zu Beginn von Kapitel 10 (Chap. 10: *The contributions from teaching approaches – part II*, 200ff.) geht der neuseeländische Forscher auf Lehr-Strategien insgesamt (*teaching strategies*) ein, bevor er die Effektstärken für einzelne Strategien wie *reciprocal teaching* mit Hilfe der stilisierten Barometer veranschaulicht. Hattie beziffert die (durchschnittliche) Effektstärke aller Lehrstrategien, die er in seiner Mega-Analyse zusammenfasst, mit d = 0.60.

Hattie weist darauf hin, dass Marzano die Lernwirksamkeit von Lehrstrategien nicht nur hinsichtlich der kognitiven Lernleistung beziffert, sondern vier verschiedene Outcomes unterscheidet:

> The overall effect was d = 0.65, and this was typical across his four major outcomes: knowledge (d = 0.60), cognitive systems (d = 0. 75), meta-cognitive systems (d = 0.55), and self-system (d =0.74). When the instructional technique was designed for the student, the effect was higher (d = 0.74) than when the technique was designed for the teacher (d = 0.61). (Hattie 2009: 203)

Marzano hat in seiner Meta-Analyse von 1998 wesentliche Komponenten des Lehr-/Lernprozesses zusammengefasst, und zwar: Prozesse der Speicherung im Gedächtnis und des Abrufs (*storage and retrieval processes*), Funktionen, die sich auf die Verarbeitung von Informationen beziehen (*information processing functions*), die Repräsentation von Konzepten (*idea representation*), die Anwendung des Wissens (*knowledge utilization*), meta-kognitive Systeme (*metacognitive systems*) und Systeme des Selbst (*self systems*) (vgl. auch die Übersicht bei Hattie 2009: 203).

Das Besondere an Marzanos theoretischem Ansatz sehe ich vor allem in den beiden folgenden Aspekten (vgl. auch zum Folgenden De Florio-Hansen 2014: 39f.):

- Weiter oben wurde bereits angedeutet, dass Marzanos Forschungen eine hohe Lernwirksamkeit für die einzelnen untersuchten Lehrverfahren ergeben, dass die Schülerinnen und Schüler jedoch aufgrund ihrer individuellen Lernmöglichkeiten in unterschiedlichem Maß von den Unterrichtsstrategien profitieren. Lernstarke Schülerinnen und Schüler erreichen beim Einsatz derselben Strategien eine Effektstärke von $d = 0.91$, Lernende im Mittelfeld liegen um $d = 0.70$, während bei lernschwächeren Schülerinnen und Schülern der Lernzuwachs nur eine Effektstärke von $d = 0.64$ erreicht. Daher empfehlen Marzano und seine Mitarbeiter (vgl. u. a. Marazno et al. 2001) bei der Anwendung einzelner Unterrichtsverfahren bestimmte zusätzliche Maßnahmen, damit alle Schülerinnen und Schüler in etwa gleich große Lerneffekte erzielen können.
- Wie aus dem Hattie-Zitat ersichtlich ist, kategorisiert Marzano die Unterrichtsstrategien und andere Interventionen danach, was sie beim Lernenden aktivieren:

1. Für Marzano sind die Auswirkungen auf das Selbst am wichtigsten: Wie schätzen die Lernenden ihre Fähigkeiten ein? Welche Bedeutung bzw. welchen Wert messen sie dem Lerngegenstand bei? Wie wahrscheinlich ist der eigene Lernerfolg für sie?

2. An zweiter Stelle steht die Lernwirksamkeit im Hinblick auf das meta-kognitive System: Wie legen Schülerinnen und Schüler für sich selbst Lernziele fest? Wie überwachen sie ihre Lernprozesse auf dem Weg zu diesen Zielen? Wie gehen sie mit (Lern-)Schwierigkeiten um?

3. Erst an dritter Stelle folgen die Auswirkungen auf das Wissen und das kognitive System: Welche Formen des Denkens löst das vorliegende Material bei den Lernenden aus? Wie verändert sich der gedankliche Umgang mit dem Material, damit die angestrebten Ziele erreicht werden?

Fazit: Aufgrund seiner wissenschaftlichen Untersuchungen steht für Marzano das Selbst an erster Stelle. Es aktiviert das meta-kognitive System, welches wiederum das kognitive System in Gang setzt. Durch diese wechselseitige Aktivierung werden letztlich Lernprozesse ausgelöst (vgl. auch Petty [2]2009: 73).

3.3.3 Eine Veröffentlichung der Forschergruppe um Marzano zur Unterrichtspraxis

Exemplarisch stelle ich kurz die praxisbezogene Publikation vor, die Marzano mit zwei Mitarbeitern Anfang des Jahrtausends vorgelegt hat, und zwar: *Classroom instruction that works: Research-based strategies for increasing student achievement* (Marzano et al. 2001). Zunächst stellt Marzano seinen Forschungsansatz in gut verständlicher Form dar, um anschließend ausführlich auf die Ergebnisse seiner Meta-Analysen einzugehen und sie in ein Unterrichtsmodell bzw. eine Modellierung wesentlicher Teile von Unterricht zu integrieren. Das tut er auf der Grundlage konkreter Unterrichtsvorschläge und Empfehlungen für die Praxis.

Welche herausragende Bedeutung Marzano evidenzbasiertem Lehren und Lernen beimisst wird gleich im ersten Kapitel deutlich (Chap. 1: *Applying the Research on Instruction: An Idea Whose Time has Come*). Dabei zeigt sich, dass der US-amerikanische Forscher und seine Mitarbeiter reflektierter auf ihre Forschungsergebnisse schauen als beispielsweise Hattie: „With all the limitations of this book acknowledged, we again affirm our belief that we are at the beginning of a new era in education – one in which research will provide strong, explicit guidance for the classroom teacher." Diese größere Zurückhaltung, welche impliziert, dass letztlich die Lehrperson entscheidet, ob sie den Handlungsempfehlungen des Forscherteams um Marzano folgen will und in welcher Form dies geschieht, war bereits in obigem Zitat deutlich geworden, in dem der US-amerikanische Forscher einräumt, dass die vorgestellten Unterrichtswerkzeuge sich keineswegs in jedem Kontext als lernwirksam erweisen müssen (vgl. Marzano et al. 2001: 8).

Nach ihrem Plädoyer für Lehren und Lernen, welches sich auf empirische Belege stützt, erläutern Marzano und seine Mitautoren, was man unter einer Meta-Analyse versteht und wie Effektstärken berechnet werden. Zur Festlegung, welche Effektstärken als gering, mittel bzw. hoch gelten können, beruft sich das Forscherteam auf Jacob Cohen ([2]1988), einem immer noch richtungsweisenden Vertreter des evidenzbasierten Lehrens und Lernens. Cohen betrachtet Effektstärken von 0.20 als klein, im mittelern Bereich liegen Effektstärken von 0.50, während solche ab 0.80 als hoch anzusehen sind. Ohne näher auf Einzelheiten eingehen zu können, weise ich darauf hin, dass Marzano aufgrund des von ihm zugrunde gelegten Verfahrens Effektstärken mit 0. ... angibt, während Hattie sie mit d = ... benennt.

In der Publikation von 2001 beschränken sich die Autoren auf die oben angeführten Unterrichtsstrategien. Grundlage sind die Ergebnisse von Marzanos Meta-Analyse(n) von 1998. Selbstverständlich spielen auch für ihn und seine Mitarbeiter Techniken der Klassenführung (*classroom management*) und die Ausgestaltung des Curriculums (*curriculum design*) für einen lernwirksamen Unterricht eine wichtige Rolle. Sie werden in späteren Forschungsarbeiten thematisiert.

Das Forscherteam um Marzano knüpft also unmittelbar an dessen Meta-Analyse von 1998 an und filtert aus den vorliegenden Primärstudien diejenigen Unterrichtsstrategien heraus und fasst sie in Meta-Analysen zusammen „that have a high probability on enhancing student achievement for all students in all suject areas at all grade levels". Im Wesentlichen sind das neun Strategien, die in Kapitel 2 bis 10 des Lehrerbuchs von 2001 ausführlich behandelt werden. Diese Unterrichtsverfahren weisen große Ähnlichkeit mit Strategien auf, die wir unter den 138 (bzw. 150) Faktoren bei Hattie finden, z. B. Visualisierungen (*nonlinguistic representations*), kooperatives Lernen (*cooperative learning*) und die Evaluation der gesetzten Ziele durch Feedback (*setting objectives and providing feedback*). Im Rahmen der praxisbezogenen Kapitel dieser Anleitung zum lernwirksamen Fremdsprachenunterricht gehe ich auf Einzelheiten einschließlich der entsprechenden Effektstärken ein.

> Fazit: Merkmale eines lernwirksamen Unterrichts nach Marzano
>
> "The effective teacher is one who has clear instructional goals. These goals are communicated both to students and to parents. Ideally, instructional goals address elements of the knowledge domains as well as the cognitive, meta-cognitive and self-system." (Marzano 1998: 135)
>
> Unterricht ist dann wirklich lernwirksam, wenn alle Lernenden größere Erfolge erzielen können und die „besseren" Schülerinnen und Schüler nicht zu Lasten der Lernschwächeren überproportional von Innovationen und Interventionen profitieren.

3.4 Die Forschungen von Martin Wellenreuther

3.4.1 Ein Gespräch über Wellenreuthers Forschungsergebnisse

Kurt Lorenz ist Lehrer für Mathematik und Biologie an einem Gymnasium. Obgleich er in einigen Jahren pensioniert wird, kann von Burnout bei ihm keine Rede sein. Im Gegenteil! Er sieht die endlosen Reformbemühungen nicht nur gelassen, sondern versucht, allem etwas Positives abzugewinnen. Außerdem wird Kurt Lorenz von den Schülerinnen und Schülern sehr geschätzt, denn er hat für alle ein offenes Ohr hat und weiß jeden zu nehmen. Sein Unterricht ist interessant und motivierend, und vor allem: Er kann „Mathe erklären". Aber auch die Kollegen und Kolleginnen schätzen ihn. Er bringt die neuesten Entwicklungen auf den Punkt und hilft dabei, die „Zahlenspiele" bei Vergleichsarbeiten und sonstigen Testungen besser zu verstehen.

Nun wollen zwei jüngere Kolleginnen von ihm wissen, was er von der Hattie-Studie hält. Natürlich hat er davon gehört, versteht aber die Aufregung nicht.

„Das ist doch wirklich nichts Neues," antwortet er.

„Aber wieso denn?" fragt Susanne, ebenfalls Biologielehrerin, verwundert. „Er stellt doch alles auf den Kopf, was uns bisher gepredigt wurde. Der Lehrer soll wieder unterrichten; dieser Do-it-yourself-Kram ist anscheinend passé."

„Wenn du das meinst, was Individualisierung bzw. offene Unterrichtsmethoden genannt wird, dann verstehe ich nicht, was Herr Hattie Neues bringt. Das ist doch alles längst bekannt."

Susanne und Elvira – sie unterrichtet vornehmlich Spanisch – kommen aus dem Staunen nicht heraus. In ihrer gesamten Ausbildung wurde ihnen gepredigt, dass lehrergesteuerter Unterricht nicht lernwirksam ist und die Hauptaufgabe der Lehrperson darin besteht, den Lernstoff so aufzubereiten, dass die Lernenden ihn möglichst selbsttätig erarbeiten können.

„Nun sag uns mal, wieso du das längst alles weißt?"

Nun ist Kurt in seinem Element.

„Erstens gibt es keinen empirisch arbeitenden Erziehungswissenschaftler, der individualisierende Lernformen nicht in Frage stellt und der Instruktion den Vorzug gibt."

„Und wieso haben wir nie davon gehört oder gelesen?“

„Vermutlich weil diese Damen und Herren nicht den Mut haben, gegen den Strom der geisteswissenschaftlich orientierten Pädagogen zu schwimmen. Aber da ist u. a. Martin Wellenreuther, der schon immer die Direkte Instruktion als die Urform des Unterrichts bezeichnet hat und dieses Unterrichtsmodell in seinen Schriften in aller Ausführlichkeit darstellt.“

Da erinnert sich Elvira an ein Buch von Wellenreuther.

„Ich glaube, ich habe mal einen Wälzer von ihm während der Ausbildung in unserer Fachbibliothek gesehen. Aber erwähnt hat ihn nie einer.“

„Das liegt sicher auch am Umfang seiner Bücher, und er schreibt auch eher für Wissenschaftler. Aber das ist kein Grund, seine Forschungen einfach links liegen zu lassen. Er ist nämlich schon vor zehn Jahren hinsichtlich der einschlägigen Unterrichtsmethoden zu denselben Ergebnissen gekommen wie Mister Hattie. Ich konnte die Aufregung von Anfang an nicht verstehen.“

„Ja, was sagt er denn zu den Vorzügen von Frontalunterricht?“

„Aber es geht doch gar nicht um Frontalunterricht“, erwidert Kurt. „Den lehnt auch Hattie ab. Direkte Instruktion oder besser Interaktiver Klassenunterricht setzt sich, je nach Lernphase, aus ganz unterschiedlichen Lehr- und Lernformen zusammen.“

„Und das hat dieser Wellenreuther schon vor zehn Jahren gesagt?“

„Aber ja, und er belegt es mit wirklich einschlägigen Untersuchungen.“

Susanne ist frustriert, denn irgendwie hatte sie schon immer Zweifel an den propagierten Unterrichtsmethoden. Einmal hatte sie in einer wichtigen Pädagogik-Zeitschrift eine umfangreiche Serie zum Thema „Individualisierung“ durchgearbeitet, in der fachliches Lernen überhaupt nicht erwähnt wurde.

Da sagt Elvira ganz pragmatisch:

„Also Kurt, wo du so gut Bescheid weißt, wäre es doch am einfachsten, du erzählst uns das alles einmal genauer. Ich kann mir gut vorstellen, dass nicht nur Susanne und ich an so einer Art Einführung in die interaktive Instruktion interessiert sind. Wir richten uns ganz nach dir.“

„Aber das mach ich doch gern,“ antwortet Kurt, der schon lange darauf gewartet hatte, seine Überzeugungen, mit denen er im Unterricht gute Lernerfolge erzielte, in seinem recht jungen Kollegium bekannt zu machen. Gleich heute würde er sich die Neubearbeitung von Wellenreuthers Studie *Lehren und Lernen – aber wie?* bestellen.

3.4.2 Begründung

Für die Beschäftigung mit den umfangreichen Veröffentlichungen von Martin Wellenreuther, einem Forscher am Institut für Pädagogik der Universität Lüneburg, sprechen zahlreiche Gründe, obgleich auch er sich nicht mit dem Lehren und Lernen von Zweit- oder Fremdsprachen auseinandersetzt.

Der wichtigste Grund ist sicher der, dass der Lüneburger Wissenschaftler sich auf das deutsche Schulsystem und den weiteren deutschsprachigen Kontext bezieht. Auf Grund seiner genauen Kenntnis der einschlägigen Primärstudien und Meta-Analysen stützt Wellenreuther sich, wo immer dies möglich ist, auf deutschsprachige Forschungsarbeiten. Da die Zahl entsprechender empirisch-quantitativer Unterrichtsforschungen nicht ausreicht, um alle Phasen und Komponenten eines wissenschaftlich fundierten Unterrichtsmodells abzudecken, bezieht er auch ausgewählte englischsprachige Primärstudien und Meta-Analysen in seine Publikation *Lehren und Lernen – aber wie?* (2004; Neubearbeitung 2013, [7]2014) ein.

Wie Hattie und Marzano geht es Wellenreuther vor allem um eine Verbesserung der Unterrichtspraxis auf der Grundlage empirisch-quantitativer Untersuchungen. Gleichwohl beleuchtet Wellenreuther auch die Forschungspraxis. Er ist von Hatties undifferenzierter Ansammlung sämtlicher Forschungsarbeiten zu einem Faktor, gleichgültig welcher Grad der Fundiertheit erreicht wird, weit entfernt. Das zeigt schon der Untertitel seiner soeben genannten Publikation, nämlich *Empirisch-experimentelle Forschungen zum Lehren und Lernen im Unterricht.* Wellenreuther legt überzeugend dar, dass er den Goldstandard an die Forschung anlegt, d. h. nur experimentelle Forschung kann als Nachweis für einen Kausalzusammenhang zwischen Intervention und Lernleistung gelten, auch wenn es sich nur um eine vorläufige Evidenz handelt, da Forschungsergebnisse stets falsifiziert werden können.

Wellenreuther erläutert die ausgewählten Forschungsarbeiten im Detail und weist auf mögliche Schwachstellen im Design hin. Dabei geht er auch darauf ein, in welchen speziellen Lernkontexten Effekte stark oder weniger stark auftreten können. Dieses Vorgehen erleichtert die Übertragung auf den Unterricht, auch wenn Wellenreuthers Darstellung für vielbeschäftigte Lehrpersonen bisweilen zu detailliert und umfangreich ausfällt. In jedem Fall steht auch bei Wellenreuther der Praxisbezug im Vordergrund. Zahlreiche Beispiele, hauptsächlich aus dem Mathematikunterricht, tragen zum besseren Verständnis der theoretischen Ausführungen bei.

Wie Marzano fordert auch Wellenreuther, dass gerade das Mittelfeld und die lernschwächeren Schülerinnen und Schüler nicht benachteiligt werden dürfen. Wellenreuther weist lange vor Hatties Mega-Analyse nach, dass Direkte Instruktion aufgrund wissenschaftlicher Evidenz durch einschlägige Unterrichtsexperimente deutlich lernwirksamer ist als sogenannte individualisierende Methoden (zu weiteren Einzelheiten vgl. nächster Abschnitt).

Eines unterscheidet die Forschungsarbeiten von Wellenreuther von denen der beiden anglo-amerikanischen Wissenschaftler und ihrer Mitarbeiter. Hattie und Marzano lassen keinen Zweifel daran, dass Lehrerbildung – insbesondere die von ihnen aufgelegten Fortbildungsproramme – Lehrpersonen in die Lage versetzt, das Modell des Interaktiven Klassenunterrichts mit seinen lehrergesteuerten Anteilen bei der Darbietung neuer Lerninhalte erfolgreich umzusetzen. Wellenreuther ist da skeptischer. Seiner Meinung nach sind Lehrpersonen nur auf der Grundlage längerer Trainingsprogramme und vor allem sachgerecht aufbereiteter Lehr- und Lernmaterialien in der Lage, das erforderliche Erklären, Darstellen und Modellieren des Lehrstoffs so angemessen zu gestalten, dass die möglichen hohen Effektstärken auch wirklich erreicht werden.

3.4.3 Das Forschungsprojekt von Martin Wellenreuther

Zu Beginn der Jahrtausendwende ist Wellenreuthers Einführung *Quantitative Forschungsmethoden in der Erziehungswissenschaft* erscheinen (Wellenreuther 2000). Das Buch (einschließlich Glossar, Lösungen zu den am Ende eines jeden Kapitels gestellten Studienfragen sowie der Bibliographie) umfasst über 400 Seiten. Es behandelt neben deskriptiver Forschung vor allem hypothesenprüfende Methoden und Entwicklungsforschung. Im letzten Kapitel (Kap. 8: 369ff.) erläutert der Lüneburger Forscher detailliert die statistische Auswertung und die Interpretation der Daten. Bereits zu diesem (für den deutschsprachigen Raum) frühen Zeitpunkt geht er auch auf das

Verfahren der Meta-Analyse ein. Für unseren Zusammenhang ist dieses Nachschlagewerk dennoch weniger relevant. Die Darstellung eines Unterrichtsmodells ist logischerweise bei der Einführung in empirisch-quantitative Forschungsmethoden nicht das Anliegen von Wellenreuther.

In seiner wichtigsten Veröffentlichung *Lehren und Lernen – aber wie?* konzentriert sich der Lüneburger Forscher auf empirisch-experimentelle Forschungen zum Lehren und Lernen im Unterricht (Wellenreuther 2004). Auf knapp 500 Seiten stellt er ausgewählte (deutsche und englischsprachige) experimentelle Untersuchungen kritisch-konstruktiv dar. Damit leistet er einen entscheidenden Beitrag zur (Weiter-) Entwicklung der Pädagogik in Richtung *normal science.* Auf der Grundlage der erörterten Forschungsarbeiten entwickelt er ein Unterrichtsmodell, das sich in allen wesentlichen Punkten mit demjenigen deckt, welches Hattie in seiner Studie und dem nachfolgenden Lehrerhandbuch (Hattie 2009, 2012) vorstellt. Wellenreuthers Unterrichtsmodell ist weniger spekulativ als das des neuseeländischen Forschers, weil er die einschlägigen Forschungsarbeiten einer kritischen Prüfung unterzieht und in wesentlichen Einzelheiten erörtert. Aus diesem Grund kann man gut nachvollziehen, warum lehrergesteuerter Unterricht – zumindest in der Phase der Erarbeitung neuer Lerninhalte – individualisierenden Lernformen überlegen ist. Der Lüneburger Forscher begründet dies nicht nur mit den Ergebnissen experimenteller Studien, sondern vornehmlich auch mit dem bedeutenden Unterschied zwischen dem Arbeitsgedächtnis (auch Kurzzeitgedächtnis genannt) und dem Langzeitgedächtnis (vgl. dazu auch G. Roth 2011). Zudem erläutert Wellenreuther in allen wichtigen Einzelheiten, was Lehrpersonen beachten müssen, um die Kapazität des Arbeitsgedächtnisses nicht zu überschreiten und wie sie zur Verankerung des Lernstoffes im Langzeitgedächtnis ihrer Schülerinnen und Schüler beitragen können.

Wellenreuther belegt durch empirische Forschungsergebnisse, dass auch soziale und affektive Lernziele durch lehrergesteuerte Verfahren bei angemessener Planung und Durchführung des Unterrichts mindestens genauso gut erreicht werden können wie mit offenen Unterrichtsmethoden. Obgleich seine Ausführungen zu Direkter Instruktion seit ca. zehn Jahren vorliegen, gibt es auch heute noch Erziehungswissenschaftler, die Direkte Instruktion oder besser Interaktiven Klassenunterricht (*interactive whole-class teaching*) mit Frontalunterricht gleichsetzen (zu den Unterschieden vgl. auch ***Kap. 4***, Abschnitt 4.2.2).

In einem Aufsatz in der Zeitschrift *Pädagogik* (2014: 8 – 11) zeigt Wellenreuther in knapper, leserfreundlicher Form auf, dass es sich bei Direkter Instruktion nicht um eine einzelne Methode, sondern ein Methodenrepertoire handelt, bei dem auf die (erste) Darbietung neuer Lerninhalte unterschiedliche methodische Verfahren zur Vertiefung und Festigung folgen können. Seiner Erfahrung nach ist die Steuerung durch die Lehrperson auch nur dann angezeigt, wenn die Lernenden dem neuen Lernstoff zum ersten Mal begegnen (und nicht, wenn die Inhalte als erworben gelten können) (zu weiteren Einzelheiten siehe die Darstellung des wissenschaftlich fundierten Unterrichtsmodells in ***Kap. 4*** sowie die konkrete Umsetzung anhand von Beispielen für den Fremdsprachenunterricht in den ***Kap. 5 – 9***).

Wellenreuthers Publikation *Lehren und Lernen – aber wie?* ist mehrfach wieder aufgelegt worden und hat 2013 eine völlige Neubearbeitung erfahren, die, noch einmal korrigiert, als 7. Auflage (2014) erschienen ist. Die Neubearbeitung (^{7}2014) ist in vier Teile gegliedert: In Teil I: *Bildungskatastrophen und Professionalität* stellt Wellenreuther die Ausgangssituation im deutschsprachigen Raum (Kap. 1: *TIMSS, PISA und die deutsche Lernkultur*, 1 – 13) kurz dar und fasst in Kapitel 2 (14 – 49) die *Methoden empiri-*

scher Unterrichtsforschung zusammen. Teil II ist *Lernen und Gedächtnis* gewidmet (Kap. 3: *Die Aneignung von Wissen über das Arbeitsgedächtnis*, 51 – 94; Kap. 4: *Die Verankerung von Wissen im Langzeitgedächtnis*, 95 – 174). Anhand zahlreicher Beispiele, meist aus dem Unterricht in Mathematik und den Naturwissenschaften, macht der Lüneburger Forscher deutlich, wie Lehrpersonen ihren Lernenden den Zugang zum Arbeitsgedächtnis erleichtern und den Übergang in den Langzeitspeicher unterstützen können.

Teil III ist den aus Wellenreuthers Perspektive heikelsten Aspekten gewidmet: *Erklären – Klassen führen – Schüler motivieren*. Es handelt sich um den umfangreichsten Teil der Publikation (Kap. 5: *Erklären und Verstehen*, 176 – 257, Kap. 6: *Klassenmanagement und Klassenführung*, 258 – 305, Kap. 7: *Testen, Argumentieren und Motivieren*, 306 – 354). Wie bereits angedeutet, ist der Lüneburger Erziehungswissenschaftler skeptisch, was die Umsetzung des von ihm propagierten Unterrichtsmodells angeht, und zwar weil lehrergesteuerte Verfahren u. a. ganz wesentlich davon abhängen, ob den Lehrpersonen eine schülergerechte Darstellung des Stoffes bzw. der Inhalte gelingt. Wellenreuther geht davon aus, dass die meisten Lehrpersonen nicht so lernwirksam erklären können, dass (fast) alle Schülerinnen und Schüler ihren Ausführungen aufmerksam folgen und verstehen, was aus welchen Gründen und auf welche Weise gelernt werden soll. Auch Hattie hält bekanntlich eine zusätzliche Qualifizierung des Lehrpersonals für erforderlich und bietet auch deshalb seine Lehrerfortbildung an.

Dabei ist die Ausgangssituation in Neuseeland, den USA und dem weiteren angelsächsischen Raum deutlich günstiger. Zumindest die Autorinnen und Autoren von Lehrwerken und sonstigen Unterrichtsmaterialien sind mit Theorien des Textverstehens bzw. der Textverständlichkeit vertraut, so dass die Lehrkräfte auf entsprechende Materialien, meist sogar online (und unentgeltlich), zurückgreifen können. Wellenreuther zeigt auf, welche Konsequenzen man auch hierzulande aus der empirischen Textverständlichkeitsforschung ziehen sollte. Die Diskrepanzen zwischen Lehr- und Lernmaterialien aus verschiedenen Ländern macht er an einem Vergleich von Mathematikschulbüchern aus Deutschland, Japan und Singapur deutlich (Kap. 5, 221 – 257).

Was für Mathematik und die Naturwissenschaften, insbesondere in der Grundschule und zu Beginn der Sekundarstufe I gilt, trifft meiner Meinung nach auf den Fremdsprachenunterricht nicht in gleichem Umfang zu. Lehrpersonen sind bemüht und in der Lage, sich ihren Lernenden auch in der Fremdsprache verständlich zu machen, mündlich wie schriftlich. Verbesserungen sind selbstverständlich wünschenswert und möglich (vgl. ***Kap. 6***). Was die Darstellung in Lehr- und Lernmaterialien für den Englisch-, Französisch- und Spanischunterricht (und in weiteren schulischen Fremdsprachen) angeht, wird zu zeigen sein, wie Materialien für die Hand des Schülers lernwirksamer gestaltet werden können (vgl. die praxisorientierten ***Kapitel 5 – 9***).

In Teil IV: *Lernarrangements gestalten* lernen wir das Unterrichtsmodell, welches Wellenreuther aufgrund experimenteller Forschung herausarbeitet, in seinen Einzelheiten kennen: Kapitel 8: *Direkte Instruktion – handlungsorientierter Unterricht – offener Unterricht* (356 – 433), Kapitel 9: *Methoden kooperativen Lernens* (434 – 472) und Kapitel 10: Ausblick: *Qualitätssicherung im Bildungssystem* (473 – 487). Auch in diesem Teil belegt der Lüneburger Erziehungswissenschaftler die einzelnen Verfahren von der Planung über die Durchführung bis zur Evaluation des Unterrichts anhand empirisch-experimenteller Studien.

Obgleich ich die Einschätzung teile, dass die Aussagekraft von Experimenten höher ist als die von Korrelationsstudien und deskriptiver Forschung in Form von Expertenmeinungen, sehe ich an dieser Stelle eine Einschränkung in Wellenreuthers Vorgehen. Da Experimente und quasi-experimentelle Untersuchungen zu Formen des offenen Unterrichts, wie ihn für den deutschsprachigen Raum z. B. Peschel (2002) differenziert dargestellt hat, so gut wie nicht vorhanden sind, beschränkt sich Wellenreuther bei seiner Darstellung des offenen Unterrichts auf Stationenarbeit. Stationenarbeit ist aber immer mehr oder weniger lehrergesteuert und hat ähnlich wie Wochenplanarbeit mit offenem Unterricht nur eingeschränkt zu tun. Offen ist ein Unterricht dann, wenn die Lernenden die Inhalte, die Methoden und Medien sowie die Sozialform frei wählen können (vgl. ***Kap. 4***).

Aufgrund seiner Beschränkung auf experimentelle und quasi-experimentelle Studien als Goldstandard empirischer Forschung ist es nicht verwunderlich, dass Wellenreuther der Hattie-Studie (2009) keine große Bedeutung beimisst. In Kapitel 2, Abschnitt (4) *Meta-Analysen und Zusammenfassungen* (29 – 40) geht Wellenreuther auch auf Hatties Mega-Analyse ein: Seiner Ansicht nach weicht Hattie die Anforderungen an die Gütestandards einer Meta-Analyse zu stark auf (Wellenreuther [7]2014: 36). Nach allem, was in den vorangegangenen Kapiteln zu den Grenzen von Meta- und Mega-Analysen gesagt wurde, kann man ihm nur beipflichten. Da aber für den von Hattie, Marzano und Wellenreuther selbst untersuchten Zeitraum und zu vielen der von Hattie „gemessenen" Faktoren keine empirisch-experimentellen Untersuchungen vorliegen (vgl. auch Seidel & Shavelson 2007), wird man sich nicht auf Experimente beschränken können, sondern muss zwangsläufig auch Korrelationsstudien und Untersuchungen mit geringerer Fundiertheit in die Betrachtung einbeziehen. Dass bei der Auswahl besondere Sorgfalt und Transparenz unerlässlich sind, versteht sich von selbst. Trotz seiner Kritik an Hattie, würdigt auch Wellenreuther dessen Forschungen:

> Hattie gebührt das Verdienst, eine breite Öffentlichkeit über Ergebnisse empirisch-pädagogischer Forschung informiert zu haben. Zu diesen Ergebnissen gehört beispielsweise, dass in vielen Lernphasen eine aktiv-informierende Rolle des Lehrers zu weit besseren Lernergebnissen führt als eine passive, beratende Rolle (vgl. Hattie 2013, S. 297). Solche auf experimentelle Forschung gestützten Empfehlungen sind insbesondere für ein Land wichtig, indem noch vor kurzem führende Vertreter der Pädagogik meinten, vor Gefahren experimenteller Forschung warnen zu müssen (vgl. Terhart 1997). (Wellenreuther [7]2014: 36)

Fazit: Evidenzbasiertes Lehren und Lernen von Zweit- oder Fremdsprachen ist sinnvoll, aber mit der nötigen Flexibilität und Umsicht! Ein wissenschaftlich fundiertes Modell für den Fremdsprachenunterricht kann dabei Folgendes leisten:

- Liebgewonnene Gepflogenheiten und unreflektierte Routinen werden in Frage gestellt.
- Trends und Modeerscheinungen werden auf der Grundlage wissenschaftlicher Belege geprüft.
- Die nachgewiesenen Lerneffekte von Innovationen und Interventionen werden reflektiert und zum eigenen Lernkontext in Beziehung gesetzt.
- In Absprache mit den Lernenden können ausgewählte Unterrichtsstrategien für die eigene Lerngruppe adaptiert werden.

- Von Zeit zu Zeit muss das Lehren und Lernen aufgrund neuer Forschungsergebnisse angepasst werden.
- Trotz der wissenschaftlichen Ausrichtung auf der Grundlage empirischer Forschung sind letztlich immer die Expertise und die Intuition der Lehrperson entscheidend.

Unter diesen Prämissen bietet unser Dreigestirn – Hattie, Marzano und Wellenreuther – wertvolle Denkanstöße für den Fremdsprachenunterricht.

Anregungen zum Nachdenken und Diskutieren

1. Nennen Sie Vorzüge der Hattie-Studie, die Ihrer Meinung nach wichtig für den Fremdsprachunterricht sein können. Sprechen Sie über diese Aspekte mit Kolleginnen und Kollegen.

2. Teilen Sie Hatties Ansicht, man könne durch Schule und Unterricht Bildungsbenachteiligung ohnehin nicht beeinflussen? Warum? Warum nicht?

3. Erklären Sie jemandem, der mit den Hauptmerkmalen westlicher Erziehungssysteme der letzten 30 Jahre nicht vertraut ist, was mit der Aufforderung „Feel permitted to teach“ gemeint ist.

4. Warum befürwortet I. Arnold in seiner Rezension der Hattie-Studie das Unterrichtsmodell des neuseeländischen Forschers, könnte aber auf die Mega-Analyse verzichten? Diskutieren Sie die Position des Rezensenten mit Kolleginnen und Kollegen.

5. Wie würden Sie Ihren Unterricht verändern, wenn ihre Lerngruppen nicht mehr als 12 – 15 Schülerinnen und Schüler umfassen würden?

6. Durch welche Maßnahmen können Sie im Fremdsprachenunterricht erreichen, dass alle Schülerinnen und Schüler größere Lernerfolge erzielen und das untere Drittel nicht „abgehängt“ wird? Bereiten Sie mit einer Fachkollegin oder einem Fachkollegen ein Strategien-Papier vor, welches Sie gegebenenfalls in eine der nächsten Fachkonferenzen einbringen.

7. Warum sind die Forschungsergebnisse von Wellenreuther für den Fremdsprachenunterricht besonders relevant?

8. Welche Merkmale sollte Ihrer Meinung nach ein wissenschaftlich fundiertes Modell für den Fremdsprachenunterricht haben?

Lektüreempfehlungen

Köller, Olaf (2011): *What works best?: Hatties Synthese der empirischen Forschung zur Unterrichtsqualität.*
www.emse-netzwerk.de/uploads/Main/EMSE13_Koeller_pp.pdf

Köller, Olaf (2014): What works best in school? Hatties Befunde zu Effekten von Schul- und Unterrichtsvariablen auf Schulleistungen. In: Terhart, Ewald (Hrsg): *Die Hattie-Studie in der Diskussion. Probleme sichtbar machen.* Seelze: Klett Kallmeyer, 24 – 37.

Während Köllers kurze PowerPoint Präsentation als eine Art Zusammenfassung anzusehen ist, geht der Kieler Bildungsforscher in seinem Sammelband-Beitrag auf (neuere) Forschungsarbeiten ein, die Hatties Ergebnisse zu wichtigen Unterrichtsfaktoren weitgehend bestätigen.

De Florio-Hansen, Inez (2014): *Lernwirksamer Unterricht. Eine praxisorientierte Anleitung.* Darmstadt: Wissenschaftliche Buchgesellschaft.

Lesen und diskutieren Sie bitte den letzten Teil von Kapitel 3: *Lernen zwischen Frontalunterricht und offenen Unterrichtsformen*, und zwar die Vorgeschichte (Ausschnitt aus einer Unterrichtsstunde im Fach Mathematik) sowie die Abschnitte 3.6 bis 3.8 einschließlich (43, 51 – 56). Sie erfahren in knapper Form, wie sich Frontalunterricht und Direkte Instruktion grundlegend unterscheiden und warum eine Konfrontation mit Vorstellungen der Reformpädagogik nicht zielführend ist.

Wellenreuther, Martin (2014): Direkte Instruktion. Was ist das, und wie geht das? In: *Pädagogik* 1, 8 – 11.

Diese leserfreundliche Einführung in das, was Direkte Instruktion beinhaltet, räumt mit Vorurteilen auf und ist eine gute Vorbereitung auf unser evidenzbasiertes Modell für den Fremdsprachenunterricht.

4. Ein wissenschaftlich fundiertes Modell für den Fremdsprachenunterricht

4.1 Voraussetzungen

Wissenschaftlerinnen und Wissenschaftler beziehen immer – explizit oder implizit – ihre subjektiven Vorerfahrungen in die Unterrichtsforschung ein. Dabei ist es gleichgültig, ob sie vorrangig empirisch-quantitativ arbeiten oder aufgrund der Komplexität des Unterrichts eher empirisch-qualitative Forschungsmethoden befürworten. Die Wahl des Untersuchungsgegenstands und der Methodologie sowie die Auswertung und Interpretation der Daten erfolgen immer bis zu einem gewissen Maß aufgrund der Vorstellungen, die eine Forscherin oder ein Forscher von Schule und Unterricht hat. Das trifft nicht nur auf Hattie zu, dessen Unterrichtsmodell von seinen Ansichten über Lehren und Lernen geprägt ist, obgleich er durch die Wahl seiner Forschungsmethoden größtmögliche „Objektivität" suggeriert.

Damit Sie das evidenzbasierte Modell für den Fremdsprachenunterricht (vgl. 4.3) beurteilen, seine Reichweite für Ihren Lernkontext einschätzen sowie die daraus resultierenden Lerneffekte für möglichst viele Ihrer Schülerinnen und Schüler nutzen können, benötigen wir zunächst einschlägige Lernmodelle bzw. fundierte Einsichten in den Ablauf von Lernprozessen. Dieses notwendige Wissen befürwortet Helmke nachdrücklich:

> Für eine Vorstellung der Angriffspunkte und Wirkungsweise von Prinzipien effektiven Unterrichts ist es nötig, sich ein Bild der ablaufenden individuellen *Lernprozesse* zu machen. Ohne Wissen über Prozesse, die beim Lehren und Lernen ablaufen, ist effektives Unterrichten schwer möglich. Nur so lässt sich schlüssig begründen, welche das Lernen anregenden, unterstützenden oder verstärkenden Elemente das Unterrichtsangebot enthalten muss. So lange spezifische Unterrichtsmethoden oder -techniken nicht auf Lernprozesse beziehbar sind, kann ihre Wirkung nicht empirisch überprüft werden. (Helmke ^{4}2012: 18; Hervorhebung des Autors)

In diesem ersten Abschnitt von Kapitel 4 rufen wir uns einige Modellierungen ins Gedächtnis zurück, um sie einer kritischen Prüfung zu unterziehen und durch weniger bekannte Komponenten zu ergänzen (vgl. auch zum Folgenden De Florio-Hansen 2014: 44ff.)

4.1.1 Lernmodelle für den Fremdsprachenunterricht

> Ohne Wolle kann man nicht stricken, aber Wolle allein genügt nicht!

Dieses Motto (vgl. auch Wellenreuther 2004: 329, ^{7}2014) soll helfen, folgenden Sachverhalt zu verdeutlichen. Wissen ist die Grundvoraussetzung für alle nachfolgenden Lernschritte. Erst wenn Basiswissen vorhanden ist, kommen Lernprozesse in Gang. Denkprozesse vollziehen sich nämlich immer auf der Grundlage vorhandener Daten. Aus diesem Grund haben sich überfachliche Initiativen wie „Das Lernen lernen" in

Form eines reinen Methodentrainings ohne Wissensbezug bzw. ohne konkrete fachliche Inhalte als weitgehend ineffektiv erwiesen (vgl. auch Felten & Stern [2]2012).

Andererseits darf es aber nicht beim angelernten Faktenwissen bleiben. Auf *surface learning* zum Erwerb von Oberflächenwissen muss *deep learning* zur Vertiefung des Lernstoffs folgen. Bedauerlicherweise sind mündliche und schriftliche Tests um der leichteren Korrigier- und Bewertbarkeit willen oft so angelegt, dass die einfache Reproduktion des Gelernten, d. h. des meist kurz vor der Lernkontrolle ‚gepaukten' Stoffes, ausreicht. Die Erfahrung, dass Oberflächenwissen genügt, um eine passable Note zu erreichen, veranlasst viele Schülerinnen und Schüler dazu, auf weitere Anstrengungen beim Lernen zu verzichten, obwohl ihre Lernmöglichkeiten keineswegs ausgeschöpft sind. Warum sollten sie sich bemühen, über oberflächliches bzw. träges Wissen hinauszukommen, wenn tieferes Verständnis nicht verlangt wird bzw. nicht in die Bewertung eingeht?

Auf den ersten Schritt, nämlich den Erwerb reproduzierbaren Wissens, muss ein weiterführender zweiter Schritt folgen: Die Lernenden stehen nun vor der Aufgabe, die Bedeutung des neuen Lerninhalts bzw. eines bislang unbekannten Sachverhalts herauszufinden. Es genügt nicht, wenn die Lernenden lediglich eine Repräsentation des neuen Lernstoffs im Gedächtnis abspeichern. Sie müssen darüber hinaus den Sinn der aufgenommenen Information verstehen. Dazu ist eine persönliche Interpretation durch jeden einzelnen Lernenden unerlässlich. Nur so können die Lernenden ein Konzept bilden. Diese individuelle Bedeutungskonstruktion kann durch Impulse der Lehrperson – also lehrergesteuert – und/oder in der Auseinandersetzung mit Peers erfolgen. Manche Schülerinnen und Schüler bringen sie auch allein zustande. Ob lehrer- und/oder lernergesteuert, das Konzept, welches aufgrund dieser Lernprozesse entsteht, beruht immer, wie jegliches Lernen, auf individueller Konstruktion. Konstruktivistische Vorstellungen, wonach das Konstruieren von Ausschnitten der Wirklichkeit nicht von außen angeregt werden kann, sind irreführend.

Dazu ein Beispiel aus dem Französischunterricht: Die Schülerinnen und Schüler haben die Formen des *imparfait* kennengelernt und können sie einigermaßen sicher reproduzieren. Nun geht es darum, sich anhand herausfordernder und anregender Beispiele mit dem Zeitwert des *imparfait* zu befassen. Dazu müssen die Lernenden interpretieren, welchen Blickwinkel der Sprecher bzw. der Autor auf das Geschehen oder den Sachverhalt einnimmt, wenn er sich im *imparfait* äußert. Die Bildung eines nachhaltigen Konzepts ist nicht einfach. Die üblichen Regeln (z.B. Das *imparfait* wird verwendet, wenn …) sind nicht sonderlich lernwirksam, zumindest nicht, wenn sie zu früh eingeführt werden.

Vielmehr spricht vieles für folgende Vorstellung: Bei der individuellen Konstruktion von Bedeutung bzw. von Sinn werden die im Arbeitsgedächtnis ankommenden Informationen in eine Art Denksprache (*language of thought*, vgl. dazu u.a. Marzano 1998; Petty [2]2009) übertragen. Es bildet sich zunächst ein Konstrukt, d. h. ein kleines Netzwerk von miteinander verbundenen Hirnzellen. Durch immer neue Begegnungen mit dem Lernstoff entwickelt sich aus dem Konstrukt ein Konzept, indem die Lernenden das Konstrukt mit einem Begriff der gesprochenen Sprache belegen, in unserem Fall z. B. mit ‚Sprecherperspektive'. Die Bildung eines Konzepts leitet zum *conceptual learning* über, bei dem mehrere Konzepte miteinander verbunden und vorhandene Konzepte ganz oder teilweise revidiert werden.

Oft glauben Lehrpersonen, mit der Bildung eines Konzepts durch ihre Schülerinnen und Schüler könne das Gelernte als verstanden und gesichert gelten. Nach kurzer Zeit stellt sich aber heraus, dass ein großer Teil der Schülerinnen und Schüler nicht frei über das Gelernte verfügen bzw. es nicht auf unterschiedliche Kontexte und neue Situationen übertragen kann. Dazu bedarf es nämlich eines dritten Schritts, des konzeptuellen Lernens (*conceptual learning*). Diese Dreiteilung des Lernens, die vornehmlich auf Bereiter (2002) zurückgeht, ergänzt die ältere Zweiteilung in *surface* und *deep learning,* die sich aufgrund neuerer Erkenntnisse der kognitiven Psychologie und der Hirnforschung als unzureichend erwiesen hat.

Auf längere Sicht verfügbar ist ein Konzept nämlich erst dann, wenn es erfolgreich im Langzeitgedächtnis abgespeichert wird und ohne Mühe abgerufen werden kann. Dazu müssen die Lernenden das entstandene Konzept mit den Konzepten verbinden, die sie bereits aufgrund vorausgegangener Lernerfahrungen ausgebildet haben. Entscheidend ist dabei die teilweise Revision und Umstrukturierung vorhandener Konzeptualisierungen. Auf unser Beispiel bezogen heißt das: Vor ihrer Begegnung mit dem *imparfait* haben die Lernenden Ereignisse der Vergangenheit im *passé composé* versprachlicht. Das einfache Konzept: Vergangenes – *passé composé* reicht aber jetzt nicht mehr aus. Zur Umstrukturierung sind weitere zeitlich versetzte Begegnungen mit dem Lerninhalt erforderlich (zur Gestaltung entsprechender Aufgaben vgl. ***Kap. 7: Vom angeleiteten zum selbstständigen Üben***). Diese unabdingbaren Lernprozesse verlaufen nicht linear, sondern sind durch Fort- und Rückschritte gekennzeichnet. Daraus folgt: Lernen braucht Zeit, wenn es nachhaltig sein soll!

4.1.2 Von Lernzieltaxonomien zum SOLO-Modell

Ebenso wie Lerntheorien sind auch Lernzieltaxonomien aufgrund empirischer Forschungsergebnisse modifiziert und erweitert worden. Die über Jahrzehnte richtungsweisende Taxonomie des US-amerikanischen Psychologen und Erziehungswissenschaftlers Benjamin S. Bloom hat sich als revisionsbedürftig erwiesen (vgl. Bloom 1956). Bekanntlich umfasst sie sechs Stufen: Vom Wissen sollen Lernende zum Verstehen und Anwenden voranschreiten. Darauf folgen Analyse, Synthese und Evaluation des Gelernten. Kritiker bemängeln hauptsächlich die Uneinheitlichkeit der Modellierung. Während die ersten drei Stufen, nämlich Wissen, Verstehen und Anwenden, als Formen des Wissens betrachtet werden können, kennzeichnen die folgenden Stufen der Analyse, Synthese und Evaluation den Wissenserwerb. Meines Erachtens bauen die letzten drei Stufen auch nicht auf den Wissensformen der ersten drei Stufen auf, sondern kommen schon früh ins Spiel. Außerdem gibt eine solche Taxonomie Lehrpersonen kaum Hinweise zur Unterrichtsgestaltung an die Hand. Blooms Taxonomie kann aber dazu dienen, Lernprozesse zu evaluieren: Haben die Schülerinnen und Schüler das erforderliche Wissen erworben? Haben sie die Inhalte verstanden? Können sie den neuen Lernstoff anwenden?

Eine Vereinfachung dieser Taxonomie durch Anderson und seine Mitarbeiter hat zu vier Graden des Wissens geführt, nämlich Faktenwissen (*factual knowledge*), konzeptuelles Wissen (*conceptual knowledge*), prozedurales Wissen (*procedural knowledge*) und metakognitives Wissen (*meta-cognitive knowledge*) (Anderson et al. 2001). Selbstverständlich kennen Lehrpersonen diese immer wieder angeführten Wissensformen. Wie sie auf- und ausgebaut werden können, zeigen diese und andere Überarbeitungen der Taxonomie von Bloom nicht. Dazu wäre eine Modellierung nötig, die einen direkten Bezug zu den Lernprozessen von Schülerinnen und Schüler herstellt und Unterschiede in der Qualität des Lernens erkennen lässt.

In enger Verbindung zu dem von Bereiter (2002) propagierten Lernmodell – *surface, deep* und *conceptual learning* – steht die SOLO-Taxonomie, auf die sich auch

Hattie beruft (vgl. Hattie 2009: 26ff.; vgl. die Kritik einer Lehrerin an der unzureichenden Erläuterung dieses Modells bei Hattie in ***Kap. 3***). Die SOLO-Taxonomie (*Structure of the Observed Learning Outcome*; Struktur der beobachteten Lernergebnisse) geht auf umfangreiche empirische Untersuchungen von Biggs & Collins (1982) zurück. Die beiden Forscher haben eine große Zahl von Schülerarbeiten analysiert, bei denen es um die Lösung einer weiterführenden Aufgabe im Bereich der beruflichen Bildung ging, nämlich um die Erörterung der Auswahl und Zusammenstellung von Salatgerichten aus der Perspektive eines Catering-Service. Biggs & Collins konnten im Laufe des Forschungsprozesses fünf unterscheidbare Qualitätsstufen des Lernens bestimmen und daraus eine eigene Taxonomie ableiten. Die Analyse der Schülerarbeiten führte zu dem Ergebnis, dass die ‚Struktur' der Erarbeitung entscheidend für die Lernqualität ist.

Die fünf Qualitätsstufen führen vom oberflächlichen Denken zu tieferem Lernen. Im Fokus stehen dabei nicht die allgemeinen Denkstrukturen der Lernenden, sondern die Lernprodukte in Form schriftlicher Schülerarbeiten. Die SOLO-Taxonomie lässt sich ohne weiteres auf jeden Unterricht übertragen, also auch auf den Fremdsprachenunterricht. Ich verwende ein Beispiel aus dem Englischunterricht – es geht um eine Stellungnahme zum Tragen von Schuluniformen –, um die einzelnen Stufen der SOLO-Taxonomie zu erläutern:

1. Prästruktural (*prestructural*): Ein Schüler beschreibt, wann und wo er sich mit dem Tragen von Schuluniformen zum ersten Mal auseinandergesetzt hat, nämlich während einer Austauschfahrt in eine kleinere Stadt in Südengland. Eine Schülerin hingegen geht ausführlich darauf ein, wie sie die Darstellungen von Schuluniformen in Wort und Bild in ihrem Englisch-Lehrbuch findet. Beide Lernenden haben die Aufgabe offensichtlich nicht verstanden.

2. Unistruktural (unistructural): Einige Lernende beschreiben einen Aspekt der Vorschrift, eine Schuluniform zu tragen. Sie bringen ihre Ablehnung oder ihre Befürwortung anhand ausgewählter Argumente zum Ausdruck.

3. Multistruktural (multistructural): Eine Reihe von Schülerinnen und Schüler beschreibt mehr als einen Aspekt, setzt aber die verschiedenen Gesichtspunkte, die für oder gegen Schuluniformen sprechen, nicht zueinander in Beziehung.

4. Relational (*relational*): Lernende, deren Ausarbeitungen nach Biggs & Collins als ‚relational', also ‚in Wechselbezug', gelten können, beschreiben einzelne Punkte, z. B. den ‚Gruppenzwang', die Geschäftemacherei bestimmter Modeunternehmen sowie das Zusammengehörigkeitsgefühl und den Stolz, eine renommierte Schule zu besuchen, und wägen sie gegeneinander ab. Die Ausführungen dieser Schülerinnen und Schüler bleiben aber auf die spezielle Lernaufgabe beschränkt.

5. Erweitertes Abstraktum (*extended abstractum*): Die Lernenden dieser höchsten Stufe haben fast schon Expertenniveau erreicht. Sie erörtern zunächst Pro und Contra von einheitlicher Schulkleidung, wie es der vierten Stufe entspricht. Dann aber gehen sie darüber hinaus, indem sie beispielsweise überlegen, welche Auswirkungen das Tragen von Schuluniformen an deutschen Schulen, z. B. für Schülerinnen mit Migrationsgeschichte, hätte, und/oder sie reflektieren, welche

Auswirkungen die Kosten für die Uniform in ärmeren afrikanischen Ländern auf den Schulbesuch haben.

Welche Konsequenzen hat die SOLO-Taxonomie für die Praxis des Fremdsprachenunterrichts? Obigem Beispiel können wir entnehmen, dass ab Stufe 2 alle weiteren Stufen des Modells von Biggs & Collins aufeinander aufbauen. So schließt beispielsweise die Stufe 4 die Stufen 2 und 3 ein. Für Lehrpersonen dürfte es kein Problem sein, passende Aufgabenformate zu erstellen oder sie (zumindest teilweise) von den Lernenden erarbeiten zu lassen. Auf einfache unistrukturale Formate können nach und nach immer anspruchsvollere Aufgaben folgen, um die Schülerinnen und Schüler zu einem vertieften und konzeptuellen Lernen zu führen. Man kann aber auch *worked examples* (ausgearbeitete Beispielen) nutzen, indem man den Lernenden – nach und nach – immer anspruchsvollere Erarbeitungen zur Begutachtung vorlegt und sie herausfinden lässt, wodurch sich Schülerarbeiten einer unteren Stufe von denjenigen höherer Strukturstufen unterscheiden.

Vermutlich werden nicht alle Lernenden die Stufen 4 und 5 erreichen, und bei den wenigsten Schülerinnen und Schülern verlaufen die Lernprozesse linear. Bei entsprechender Förderung und der nötigen Zeit (*time on task*) können aber auch Lernschwächere über die Stufe 2 hinauskommen. Auf alle Fälle trägt das SOLO-Modell dazu bei, wichtige weiterführende Denk- und Lernformen im Blick zu behalten.

4.1.3 Hirnhälften und Lernstile

In einer Werbung für die Unterrichtsmaterialien des DISTAR Programms (*Direct Instruction System for Teaching Arithmetic and Reading*; vgl. *National Insitute for Direct Instruction*: http://www.nifdi.org/) kamen schon vor längerer Zeit immer wieder Schülerinnen und Schüler zu Wort, die Auskunft über die Lernwirksamkeit des genannten Programms gaben. Diese wiesen häufig darauf hin, dass sie keinem bestimmten Lernstil folgen, sondern möglichst unterschiedliche Lernformen ausprobieren. Empirische Untersuchungen stellen nämlich schon länger verbreitete Hypothesen bezüglich der sogenannten Lernervariablen, d. h. hinsichtlich der persönlichen Merkmale einzelner Schülerinnen und Schüler, in Frage.

Lange Zeit ging die kognitive Psychologie davon aus, dass bei einzelnen Lernenden eher die rechte Hirnhälfte aktiv ist, während bei anderen vor allem die linke Hemisphäre in Aktion tritt. Viele Lehrpersonen haben sich bemüht, den *right-brainers* und den *left-brainers* durch Methodenvielfalt gerecht zu werden. Schülerinnen und Schüler, deren Lernen eher rechtshemisphärisch ausgerichtet ist, gehen angeblich intuitiv und ganzheitlich vor. Sie stellen, so vermutete man, leichter Verknüpfungen mit ihrem Vorwissen her. Lernende, deren linke Hirnhälfte dominanter ist, lernen nach dieser Modellierung eher Schritt für Schritt, bevorzugen ein geordnetes Vorgehen und verlassen sich gern auf Vorgaben und Regeln. Solche Einteilungen haben sich, sofern sie mit dem Lernen in Verbindung gebracht werden, als wissenschaftlich nicht haltbar erwiesen. Nach dem gegenwärtigen Stand der Forschung unterscheiden sich die Verarbeitungsmechanismen der beiden Hemisphären zwar. Dabei handelt es sich aber lediglich um Tendenzen. Das bedeutet nicht, dass sich die Aktivitäten der Hirnhälften wechselseitig ausschließen.

Eine Forschergruppe um Coffield hat 70 ältere und neuere Theorien zur Arbeitsweise der Hemisphären untersucht. Das Forscherteam kommt zu folgendem Ergebnis (Coffield et al. 2004a, 2004b): Der kognitive (Lern-)Stil einer Person ist weder angeboren noch unveränderlich. Hingegen gibt es empirische Nachweise dafür, dass er sich dem Kontext anpasst. Diese Anpassung an den Kontext erfolgt auch bei angeblich visuell, auditiv oder kinästhetisch orientierten „Lerntypen". Bei ein und derselben Person wird je nach Lernaufgabe eher die rechte oder eher die linke Hirnhälfte aktiviert. Generell kann man aber sagen, dass an Lernprozessen stets beide Hemisphären beteiligt sind. Daher wird schon seit einiger Zeit die Vorstellung eines *whole-brain model* befürwortet, d. h. bei dieser ganzheitlichen Modellierung sollen möglichst viele Hirnfunktionen beim Lernen angesprochen werden.

Mit anderen Worten: Jeder Mensch kann alle Lernstile nutzen und sollte das auch tun. Durch Internationalisierung und Globalisierung stehen Menschen in Gegenwart und Zukunft vor immer komplexeren Problemen, zu deren Lösung vielfältige Herangehensweisen und multiple Verarbeitungsmodi nötig sind. Daher sollten auch Fremdsprachenlehrerinnen und -lehrer ihre Lernenden dazu anhalten und durch entsprechende Lernaktivitäten veranlassen, seltener genutzte Lernstile einzubeziehen. Letztlich geht es darum, die Lernenden darauf vorzubereiten, ungewohnte Perspektiven und Vorgehensweisen zur Lösung von Problemen zu nutzen.

Petty ([2]2009: 35f.) führt dazu ein Beispiel an, das so im Fremdsprachenunterricht vorkommen könnte. Eine Lehrerin bereitet eine Unterrichtsstunde vor, in der es um die Deutung einer Kurzgeschichte bzw. einer kurzen Erzählung geht. Die Schülerinnen und Schüler sollen sich in die einzelnen Figuren hineinversetzen und mit Hilfe ihrer Vorstellungskraft bzw. ihrer Intuition die wichtigsten Themen der Geschichte herausarbeiten. In Tandems oder Teams sollen sie besprechen, welche Bedeutung einzelnen Ereignissen zukommt und die Ergebnisse ihrer Kleingruppenarbeit im Plenum diskutieren. Durch das von der Lehrerin geplante Vorgehen wird eher die rechte Hirnhälfte der Lernenden „angesprochen".

Um das befürwortete *whole-brain model* im Unterricht umzusetzen, müsste die Lehrerin zusätzlich eine Aktivität planen, welche stärker auf die linke Hemisphäre ausgerichtet ist. Dies geschieht nicht, um auch die *left-brainers* einzubeziehen, sondern um allen Lernenden Gelegenheit zu geben, möglichst viele Verarbeitungsmodi anzuwenden. Wie könnte eine Aufgabe, die auch die linke Hirnhälfte stärker einbezieht, aussehen? Die Lehrerin kann jedem Lernenden eine von vier Interpretationen der behandelten Kurzgeschichte vorgeben. Lernende mit der gleichen Interpretation arbeiten zusammen, indem sie die Vorgaben und Positionen anhand des Textes überprüfen. Bei der anschließenden Erörterung im Plenum führen die Schülerinnen und Schüler Textpassagen an, die die vorgegebene Interpretation stützen oder verwerfen. Über den Perspektivenwechsel hinaus erfahren die Lernenden im Rahmen dieser Unterrichtsstrategie, dass es häufig mehr als eine Interpretation derselben Geschichte gibt.

4.1.4 Motivation

Wir wissen alle nur zu gut, dass die Lernwirksamkeit des Unterrichts ganz wesentlich von der Motivation der Schülerinnen und Schüler abhängt. Hattie gibt für diesen Faktor eine Effektstärke von $d = 0.48$ an; das entspricht Rang 51 (vgl. Hattie 2009: 47f.). Aus meiner Sicht kommt Motivation besondere Bedeutung zu, weil sie nach neueren Forschungsergebnissen in enger Verbindung zum Feedback steht, welches mit $d = 0.73$ auf dem 10. Platz im Ranking des neuseeländischen Forschers liegt (vgl. ***Kap. 9***).

Für Lehrpersonen ist es schwierig, die Motivation einzelner Lernender einzuschätzen und gezielt zu fördern. Das ist darauf zurückzuführen, dass Motivation, eine sogenannte intervenierende Variable, nicht direkt beobachtbar ist. Sie kommt in allen Lebensbereichen zum Tragen, nicht nur in Schule und Unterricht. Warum der eine Mensch sich in einer bestimmten Situation engagiert, während sich ein anderer in ähnlichen Lebensumständen passiv verhält, ist bisweilen sogar der Person selbst nicht bewusst. Aus diesem Grund halte ich es für wichtig, neuere Forschungsergebnisse zu berücksichtigen und zu prüfen, in welcher Weise grundlegende motivationale Aspekte durch geeignete Lehrstrategien positiv beeinflusst werden können.

Generell kann man sagen, dass Schülerinnen und Schüler sich beim Lernen engagieren, wenn zwei Voraussetzungen erfüllt sind: Zum einen müssen sie dem Lernziel einen Wert beimessen, d. h. sie müssen die Fragen: Was bringt mir das, was gelernt werden soll, für mein gegenwärtiges und/oder zukünftiges Leben? Was bedeutet dieser spezielle Inhalt in der Welt, in der wir leben? positiv für sich beantworten. Zum anderen müssen sie den Eindruck haben, dass sie dieses Ziel, sofern es ihnen lohnend erscheint, auch tatsächlich erreichen können. Eine einfache Formel zeigt die Wechselwirkung zwischen diesen beiden Voraussetzungen:

Motivation = Wert des angestrebten Ziels x Erwartung der Erreichbarkeit

Hält eine Schülerin oder ein Schüler ein Ziel nicht für erstrebenswert, so nutzt es wenig, dass sie dessen Erreichbarkeit positiv einschätzt. Bei der genannten Formel geht es nicht um eine Addition, sondern um eine Multiplikation. Wird einer der beiden Multiplikatoren mit Null angesetzt, ist das Ergebnis gleich null. Lernende mögen den Wert eines Ziels noch so hoch veranschlagen, wenn sie nicht davon überzeugt sind, dass sie es irgendwie erreichen können, ist ihre Motivation wiederum gleich null (vgl. Petty [2]2009: 41).

Es ist sicher einfacher, Fremdsprachenlernende vom Wert eines fachlichen Lernziels zu überzeugen (vgl. Beispiele in ***Kap. 5***), als ihnen die Zuversicht zu vermitteln, dass sie bei entsprechender Lernanstrengung in der Lage sind, die Ziele auch zu erreichen. Beim Erlernen von Fremdsprachen weist das eigentliche Ziel, die Diskursfähigkeit in der Fremdsprache (vgl. ***Kap. 1***, Abschnitt 1.3), zudem deutlich über das Klassenzimmer hinaus. Dennoch können empirische Forschungsergebnisse dabei helfen, eine positive Erwartungshaltung in Bezug auf den eigenen Lernerfolg aufzubauen.

Richtungsweisend sind in diesem Zusammenhang die Untersuchungen, die Carol S. Dweck über viele Jahre durchgeführt hat (vgl. Dweck 1999; 2006; 2012). Die Wissenschaftlerin hat mit ihrem Forscherteam ihre eigenen Studien mehrfach wiederholt, um die Ergebnisse zu bestätigen und zu verfeinern. Nach Dweck kann man zwischen zwei Gruppen von Lernenden à ca. 40 % unterscheiden (20 % lassen sich nicht einordnen) (vgl. zum Folgenden vor allem Dweck 2012).

- Kinder und Jugendliche der ersten Gruppe sind davon überzeugt, dass Intelligenz bzw. die Begabung für ein bestimmtes Fach (z. B. für Mathematik, Naturwissenschaften oder Fremdsprachen) angeboren ist und daher nur in geringem Maß durch Lernen und Anstrengung beeinflusst werden kann. Diese Haltung nennt Dweck *fixed mindset*, eine unveränderliche Denkweise.
- Die zweite Gruppe umfasst Lernende, die glauben, man könne durch Lernen seine Leistungen verbessern und möglicherweise angeborene Dispositionen durch ent-

sprechende Anstrengungen positiv beeinflussen. Diese auf Wachstum ausgerichtete Denkweise bezeichnet Dweck als *growth mindset*.

Die Forscherin leitet daraus folgende generelle Empfehlung ab. Lehrpersonen sollten die Zuversicht verbreiten, dass alle Schülerinnen und Schüler ihre Lernerfolge bei entsprechender Anstrengung steigern können. Dabei sollte die Lehrerin oder der Lehrer jedoch auf bestimmte Formen des Lobs verzichten und sie durch solche ersetzen, die eine auf Wachstum ausgerichtete Denkweise (*growth mindset*) voranbringen. Dweck erläutert in einem Interview sinnvolle Vorgehensweisen im Unterricht:

> We've done a long series of studies now with all ages of kids and we've seen that praising intelligence backfires. It puts them in a fixed mindset and not want challenges [sic]. They don't want to risk looking stupid or risk making mistakes. Kids praised for intelligence curtail their learning in order to never make a mistake, in order to preserve the label you gave to them.
> (http://www.intelltheory.com/dweck.shtml)

Nach Dweck und vielen anderen (vgl. z. B. Timperley 2013) ist Lob in der im Zitat angesprochenen Form kontraproduktiv. Der Schuss geht oft nach hinten los, denn die Kinder und Jugendlichen schränken ihr Lernen ein, um möglichst keinen Fehler zu machen. Denn durch Fehler könnten sie das Etikett bzw. die Medaille verlieren, die wir ihnen verliehen haben. Anders sieht es bei einem Feedback für die Lernenden in der folgenden Form aus:

> Students praised for the process they engaged in – their effort, their strategies, their focus, their perseverance – these kids take on hard tasks and stick to them, even if they make lots of mistakes. They learn more in the long run.
> (http://www.intelltheory.com/dweck.shtml)

Schülerinnen und Schüler sind bereit, auch schwierigere Aufgaben zu übernehmen und sie weiterzuverfolgen, selbst wenn sie viele Fehler machen, vorausgesetzt man lobt sie für ihre Anstrengung, ihre Strategien, ihre Konzentration und ihre Ausdauer.

Obgleich diese Forderungen und Ratschläge von Dweck für jeden Unterricht und darüber hinaus Gültigkeit beanspruchen können, bedarf es der Anpassung an den jeweiligen Lernzusammenhang und vor allem an den individuellen Lernstand einzelner Schülerinnen und Schüler in der jeweiligen Lerngruppe. Das gilt selbstverständlich auch für das Lehren und Lernen von Fremdsprachen. Ohne Motivation jedoch, vor allem ohne ihre Förderung und Aufrechterhaltung, führt kein Unterricht zu den wünschenswerten und erreichbaren Lernergebnissen.

Fazit: Lernen: Modellierungen, Taxonomien, Stile und Motivation

- Über reproduzierbares Oberflächenwissen und die Ausbildung von Begriffen hinaus muss es zu einer Vernetzung des neuen Lernstoffs mit vorhandenen Konzepten und vorausgegangenen Lernerfahrungen kommen.

- Da die Struktur bei der Wiedergabe des Gelernten ein wichtiges Merkmal für die Lernqualität darstellt, müssen Lehrpersonen ihre Vorgaben, insbesondere bei der Darbietung neuer Lerninhalte, angemessen strukturieren.
- Gestufte herausfordernde Aufgaben in anregenden Lernumgebungen ermöglichen den Schülerinnen und Schülern eine zunehmend tiefer gehende Auseinandersetzung mit dem Lerngegenstand.
- Konzeptuelles Lernen in der beschriebenen Form setzt Zeit zum Üben, Wiederholen und Überlernen voraus.
- Vielfältige Modi der Verarbeitung und Repräsentation eröffnen unterschiedliche Zugänge zu den Lerninhalten und ermöglichen den zur Problemlösung erforderlichen Perspektivenwechsel.
- Vertiefte Lernprozesse werden hauptsächlich durch häufiges formatives Feedback in Gang gesetzt und aufrechterhalten.
- Die Förderung von Motivation muss so erfolgen, dass möglichst viele Schülerinnen und Schüler eine auf Lernwachstum gerichtete Denkweise ausbilden können.

4.2 Frontalunterricht, Direkte Instruktion und offene Unterrichtsformen

4.2.1 Manches könnte einfacher sein

Alexander Schmitz und Sabine Roth sind beide als Ausbilder für das Fach Englisch am Studienseminar einer größeren Stadt tätig. Alexander ist für die Referendarinnen und Referendare im Bereich der Haupt- und Realschulen, Sabine für die zukünftigen Gymnasiallehrkräfte zuständig. Die beiden haben an der gleichen Universität studiert und sind miteinander befreundet. Als Sabine an diesem Tag den Aufenthaltsraum betritt, sieht sie sofort, dass mit Alexander etwas nicht in Ordnung ist.

„Was ist denn mit dir los? Bist du krank?“ fragt sie anteilnehmend.

„Nein, nein, aber wenn man mal darüber nachdenkt, was wir hier so machen, kann man schon ins Grübeln kommen.“

„Könntest du bitte etwas genauer sagen, was du meinst? It’s all Greek to me,“ sagt Sabine und sieht Alexander forschend an.

Alexander scheint auf eine solche Frage gewartet zu haben, denn er legt sofort los.

„Also, ich hatte gehofft, dass lehrergesteuerter Unterricht nach dieser Studie aus Neuseeland nun endlich rehabilitiert wird und meine Referendare den Schülern endlich etwas erklären dürfen. Gerade die in der Hauptschule brauchen das doch so dringend. Aber Fehlanzeige!“

„Wieso Fehlanzeige?“ will Sabine wissen.

„Es war nur ein Strohfeuer. In der Pädagogik-Zeitschrift haben sie der Direkten Instruktion ein ganzes Heft gewidmet, aber jetzt ist alles wieder wie vorher. Sie machen einfach weiter mit ihrem Individualisierungs-Kram, als wäre nichts gewesen.“

„Ja, und?“

„Was heißt hier: Ja, und? Weißt du wie schwierig es ist, unseren Schülerinnen und Schülern den Stoff so aufzubereiten, dass sie ihn sich selbst erarbeiten können? Es wäre viel einfacher, ihnen zunächst einmal etwas zu erklären. Und die Materialvorgaben sind doch auch lehrergesteuert, oder etwa nicht?“

„Da hast du vollkommen Recht. Arbeitsblätter lenken die Lernenden oft in eine einzige Richtung, damit es nicht zu Missverständnissen kommt. Dadurch werden die Schüler unnötig eingeschränkt."

„So sehe ich das auch. Meist sind unsere Vorgaben von Individualisierung und offenen Lernformen weit entfernt."

„Aber warum machst du denn nicht, was du für richtig hältst?"

„Das geht nicht, denn der Jürgen und die Beate spielen nicht mit. Ich kann doch meine Referendarinnen nicht ins offene Messer laufen lassen. Dann kriegen sie eine schlechte Bewertung und werden womöglich nicht eingestellt. Erst neulich hat Beate in eine Bewertung geschrieben, die Referendarin habe die Klasse zu stark geführt, obgleich die Lernergebnisse sich sehen lassen konnten."

„Du hast recht: Manches könnte einfacher sein. Am besten regen wir oder besser ich allein bei unserer geschätzten Leitung an, dass wir uns einmal in einer Fortbildung für Seminarleiter intensiver mit den neueren Forschungsergebnissen, nicht nur mit Hattie, auseinandersetzen."

„Das wäre mal ein Anfang. So kann es wirklich nicht weiter gehen. Du hast es da mit den Gymnasialschülern sicher leichter."

„Na, ja ..." antwortet Sabine gedehnt.

4.2.2 Frontalunterricht und Direkte Instruktion

Obgleich es inzwischen eigentlich klar sein müsste, gibt es immer noch Experten, die Frontalunterricht und Direkte Instruktion gleichsetzen (vgl. Terhart 2014). Dabei gehen schon Helmke & Weinert (1997) sowie Wellenreuther (2004, [7]2014: 357ff.) ausführlich auf die Unterschiede ein. Auch Hattie setzt Frontalunterricht (*didactic teaching*, Hattie 2009: 205) deutlich gegen die von ihm befürwortete Direkte Instruktion (*direct instruction*) ab. Wie bereits erwähnt, wird Direkte Instruktion im UK und einigen anderen englischsprachigen Ländern treffender als *Interactive Whole-Class Teaching* bezeichnet. Dennoch wird in der vorliegenden Anleitung zum evidenzbasierten Fremdsprachenunterricht ‚Direkte Instruktion' verwendet, weil dieser Terminus seit der Einführung des Methodenrepertoires vor fast dreißig Jahren weltweit verbreitet ist. Warum die Zurückhaltung oder besser die Ablehnung im deutschsprachigen Raum groß ist, während z. B. in Italien und Frankreich (neben dem UK) auf empirisch-quantitative Forschungsergebnisse gestützte Unterrichtformen bereits seit längerem umgesetzt werden, hat eine Reihe von Gründen:

- Eine Reihe von geisteswissenschaftlich geprägten Pädagogen lehnt die empirisch-quantitative Überprüfung von Unterrichtsmethoden prinzipiell ab, weil immer eine Wechselwirkung bzw. Interaktion der untersuchten Intervention oder Innovation mit anderen Merkmalen des Unterrichts nicht auszuschließen sei. Sorgfältig geplante Experimente und ihre Wiederholung unter gleichen Bedingungen tragen diesen Einwänden seit langem Rechnung.
- Diejenigen, die „Leistungsmessungen" ablehnend gegenüberstehen, führen ins Feld, dass man die affektiven und sozialen Ziele, die sich mit den sogenannten offenen Unterrichtsformen aus ihrer Sicht am besten erreichen lassen, nicht messen könne. Ohne Zweifel ist es richtig, dass man bei weitem nicht alle Ergebnisse von Schule und Unterricht messen kann. Sonst wäre nur noch ein *teaching to the test* angesagt und wichtige Bildungsziele blieben auf der Strecke. Inzwischen gibt es

aber auch empirische Forschungsmethoden, mit denen man Ziele im affektiven und sozialen Bereich messen und bewerten kann.

- Wie bereits erwähnt, wird Direkte Instruktion fälschlich mit Frontalunterricht gleichgesetzt oder in ihren Ausprägungen nicht hinreichend definiert. Daraus resultiert die Befürchtung bzw. die Überzeugung, sie impliziere einen autoritären Unterrichtsstil und fördere bei den Lernenden obrigkeitsstaatliches Denken.
- Obgleich gegenteilige empirische Nachweise seit längerer Zeit vorliegen, behaupten Experten immer wieder (vgl. u. a. Wiechmann 2002, [5]2011), Direkte Instruktion sei nur für die Vermittlung von oberflächlichem oder trägem Wissen geeignet. Außerdem wird zu Unrecht behauptet, sie eigne sich nur für jüngere und/oder lernschwächere Schülerinnen und Schüler.
- Unberechtigt ist auch der Einwand, das Methodenrepertoire der Direkten Instruktion sei auf den Dreischritt: Darbietung des Lernstoffs, angeleitetes und selbständiges Üben beschränkt. Wie vielfältig Direkte Instruktion in der Praxis gestaltet werden kann, erläutere ich weiter unten (vgl. auch die ***Kap. 5 – 9***). Außerdem zeichnen sich die meisten Arbeitsblätter, die individualisiertes und selbsttätiges Lernen fördern sollen, auch nicht gerade durch besonderen Abwechslungsreichtum aus (vgl. die im Archiv für pädagogische Kasuistik der Universität Frankfurt am Main verfügbaren Transkripte und Materialien aus dem Unterricht).
- Die unabdingbare Interaktivität, die zur Bezeichnung *Interactive Whole-Class Teaching* für Direkte Instruktion geführt hat, ist nicht hinreichend ausgebildet, und/oder sie wird nicht in wünschenswertem Umfang genutzt, sodass die lernförderliche Steuerung durch die Lehrperson nicht hinreichend zum Tragen kommt. Auch im *classroom discourse* des Fremdsprachenunterrichts herrscht immer noch das IRE-Schema (*Initiation – Reply – Evaluation*) vor, bei dem auf einen Lehrerimpuls die Schülerreaktion erfolgt, welche von der Lehrperson unmittelbar anschließend evaluiert und (direkt oder indirekt) bewertet wird.
- Obgleich bei der Direkten Instruktion die Aktivierung der Lernenden im Mittelpunkt steht – nicht umsonst bezeichnet Hattie die Lehrperson als *activator* (siehe oben) – verweisen Experten pauschalisierend auf die Passivität der Schülerinnen und Schüler bei diesem interaktiven Unterrichtsverfahren.
- Zudem bleibt die starke indirekte Steuerung durch die Lehrperson bei den sogenannten individualisierenden Methoden in der Regel unberücksichtigt. Dass „Lernerautonomie" schon allein dadurch angebahnt wird, dass sich Schülerinnen und Schüler in Einzelarbeit oder in Kleingruppen mit einem Arbeitsblatt beschäftigen, ist längst widerlegt. Diese von Lehrpersonen mit großem Zeitaufwand erstellten Materialvorgaben, haben mit offenen Unterrichtsformen im tatsächlichen Wortsinn wenig zu tun (vgl. unten *Offene Unterrichtsformen und Direkte Instruktion*).

Was unterscheidet Frontalunterricht von Direkter Instruktion? Angeblich herrscht in 70 bis 80 % der deutschen Klassenzimmer Frontalunterricht vor. Damit wird pauschal eine weit verbreitete Unterrichtsmethode bezeichnet, bei der die Lehrperson den Lernenden frontal gegenübersteht oder -sitzt und die lehrerseitigen Sprechanteile mindestens doppelt so hoch sind wie die der Schülerinnen und Schüler. Frontalunterricht ist ein Sammelbegriff für unterschiedliche Formen des lehrergesteuerten Unterrichts (vgl. Wiechmann [5]2011). Allen diesen Ausprägungen ist gemeinsam, dass sich die Lehrperson bei der Einführung und Erarbeitung des Lernstoffes durch Vortragen, Vormachen und/oder Vorführen auf ein „mittleres" Fähigkeitsniveau einer Lerngruppe bezieht. Das obere und das untere Drittel müssen sich mit dem begnügen, was die Lehrperson anbietet. Individuelle Unterschiede zwischen den Lernenden sind den meisten Lehrerinnen und Lehrern zwar bewusst, sie bleiben aber aufgrund einer gewissen Vereinheitlichung bei der Erarbeitung der Lerninhalte unberücksichtigt.

Klassischer Frontalunterricht ist die Vorlesung in Hochschulen. Inzwischen kommen aber auch bei großen Hörerzahlen *Live-Feedback-Systeme* zum Einsatz, durch die der Dozent das Verständnis seiner Studierenden überprüfen und sie aktiv in die Vorlesung einbeziehen kann. Neben dem Frontalunterricht in der soeben skizzierten darbietenden Form trifft man im schulischen Unterricht auch die darbietende Variante, das fragend-entwickelnde Verfahren, häufig an. Stern beschreibt es treffend:

> Ein Auswuchs dieser Art des Unterrichtens ist auch die sogenannte Osterhasenpädagogik: Der Lehrer versteckt das Wissen und die Schüler müssen es suchen. Das sieht dann so aus: Der Lehrer stellt eine Frage an die Klasse und hat die kurze und prägnante Antwort, die er hören möchte, schon im Kopf. Er fragt solange in der Klasse herum, bis er diese zu hören bekommt, während er auf die Antworten der anderen Schüler nicht eingeht. Gute Ansatzpunkte beim Schülerwissen bleiben ungenutzt. (Felten & Stern ²2012: 34)

Direkte Instruktion unterscheidet sich von dem soeben angesprochenen fragend-entwickelnden Frontalunterricht schon allein dadurch, dass die Fragen der Lehrperson (und der Lernenden) eine ganz andere Funktion haben: In Form des rückversichernden Fragens (*assertive questioning*) überprüft die Lehrperson nach der Darbietung des Wissens kontinuierlich, ob und inwieweit die einzelnen Lernschritte von allen Schülerinnen und Schülern nachvollzogen werden konnten. *Assertive questioning* ist ein positives Frageverhalten, das nicht der Bewertung und erst recht nicht der Bloßstellung einzelner Lernender dient. Es gibt Lehrpersonen die Möglichkeit zur Rückversicherung, ob sich nicht etwa aufgrund der schülerseitigen Vorkenntnisse bzw. des (mangelnden) Vorwissens Missverständnisse oder Fehlinterpretationen eingeschlichen haben.

Dieses rückversichernde Fragen zur Förderung aller Lernenden sollte vielfältige Formen annehmen und sich nicht in der Frage erschöpfen: Habt ihr noch Fragen? Es kann vordergründig um organisatorische Fragen gehen: Wer braucht noch mehr Zeit? Vor allem aber weiterführende Fragen können Aufschluss über den Lernstand einzelner Schülerinnen und Schüler geben: Warum glaubst du/glaubt ihr, dass es sich so und so verhält? Am Ende der Phase des *assertive questioning* sollte eine einzige Antwort stehen, auf die sich die gesamte Lerngruppe – nach entsprechendem Austausch in den Gruppen und im Plenum – geeinigt hat. Erst dann nennt die Lehrperson die korrekte Lösung oder gibt verschiedene mögliche Antworten vor (vgl. Petty ²2009).

Der Terminus ‚direct instruction' sowie die zu einem großen Teil auch heute noch damit verbundenen Unterrichtsverfahren gehen auf Barack Rosenshine zurück (vgl. Rosenshine 1985; Rosenshine & Stevens 1986; zu weiteren Einzelheiten vgl. De Florio-Hansen 2014: 68ff.). Helmke & Weinert fassen die einzelnen Schritte, die wir im Verlauf dieses Kapitels noch genauer kennenlernen werden (vgl. 4.3), folgendermaßen zusammen:

> Sie ist zwar – im Gegensatz zu manchen kritischen Einwänden – das Gegenteil eines bornierten Paukunterrichts, doch wird das Lernen der Schüler in der Tat sehr stark durch den Lehrer gesteuert. Er gibt die Ziele vor; zerlegt den Unterrichtsstoff in

> kleine, überschaubare Einheiten; vermittelt das notwendige Wissen; stellt Fragen unterschiedlicher Schwierigkeit, sodass der einzelne Schüler die richtige Lösung mit großer Wahrscheinlichkeit finden kann; er sorgt für ausreichend Übung; kombiniert in zweckmäßiger Weise Klassen-, Gruppen und Individualarbeit; kontrolliert beständig die Lernfortschritte der einzelnen Kinder und hilft in möglichst unauffälliger Art bei der Vermeidung oder Überwindung von Lernschwierigkeiten. (Helmke & Weinert 1997: 136)

Aus dieser knappen Zusammenfassung wird ersichtlich, dass die eigentliche Instruktion, d. h. die Erläuterung oder Darbietung des neuen Lernstoffs, zwar einen entscheidenden Stellenwert im Rahmen von Direkter Instruktion hat, aber durch vielfältige Verhaltensweisen der Lehrperson und durch abwechslungsreiche Lernaktivitäten ergänzt wird.

4.2.3 Offene Unterrichtsformen und Direkte Instruktion

Viele Lehrpersonen subsumieren unter offenen Unterrichtsverfahren alle aus ihrer Sicht vom Frontalunterricht bzw. dem Unterrichtsgespräch abweichenden Formen, die im Zusammenhang oder im Wechsel mit lehrerzentriertem Unterricht eingesetzt werden. Dazu gehören Freiarbeit und Projektunterricht sowie forschendes und selbstbestimmtes Lernen. Obgleich die Freiheit, die mit Offenem Unterricht einhergehen sollte, stark eingeschränkt ist, werden auch Wochenplanarbeit und Werkstattunterricht sowie Stationenarbeit und Lernen durch Lehren dazu gerechnet.

Beim Offenen Unterricht handelt es sich um eine Organisationsform, bei der die Lernenden frei wählen können, wo, wann und in welcher Sozialform sie selbstgewählte Inhalte mit individuellen Methoden erarbeiten. Offener Unterricht, der dieser Definition in allen Punkten entspricht, kommt in der Realität so gut wie nicht vor. Deshalb liegen (auch im anglo-amerikanischen Raum) nur wenige empirische Untersuchungen zum Offenen Unterricht in Reinform vor (vgl. Giaconia & Hedges 1982). Um empirisch-quantitative und insbesondere experimentelle Forschung zu ermöglichen, schlägt Falko Peschel (2002) ein Stufenmodell des Offenen Unterrichts vor:

- Vorstufe: „Geöffneter Unterricht“: In den herkömmlichen Unterricht werden freiere Lernformen wie beispielsweise Wochenplanarbeit und/oder Stationenlernen aufgenommen, vor allem um der Forderung nach Methodenvielfalt zu entsprechen. Beim sogenannten geöffneten Unterricht gibt die Lehrperson weiterhin Inhalte, Methode und Lernformen vor.
- Stufe 1: Methodische Öffnung: Viele Lehrpersonen sind davon überzeugt, dass Lernen ein höchst individueller Prozess ist und die Lernenden daher ihre eigenen Lernwege bei der Lösung einer Aufgabe oder eines Problems finden müssen. Aufgrund dieser „konstruktivistisch“ orientierten Sicht geben sie deshalb nur Inhalte und Problemstellung vor, während sie den Schülerinnen und Schülern hinsichtlich der Lernmethoden freie Hand lassen.
- Stufe 2: Methodische und inhaltliche Öffnung: Zur Wahl der Lernmethoden kommt nun hinzu, dass die Schülerinnen und Schüler die Inhalte weitgehend selbstständig bestimmen dürfen. Damit möchten Lehrpersonen den unterschiedlichen Interessen und Bedürfnissen ihrer Lernenden gerecht werden. Eine solche Öffnung ist aus meiner Sicht problematisch: Sie leistet einer weit verbreiteten

Fehleinschätzung seitens der Bildungspolitik Vorschub, die Inhalte seien beim Kompetenzerwerb weitgehend beliebig (vgl. Müller-Michaels 2014).

- Stufe 3: Sozial-integrative Öffnung: Bei dieser Reinform des Offenen Unterrichts gibt die Lehrperson keine Regeln und Normen vor, hat aber Vorbildfunktion und erwartet ein angemessenes Verhalten seitens der Lernenden. Es handelt sich um eine Art Basisdemokratie, bei der viel Lernzeit für die notwendigen Absprachen und Anpassungen verbraucht wird. Selbst wenn die sozial-integrative Öffnung unter besonders günstigen Bedingungen funktionieren mag, darf man fragen, ob eine solche Lerngemeinschaft angemessen auf das spätere Leben vorbereitet.

Es wurde bereits mehrfach betont, dass man Kompetenzen im Sinne von Wissen, Können und Einstellungen auf keinen Fall auf sich selbst gestellt erlernen muss, um sie anschließend ohne Anleitung nutzen zu können. Vielmehr bringt gezielte Instruktion für die meisten Schülerinnen und Schüler größere Lernerfolge in kürzerer Zeit. Direkte Instruktion ist die „Urform des Unterrichtens“ (Wellenreuther 2004: 329, ^{7}2014), bei der es nicht nur um die erste Aneignung des Wissens und seine Verankerung im Langzeitgedächtnis geht, sondern auch um vertiefende Lernprozesse wie konzeptuelles, vernetztes Lernen. Nach Weinert (1998: 27) ist Direkte Instruktion bei der Erreichung anspruchsvoller Ziele die wirksamste Methode. Beispielsweise können metakognitives Wissen und die Nutzung von Lernstrategien von der Lehrperson durch die Methode des Lauten Denkens bei verschiedenen Lernaktivitäten modelliert und von den Lernenden übernommen und später selbstständig angewendet werden (vgl. Wellenreuther 2004: 321, ^{7}2014).

Damit die vielfältigen gelenkten und freien Aktivitäten der Direkten Instruktion ihre Lernwirksamkeit voll entfalten können, sind die in 4.1 erörterten Voraussetzungen ebenso unabdingbar wie ein effektives Klassenmanagement mit Regeln und Ritualen sowie deren Einhaltung durch die Lehrperson und die Lernenden. Auch eine auf Vertrauen gegründete Lehrer-Schüler-Beziehung ist unerlässlich. Sie erlaubt der Lehrperson, die Lernenden in die Auswahl der Inhalte, Methoden und Sozialformen einzubeziehen, wo immer es möglich ist. Hinzukommen muss ein lernfreundliches Klassenklima, in dem Fehler nicht nur toleriert, sondern als Ausgangspunkt für weiteres Lernen genutzt werden – ohne Gesichtsverlust für einzelne Lernende. Alle diese grundlegenden Prinzipien entsprechen Direkter Instruktion bzw. lassen sich mit den vielfältigen Aufgaben- und Übungsformaten, bei denen stets die Schülerinnen und Schüler im Mittelpunkt stehen, sehr gut verwirklichen.

4.3 Evidenzbasierter Fremdsprachenunterricht – ein Modell

Bevor ich das auf wissenschaftliche Erkenntnisse und Plausibilitätsannahmen gegründete Modell für den Fremdsprachenunterricht in einer Übersicht zusammenfasse, stelle ich die Abfolge der Lehr- und Lernphasen in Anlehnung an das Unterrichtsmodell von Hattie dar. Der Hauptgrund besteht darin, dass Hattie im Vergleich zu Marzano und Wellenreuther sowie anderen Forschern seine „Geschichte des Lernens“ prägnant und gleichzeitig umfassend in sieben Schritten („seven major steps“; vgl. Hattie 2009: 205f; 2012) darstellt (vgl. auch zum Folgenden De Florio-Hansen 2014: 77ff.):

1. Bevor eine Lehrperson eine Unterrichtsstunde vorbereitet, sollte sie genau wissen, was die Schülerinnen und Schüler konkret lernen sollen. Welche Lernabsichten sind mit den Inhalten, Fertigkeiten und Fähigkeiten verbunden? Welches Lernergebnis soll ein Schüler oder eine Schülerin am Ende der Unterrichtsphase erreicht haben? D. h. was soll er/sie tun können, verstehen und für wichtig erachten?

2. Die Lehrperson muss wissen, welche Kriterien eine erfolgreiche Leistung belegen und zu welchen Zeitpunkten sowie in welcher Form die Lernenden über die Ergebnisse der Unterrichtsstunde bzw. der Lernaktivität Rechenschaft ablegen sollen. Die Lernenden müssen über die entsprechenden Leistungsstandards vorab informiert werden.

3. Im Rahmen einer Lernaufgabe müssen Leistungsbereitschaft und Selbstverpflichtung geweckt werden. Der Aufhänger (*hook*: Haken nach Hattie 2009; im Deutschen auch Teaser) zielt darauf ab, die Lernenden aufnahmebereit zu machen, ihre Aufmerksamkeit auf den Unterrichtsstoff zu lenken und dafür zu sorgen, dass sie sich mit den Lernabsichten identifizieren.

4. Es gibt Orientierungshilfen zur Gestaltung von Unterrichtsstunden, die auf Begriffe wie Input, Lernen am Modell und Verständnisüberprüfung eingehen. In welcher Form erhalten die Lernenden die für den Aufbau des Wissens oder Könnens notwendigen Informationen (*input*)? Das kann z. B. durch einen Vortrag, einen Film, eine Audioaufzeichnung, ein Video und Bilder erfolgen. Beim Lernen am Modell zeigt die Lehrperson den Schülerinnen und Schülern Beispiele für das Endergebnis ihres Lernens (*modeling*). Entscheidende Aspekte werden durch Kennzeichnung, Kategorisierung und Vergleiche mit Musterbeispielen des erwünschten Ergebnisses erläutert. Im Rahmen der Verständnisüberprüfung kontrolliert die Lehrperson, ob die Lernenden „es kapiert" haben, bevor mit dem Unterricht fortgefahren wird (*checking for understanding*). Es ist von grundlegender Bedeutung, dass die Lernenden es beim Üben von Anfang an richtig machen. Daher muss die Lehrperson wissen, was die Lernenden verstanden haben, bevor sie mit dem Üben anfangen. Gibt es irgendeinen Grund daran zu zweifeln, dass die Klasse ein hinreichendes Verständnis erreicht hat, muss die Lehrperson das Konzept bzw. die Fertigkeit noch einmal einführen – in der Industrie wird ‚nachteachen' verwendet –, bevor das Üben beginnen kann.

5. Durch ‚angeleitetes Üben' erhält jede/r einzelne Lernende Gelegenheit zu zeigen, inwieweit er/sie den neuen Lernstoff begriffen hat. Dabei wird eine Lernaktivität oder Übung unter direkter Aufsicht der Lehrperson durchgeführt. Sie geht in der Klasse herum, um den Grad der Beherrschung (des Lernstoffs) zu bestimmen sowie je nach Bedarf Rückmeldung und individuelle Hilfestellung zu geben.

6. Jede Unterrichtsstunde hat einen Schlussteil. Durch entsprechende Handlungen und Aussagen bringt die Lehrperson die Unterrichtsstunde zu einem angemessenen Ende: Die Lernenden erhalten Hilfestellung, um die Dinge in ihren Köpfen zusammenzuführen und dem soeben Gelernten einen Sinn zu geben. „Noch irgendwelche Fragen? Nein, gut, dann lasst uns weitermachen" ist kein Abschluss. Der Schlussteil soll den Lernenden deutlich machen, dass sie an einem wichtigen

Punkt im Unterricht oder dem Ende des Unterrichts angekommen sind. Er soll sie unterstützen, ihr Lernen zu organisieren und zu festigen sowie Zusammenhänge herzustellen. Verwirrung und Frustration sollen abgebaut werden, insgesamt sollen die wichtigsten Punkte des Gelernten verstärkt werden. Im Schlussteil werden die Kernpunkte der Unterrichtsstunde erneut betrachtet und gegebenenfalls geklärt, damit sie zu einem zusammenhängenden Ganzen geformt werden können. Dadurch soll sichergestellt werden, dass die Schülerinnen und Schüler das Gelernte tatsächlich anwenden und es Teil ihres konzeptuellen Netzwerks geworden ist.

7. Es folgt das selbstständige Üben. Wenn die Lernenden den Inhalt oder die Fertigkeit beherrschen, ist es Zeit für vertiefendes Üben. Wiederholungen sollen angemessen geplant werden, damit das Gelernte nicht in Vergessenheit gerät. Dabei kann es sich um Hausaufgaben oder Gruppen- bzw. Einzelarbeit in der Klasse handeln. Es ist unbedingt darauf zu achten, dass das Üben in unterschiedlichen Kontexten erfolgt (*decontextuatisation*), die Fertigkeit oder der Inhalt auf andere wichtige Situationen übertragen werden kann und nicht nur innerhalb des Kontexts verfügbar ist, in dem sie erlernt wurde. Die Verfechter von Direkter Instruktion führen an, dass das Auslassen dieses siebten Schritts dafür verantwortlich ist, dass viele Schülerinnen und Schüler nicht in der Lage sind, das Gelernte anzuwenden (in enger Anlehnung an Hattie 2009: 205f.).

Fazit: Die Lehrperson
- bestimmt die Lernintentionen und die Erfolgskriterien,
- macht sie den Lernenden transparent,
- führt in die Inhalte durch Lernen am Modell ein,
- überprüft, ob die Schülerinnen und Schüler verstanden haben, was sie gehört haben und
- gibt im Schlussteil noch einmal das wieder, was gesagt wurde, um es zusammenzuführen.

Direkte Instruktion erreicht in der Hattie-Studie eine Effektstärke von d = 0.59. Dabei sind relevante Einzelheiten zu beachten, die Hattie in den Erläuterungen zum Effektstärkenbarometer benennt (Hattie 2009: 206 f.). Wie bereits oben erläutert, gelten die Effekte von Direkter Instruktion nicht nur für Oberflächenwissen oder einfache Fertigkeiten und auch nicht nur für lernschwache Schülerinnen und Schüler. „Normalbegabte" Lernende erreichen d = 0.90, Lernschwächere nur d = 0.86. Die Lerneffekte sind größer im Bereich des Lesens (d = 0.89) als für Mathematik (d = 0.50). Hattie konnte keinen großen Unterschied zwischen einfachen Aufgaben (d = 0.64) und Inhalten, die tieferes Verständnis erfordern („high-level comprehension") (d = 0.54) feststellen. Das Gleiche gilt für Schülerinnen und Schüler der Primarstufe und Lernende im Sekundarbereich (*High School*). Die Lerneffekte hängen auch nicht, wie oft fälschlich angenommen wird, in besonderem Maß von der Lehrperson ab: „To demonstrate that the effects from direct instruction are not specifically teacher effects, Fischer and Tarver (Fischer and Tarver, 1997) delivered mathematics lessons via videodisc; the effects were close to d = 1.00" (Hattie 2009: 207).

Über diese Ergebnisse hinaus liefert Hattie zahlreiche indirekte empirische Nachweise für die Lernwirksamkeit Direkter Instruktion (vgl. 5.3). Die wichtigsten in der Rangfolge der Effektstärken sind (vgl. Hattie 2009: 297 f.):

– Providing formative Evaluation (formative Evaluation)	d = 0.90	Rang 3
– Teacher clarity (Klarheit der Lehrperson)	d = 0.75	Rang 8
– Feedback	d = 0.73	Rang 10
– Spaced vs. massed practice (verteiltes vs. massiertes Üben)	d = 0.71	Rang 12
– Meta-cognitive strategies (meta-kognitive Strategien)	d = 0.69	Rang 13
– Teaching strategies (Lehrstrategien)	d = 0.60	Rang 23
– Cooperative vs. individualistic learning (kooperatives vs. individualisiertes Lernen)	d = 0.59	Rang 24
– Worked examples (Beispiellösungen)	d = 0.57	Rang 30
– (Challenging) goals (herausfordernde Ziele)	d = 0.56	Rang 34
– Classroom management (Klassenführung)	d = 0.52	Rang 42
– Questioning (rückversichernde Fragen)	d = 0.46	Rang 53
– Quality of teaching (Unterrichtsqualität)	d = 0.44	Rang 56
– Cooperative learning (kooperatives Lernen)	d = 0.41	Rang 63

Wir können davon ausgehen, dass die Effekte dieser Faktoren sich wechselseitig verstärken können. Da Direkte Instruktion als umfassendes Methodenrepertoire nur mit großem Aufwand untersucht werden kann (vgl. das *Project Follow Through* in den USA, vgl. Hattie 2009), ist es legitim, auch indirekte empirische Nachweise für die Prüfung von Direkter Instruktion heranzuziehen. „Bei dieser indirekten empirischen Evaluation der direkten Instruktion handelt es sich um eine Methode, die zuerst die grundlegenden Annahmen einer Unterrichtsmethode verdeutlich, und dann prüft, ob diese Annahmen durch strenge experimentelle Forschung belegt werden können" (Wellenreuther 2004: 339ff., [7]2014). Ähnlich äußern sich auch Liem & Martin (2013: 366ff.), die in ihrem Beitrag zudem Meta-Analysen aus jüngerer Zeit anführen, die deutliche Hinweise auf die Überlegenheit von Direkter Instruktion liefern (z. B. Borman et al. 2003; Mayer 2004; Kirschner et al. 2006; Tobias & Dufy 2009; Alfieri et al. 2011).

In den Kapiteln 5 bis 9 werden wir mit Hilfe von Beispielen für den Fremdsprachenunterricht Englisch, Französisch und Spanisch die einzelnen Schritte der folgenden Übersicht konkretisieren.

30 SCHRITTE ZU EINER LERNWIRKSAMEN UNTERRICHTSPRAXIS

Planung (*vgl. Kap. 5*)

1. Auswahl von curricularen Kompetenzzielen, die an das bisher Gelernte anschließen, motivierend sind und einen Lebensbezug haben;
2. explizites Anknüpfen an das didaktische und lebensweltliche Vorwissen der Lernenden;
3. gegebenenfalls Unterteilung der angestrebten Teilkompetenzen in Teilkomponenten;
4. sorgfältige Planung von Darbietungs- und Übungsschritten;
5. Erarbeitung alternativer Präsentationsformen und Übungsformate.

Einstieg (*vgl. Kap. 5*)

6. Erläuterung der Ziele, der Lernintentionen und der Erfolgskriterien;
7. Darstellung des Werts der angestrebten Kompetenz bzw. der Teilkompetenzen;
8. Bestärkung der Schülerinnen und Schüler hinsichtlich der Erreichbarkeit der Ziele;
9. Förderung von Leistungsbereitschaft und Engagement durch einen motivierenden Aufhänger oder sonstige Hinweise.

Darbietung (*vgl. Kap. 6*)

10. Verständliche Erläuterung bzw. Demonstration der Lerninhalte;
11. redundante Erklärungen, d. h. mehrmalige Erklärung desselben Inhalts oder Sachverhalts mit Hilfe variierender Formulierungen;
12. erhellende, schülernahe Beispiele;
13. Veranschaulichung der Lerninhalte durch Bilder, Graphiken, Tabellen sowie digitale Medien;
14. Präsentation der einzelnen Lösungsschritte anhand ausgearbeiteter Beispiele.

Fragen und Antworten (*vgl. Kap. 6*)

15. Rückversichernde Fragen der Lehrperson zur Überprüfung, ob und was die Lernenden (bisher) verstanden haben;
16. Eingehen auf Fragen der Schülerinnen und Schüler;
17. positive Haltung gegenüber Fehlern;
18. Fragen zum dargebotenen Lerninhalt, die allen Lernenden eine Beteiligung am Unterricht ermöglichen;
19. Wiederholung der Darbietung ganz oder in Teilen bei unzureichenden Lernergebnissen.

Angeleitetes Üben (*vgl. Kap. 7)*

20. Gestufte Übungsformate mit kurzen Selbsttests, die allen Lernenden eine Überprüfung der eigenen Lernergebnisse gestatten;
21. ausgearbeitete Beispiele mit Erläuterung der Lösungsschritte;
22. Festlegung der Sozialform (Einzelarbeit; Partnerarbeit; Kleingruppenarbeit);
23. gezieltes formatives Feedback für einzelne Schülerinnen und Schüler durch die Lehrperson;
24. kurze Erläuterungen für einzelne Lernende bei unzureichenden Lernergebnissen.

Selbstständiges Üben (*vgl. Kap. 7)*

25. Variationsreiche, wohldurchdachte Aufgabenformate für Vertiefung und Transfer;
27. Festlegung der Sozialform (Einzelarbeit; Partnerarbeit; Kleingruppenarbeit; gegebenenfalls als Hausaufgabe);
28. Feedback durch die Lehrperson oder durch Peers;
29. formative Evaluation durch Tests

30. **Überleitung bzw. Zusammenfassung** (an unterschiedlichen Stellen je nach Unterrichtsphase)

Weitere wichtige Aspekte:

Fortführung (*vgl. Kap. 8*)
durch kooperative sowie handlungsorientierte Lernformen

Feedback (*vgl. Kap. 9*)

Anregungen zum Nachdenken und Gestalten

1. Erklären Sie das Motto: „Ohne Wolle kann man nicht stricken, aber Wolle allein genügt nicht" mit Blick auf schulisches Lernen.

2. Was bedeutet konzeptuelles Lernen? Warum ist Ihrer Ansicht nach eine Erweiterung des Lernmodells von *surface* und *deep learning* durch *conceptual learning* für den Fremdsprachenunterricht relevant?

3. Konkretisieren Sie, am besten zusammen mit Fachkolleginnen und -kollegen, die SOLO-Taxonomie anhand eines „neuen" Beispiels für den Fremdsprachenunterricht. Überlegen Sie, wie man die Lernenden anleiten kann, nach und nach die höheren Stufen des Modells von Biggs und Collins zu erreichen.

4. Was besagt das *whole-brain-model*? Was können Fremdsprachenlehrkräfte tun, um eine entsprechende Aktivierung zu fördern? Diskutieren Sie Ihre Vorstellungen und Vorschläge mit Kolleginnen und Kollegen.

5. Erläutern Sie die Formel:
Motivation = Wert des angestrebten Ziels x Erwartung der Erreichbarkeit.

6. Wodurch unterscheidet sich Frontalunterricht von Direkter Instruktion?

7. Bewerten Sie die Stufen des Offenen Unterrichts nach Peschel. Tauschen Sie sich im Kollegenkreis darüber aus, welche Stufen in welcher Ausprägung beim Lehren und Lernen von Fremdsprachen sinnvoll sein könnten.

Lektüreempfehlungen

Behr, Ursula (2014): Die „Direkte Instruktion". Was hat die Hattie-Studie mit dem Formulieren von Aufgabenstellungen zu tun? In: *Praxis Fremdsprachenunterricht* 2, 5 – 6.

Der Beitrag von Behr fasst die in Abschnitt 4.3 präsentierten sieben Schritte der Direkten Instruktion zusammen und knüpft daran Überlegungen, welche Aufgabenformate im Rahmen von Hatties Unterrichtsmodell besonders lernwirksam sind. Im Download (www.praxis-fremdsprachenunterricht.de/pfu20140213) findet man Arbeitsblätter, die Behr auf ihre Vorschläge abgestimmt hat. Die Reihe zur Hattie-Studie wird in der Zeitschrift mit mehreren kürzeren Beiträgen fortgesetzt.

Felten, Michael (2014): Lernwirksamkeit statt Methodenfeuerwerk. Unterrichten im Jahre 4 nach Hattie. In: *Pädagogik* 1, 20 – 21.

Felten, ein Gymnasiallehrer und Lehrerbildner, ist der Autor mehrerer wissenschaftsorientierter Ratgeber. In seinem kurzen Aufsatz bezieht er sich zwar auf den Mathematikunterricht, schildert sein eigenes Vorgehen aber aufgrund seiner langjährigen Erfahrung mit Direkter Instruktion. Seine „ganz normale Mathematikstunde" ist auch auf den Fremdsprachenunterricht übertragbar.

5. Planung und Einstieg in den Unterricht

5.1 *Copy and paste* oder *copy and waste*?

Eva und Nicole sind im Vorbereitungsdienst für das Lehramt an Gymnasien. Während Eva – sie unterrichtet Französisch und Politik/Wirtschaft – sich schon im zweiten Ausbildungsjahr befindet, hat Nicole die Referendarzeit erst vor kurzem begonnen. Auch Nicole unterrichtet Französisch; ihr zweites Fach ist Spanisch. Eva und Nicole haben auf der Universität oft dieselben Lehrveranstaltungen besucht, waren aber nie befreundet. Dazu sind sie wohl auch zu verschieden. Als Eva an diesem Morgen ins Lehrerzimmer kommt, geht sie sofort auf Nicole zu.

„Na, kommst du voran?" Evas Frage bezieht sich auf den ersten Unterrichtsbesuch, der bei Nicole in Kürze ansteht.

„Es geht so. Ehrlich gesagt, ich bin eher gespalten."

„Hast du dir denn nicht die Lehrprobenentwürfe angesehen, die ich dir gegeben habe?" will Eva wissen.

„Schon," erwidert Nicole gedehnt, „und ich habe mir auch etliche aus dem Internet herausgesucht. Aber das ist es ja gerade."

„Wieso? Was ist damit? Es dürfte doch nicht allzu schwer sein, die einzelnen Abschnitte umzugestalten bzw. mit den Inhalten für deine Unterrichtsstunde zu füllen. *Copy and paste*, verstehst du?"

„Das ist es ja gerade," gibt Nicole zu bedenken. „Ich habe keinen einzigen Entwurf gefunden, der tatsächlich von den Schülerinnen und Schülern ausgeht."

„Wieso von den Schülern? Du musst zeigen, dass die Ziele und Inhalte deiner Stunde mit den Lehrplänen und den Bildungsstandards konform gehen," sagt Eva nachsichtig.

„Da hast du Recht, aber ich denke, unser Hauptanliegen sind die Schülerinnen und Schüler. Es kann doch nicht sein, dass die Wahl eines bestimmten Inhalts ausschließlich mit irgendwelchen Paragraphen begründet wird. Wo bleiben da die Lernenden mit ihren Bedürfnissen und Interessen?"

„Oh je, oh je," wirft Eva ein. „Du machst dir viel zu viele Gedanken. Das kannst du alles später mal machen. Jetzt geht es darum, gut durchzukommen."

Nicole sieht sie ungläubig an. „Und wieso muss alles so durchgeplant sein, dass die Lernenden es weitgehend ohne Lehrer machen können? Das engt sie doch unnötig ein. Für abweichendes Lernverhalten ist da kein Platz."

Eva fängt an, sich ernsthaft Gedanken um Nicole zu machen. Sie versucht es mit folgendem Argument: „Also ich kenne einen, der hat vor kurzem das zweite Staatsexamen mit 9 Punkten gemacht. Unsere liebe Fachleiterin hat ihm vorgehalten, er habe zu sehr im Mittelpunkt der Stunde gestanden. Nun ist ungewiss, wie lange er warten muss, bis er eingestellt wird."

„Sagen die Fachleiter denn nichts zu diesem *copy and waste*? In den einführenden Seminaren war viel von Lehrerpersönlichkeit und der Unterstützung individueller Lernprozesse die Rede," hält Nicole ihr entgegen.

Auf solche Diskussionen möchte Eva sich nicht einlassen. Deshalb versucht sie, Nicole mit einem Vorschlag weiterzuhelfen. „Am besten nimmst du eine Stadt. Wie wär's mit Marseille? Da hast du alles drin: Texte, Bilder, Musik, Jugendkultur, Migration. Das macht sich immer gut."

„Und wie passt das in den Unterrichtszusammenhang in meiner Lerngruppe?“

„Das bekommst du schon hin. In der Stunde vor dem Unterrichtsbesuch stimmst du die Schülerinnen und Schüler darauf ein und nimmst ein paar Schwierigkeiten vorweg. Dann müsste alles gut laufen.“

Nicole sieht ein, dass zwischen ihren eigenen Vorstellungen und denen von Eva Welten liegen. Deshalb sagt sie verbindlich: „Ich denke, ich habe jetzt besser verstanden, worauf es ankommt. Vielen lieben Dank, Eva.“

5.2 Die Planung – Grundvoraussetzung für lernwirksamen Unterricht

Führen wir uns die wichtigsten Planungsschritte noch einmal vor Augen:

Planung

1. Auswahl von curricularen Kompetenzzielen, die an das bisher Gelernte anschließen, motivierend sind und einen Lebensbezug haben;
2. explizites Anknüpfen an das didaktische und lebensweltliche Vorwissen der Lernenden;
3. gegebenenfalls Unterteilung der angestrebten Teilkompetenzen in Teilkomponenten;
4. sorgfältige Planung von Darbietungs- und Übungsschritten;
5. Erarbeitung alternativer Präsentationsformen und Übungsformate.

Da die Schritte 3 bis 5 in den folgenden Kapiteln dargestellt werden, gehe ich in diesem Abschnitt zunächst nur auf die beiden ersten Planungsschritte ein.

5.2.1 Die angemessene Auswahl von Unterrichtszielen

Soeben haben wir erfahren, dass Nicole sich nicht damit zufrieden geben will, die Unterrichtsziele mit Passagen aus den Lehrplänen oder den Vorgaben der Bildungsstandards zu begründen. Sie möchte, dass die Bedürfnisse und Interessen der Schülerinnen und Schüler schon bei der Planung stärker berücksichtigt werden. Am besten wäre es, die Lernenden an der Planung zu beteiligen. In der Aufbauphase des Fremdsprachenunterrichts ist das aber nur eingeschränkt möglich. Den Schülerinnen und Schülern fehlt einfach noch der Überblick über Themen und Inhalte sowie Methoden und Medien. Vor allem aber fehlen ihnen die Redemittel, die es erlauben würden, zwischen inhaltlichen und methodischen Alternativen zu wählen. Um sie auf die spätere Beteiligung an der Planung vorzubereiten, kann die Lehrperson sie aber an ihren eigenen Überlegungen in angemessener Form teilhaben lassen.

Generell ist zu bedenken, dass die Auswahl der anzustrebenden Ziele in den ersten Lernjahren ohnehin nicht im Fokus der Aufmerksamkeit steht, denn die zu erwerbenden Fertigkeiten und Fähigkeiten sind vom Lehrwerk weitgehend vorgegeben. Dessen Autorinnen und Autoren sichten die curricularen Vorgaben der Bundesländer und arbeiten auf der Grundlage von Synopsen möglichst alle curricularen Vorgaben in das Lehrwerk ein. Aus diesem Grund findet sich in neueren Lehrwerken bisweilen der Hinweis, dass die im Lehrbuch enthaltenen Angebote nicht in vollem Umfang abzuarbeiten sind. Entscheidend bei der Auswahl seien die Schwerpunkte des schulinternen Curriculums. Diese im Prinzip begrüßenswerte Entwicklung berücksichtigt aber nicht, dass die ohnehin schon mosaikartige Anordnung von Übungen, Aufgaben und Aktivitäten in den meisten Lehrwerken dadurch noch disparater wird.

Warum wird dann als erster Schritt zu einer lernwirksamen Unterrichtspraxis die „Auswahl von curricularen Kompetenzzielen" genannt? Abgesehen davon, dass Fremdsprachenlehrerinnen und -lehrer im Unterricht mit Fortgeschrittenen selbstverständlich eine Wahl haben, stehen sie stets – und zwar insbesondere im Unterricht mit Anfängern – vor der Herausforderung, die gewählten Ziele daraufhin zu prüfen, ob sie „an das bisher Gelernte anschließen, motivierend sind und einen Lebensbezug haben". Wie steht es damit in Lehrwerken und sonstigen kommerziellen Unterrichtsmaterialien? Inwieweit können Lehrwerkautorinnen und -autoren überhaupt einem speziellen Lernkontext gerecht werden? Müssen die Angebote nicht stets so gestaltet sein, dass sie auf möglichst breiten Konsens stoßen?

Um diese Fragen auch nur halbwegs angemessen zu beantworten, sollten wir noch einmal auf die Arbeit eines Autorenteams an einem Lehrwerk zurückkommen. Sind die zahlreichen curricularen Vorgaben der einzelnen Bundesländer mit Hilfe von Synopsen in eine Reihenfolge gebracht, werden ihnen die erforderlichen Redemittel – oft unter Angabe von kommunikativen Zielen – zugeordnet. Nun wählt das Autorenteam Themen und Inhalte aus den Curricula aus. Die Curricula der Bundesländer sind hier meist weniger explizit als bei der Beschreibung der Kompetenzen. Das hessische Kerncurriculum legt die inhaltlichen Konzepte des Faches – gemeint sind die modernen Fremdsprachen – auf einer einzigen Seite fest. Die Kernaussage lautet:

> Mit Hilfe der Sprache findet der kommunikative Prozess zwischen dem Ich und der Außenwelt statt. Die Sprache prägt die Welt, die Welt prägt aber auch die Sprache. In diesem Spannungsfeld lässt sich das Erlernen der Fremdsprachen in drei unterschiedlichen Inhaltsfeldern beschreiben:
>
> - PERSÖNLICHE LEBENSWELTEN: „Ich und die Anderen"
> - ÖFFENTLICH-GESELLSCHAFLICHE LEBENSWELTEN: „Ich und die Gesellschaft"
> - KULTURELLE LEBENSWELTEN: „Ich und die Welt"
>   (Hessisches Kultusministerium 2010: 17)

Lehrwerkautorinnen und -autoren legen aufgrund solcher allgemeingehaltener Vorgaben Themen bzw. inhaltliche Aspekte fest, von denen sie annehmen, dass Kinder und Jugendliche sich damit identifizieren können. Meist knüpfen sie dabei an die Inhalte an, die sich in Vorgängerlehrwerken bewährt haben, z. B. Hobbys (vgl. Beispiel unten). Die gewählten Inhalte und Themen werden dann ansprechend verpackt; schließlich möchte der Verlag nirgendwo „anecken" und womöglich Marktanteile oder sogar die Zulassung einbüßen. Dieses Vorgehen führt aber häufig dazu, dass die Inhalte mehr oder weniger nichtssagend sind.

Diese uns allen hinreichend bekannte Kritik an Lehrwerken gilt für einen evidenzbasierten Fremdsprachenunterricht in besonderem Maß. Da Lehrpersonen zum Nutzen ihrer Lernenden eine aktivere Rolle im Unterricht spielen sollen, sind sie gehalten, das Lernen mit den Augen der Schülerinnen und Schüler zu sehen (vgl. Hattie 2009: 238) und bei allen Schritten von der Planung bis zur Evaluation die freundliche Unverbindlichkeit von Lehrwerken und kommerziellen Materialien zu überwinden. Gefordert ist stattdessen ein stärkeres Engagement für die einzelnen Schülerinnen und Schüler einer Lerngruppe in einem bestimmten (Lern-)Umfeld. Trotz aller Kritik können und sollten wir auf die Verwendung eines Lehrwerks nicht verzichten. Aber wir sollten es im Sinne des *Visible Learning* einsetzen: Es kann nicht sein, dass Lehrwerke den Fremdsprachenunterricht dergestalt dominieren, dass dahinter die Persönlichkeiten von Lernenden und Lehrenden verblassen oder sogar verschwinden. Und wir müssen uns bemühen, für alle Schülerinnen und Schüler die bestmöglichen Lernergebnisse zu erzielen. Evidenzbasiert ausgedrückt: Die Erwartungen der Lehrperson, dass alle Lernenden sich verbessern und einen größeren Lernzuwachs verzeichnen können, spielen erwiesenermaßen eine entscheidende Rolle. Negative Zuschreibungen bzw. die Voreingenommenheit von Lehrerpersonen hinsichtlich der Leistungsfähigkeit und der Lernmöglichkeiten einzelner Schülerinnen und Schüler haben großen Einfluss auf den Lernerfolg. *Labeling students* erreicht nach Hattie (2009: 124f.) Rang 21 mit einer Effektstärke von d = 0.61. Zu *teacher expectations* (d = 0.41) schreibt Hattie:

> Based on this evidence, teachers must stop overemphasizing ability and start emphasizing progress (steep learning curves are the right of all students regardless of where they start), stop seeking evidence to confirm prior expectations but seek evidence to surprise themselves, find ways to raise the achievement of all, stop creating schools that attempt to lock in prior achievement and experiences, and be evidence-informed about the talents and growth of *all* students by welcoming diversity and being accountable for all (regardless of the teachers' and schools' expectations). (Hattie 2009: 124; Hervorhebung des Autors)

Seit Jahrzehnten fordern Fremdsprachendidaktiker einen emanzipierten Umgang mit vorgefertigten Materialien. Wie er – einen vertretbaren Aufwand vorausgesetzt – in einem lernwirksamen Fremdsprachenunterricht gestaltet werden kann, zeige ich an folgendem Beispiel aus dem Französischunterricht mit Anfängern, welches sich mit geringen Adaptionen auf den Unterricht in den anderen modernen Schulsprachen übertragen lässt.

Beispiel: Über Hobbys und Vorlieben sprechen

Im hessischen Kerncurriculum wird bei der Sprechfertigkeit in Anlehnung an den Referenzrahmen zwischen „An Gesprächen teilnehmen" und „Zusammenhängend sprechen" unterschieden (Hessisches Kultusministerium 2010). Für den Anfangsunterricht in der zweiten Fremdsprache können wir uns an der Übersicht „Lernzeitbezogene Kompetenzerwartung am Ende der Jahrgangsstufe 6" orientieren, sofern der Französischunterricht in der Klasse 5 (erste Fremdsprache) oder der Klasse 6 (zweite Fremdsprache) beginnt. Im Abschnitt „An Gesprächen teilnehmen" lautet die allgemeine Kompetenzerwartung: „Die Lernenden können in vertrauten Alltagsgesprächen agieren und reagieren, wenn langsam und deutlich gesprochen wird" (ibid.: 30). Es werden sechs Teilkompetenzen genannt, u. a. „eigene Vorlieben und Abneigungen äußern" (ibid.) (vgl. Planungsschritt 3). Dass es sich dabei um eine wichtige Teilkompetenz für Kinder und Jugendliche, aber auch für Erwachsene handelt, leuchtet unmittelbar ein.

Damit die Lernenden etwas über ihr Hobby bzw. ihre Vorlieben sagen können, brauchen sie die notwendigen Redemittel. Aus meiner Sicht ist es nicht besonders motivierend, vom Lebensbezug ganz zu schweigen, wenn ich den Lernenden nun

Freizeitaktivitäten vorgebe, wie z.B. *faire de la natation, faire du violon* oder *faire des percussions*. Dabei ist es ganz gleichgültig, ob ich diese sprachlichen Mittel mit Hilfe von Abbildungen, über das Hörverstehen oder das Hör-Sehverstehen einführe. Gegen die Vorgaben dieser oder ähnlicher Redemittel spricht mindestens dreierlei:

- Nicht die individuellen Lernenden stehen im Mittelpunkt, sondern es werden vermutete oder akzeptierte Hobbys eingeführt. Es handelt sich auch nicht um die Hobbys oder Vorlieben einer repräsentativen Zahl französischer Kinder und Jugendlicher, so dass man von einem interkulturellen Bezug ausgehen könnte.
- Die Vorgabe solcher Redemittel ist aber aus zwei weiteren Gründen bedenklich. Erfahrene Französischlehrkräfte ahnen, dass bestimmte Freizeitaktivitäten aus formal-linguistischen Motiven eingeführt werden: Die benannten Vorlieben *faire de la natation, faire du violon* und *faire des percussions* sollen auf die Einführung des Teilungsartikels vorbereiten.
- Außerdem ist es höchst unwahrscheinlich, dass Kinder oder Jugendliche, die gern schwimmen, ihr Hobby unter Zuhilfenahme der Formulierung: « Je fais de la natation » ausdrücken. Passender und geläufiger wäre sicherlich die Formulierung: « J'aime nager » .

Wäre es nicht motivierender für die Schülerinnen und Schüler, wenn sie zunächst einmal ihre eigenen Hobbys bzw. Vorlieben benennen? Sie könnten (am besten als Hausaufgabe) eine kleine Zeichnung anfertigen, die ihr Hobby und/oder ihre bevorzugten Freizeitaktivitäten zeigt. Wem das zu kompliziert ist – wer möchte schon ein Smartphone oder ein Computerspiel zeichnen – kann aus Zeitschriften und/oder Prospekten Bilder ausschneiden und daraus eine kleine Collage anfertigen. Bereits an dieser Stelle ist *teacher clarity* gefragt (nach Hattie 2009: 125f.: d = 0.75; Rang 8). Ohne klare Anweisungen, was die Schülerinnen und Schüler bildlich darstellen sollen, wird es Überraschungen geben. Am besten legt die Lehrperson von vornherein in Absprache mit den Lernenden fest, ob sie ihre wichtigste Freizeitbeschäftigung darstellen sollen, oder ihr Hobby, auch wenn sie damit nicht den größten Teil ihrer Zeit verbringen. Oder sollen die Schülerinnen und Schüler mehrere Freizeitaktivitäten bebildern, um ihre vielfältigen Interessen zu zeigen? Durch bzw. bei der Aufgabenstellung erfahren die Lernenden, worum es in nächster Zeit im Unterricht gehen soll. Noch vor Beginn der eigentlichen Unterrichtseinheit sammelt die Lehrperson diese bildlichen Darstellungen ein.

Besonders wichtig ist der Einblick in das „Privatleben" der Lernenden, den die Lehrerin oder der Lehrer durch dieses Vorgehen gewinnt. Sie/er weiß nun, womit die Lernenden einen großen Teil ihrer Freizeit verbringen. Zudem erfährt die Lehrperson, wer – aus welchen Gründen auch immer – kein Hobby hat oder sich die teils kostspieligen Freizeitaktivitäten nicht leisten kann. Das scheint mir in Lerngruppen mit einem hohen Anteil von Schülerinnen und Schülern aus bildungsfernen Schichten und/oder mit Migrationsgeschichte bedeutsam. Weitere – häufig problematische – inhaltliche Aspekte, die sich im Zusammenhang mit Hobbys und Vorlieben ergeben können, sind späteren Phasen des Unterrichts vorbehalten.

Die Lehrperson beschriftet nun die einzelnen Zeichnungen bzw. Collagen mit Hilfen für die Benennung der einzelnen Aktivitäten. Dabei sollten einfache und geläufige Formulierungen den Vorrang haben vor einer Vereinheitlichung, die immer passt, wie z. B. *je fais de la, du, des …* Also besser : « Je joue du piano », « J'apprends le piano » oder « Je prends des leçons de piano ». Solche Formulierungen werden als *chunks* gelernt. Alle Lernenden haben dann die Möglichkeit, unter Zuhilfenahme ihrer Zeichnungen oder Collagen über ihre Hobbys zu sprechen. Damit wirklich alle etwas sagen können, sollte auch *j'aimerais …* (in Analogie zu *je voudrais …*) vorgegeben werden. Selbstverständlich können sich die Lernenden auch wechselseitig mit ihren jeweiligen Freizeitaktivitäten vorstellen. Zur Vereinfachung bietet es sich an, „Interessengemeinschaften" bilden zu lassen, z. B. *les sportifs* oder *les accros d'informatique.*

Oben habe ich darauf hingewiesen, dass sich die Teilkompetenz „eigene Vorlieben und Abneigungen äußern" im Kompetenzbereich „An Gesprächen teilnehmen" findet. Deshalb sollten die Schülerinnen und Schüler eine einfache sprachliche Reaktion zeigen, wenn jemand ihnen von seinem Hobby oder seinen Freizeitaktivitäten berichtet. Vermutlich wird es in der Lerngruppe das eine oder andere Hobby geben, welches allgemeine Belustigung oder abfällige Bemerkungen hervorruft. Generell ist der (positive wie negative) Einfluss von Peers nicht zu unterschätzen. Nach Hattie (2009: 104f.) belaufen sich im Zusammenhang mit Effekten der Schule die möglichen positiven Einflüsse von Peers (*peer influences*) auf d = 0. 53 (Rang 41). Im Anfängerunterricht kann die Lehrperson unliebsamen Zuspitzungen dadurch begegnen, dass sie eine negative Formulierung an der Tafel notiert, z.B. « Quel hobby étrange », diese Aussage durchstreicht und durch eine, auch im Kontakt mit Franzosen, angemessene sprachliche Reaktion ersetzt, z. B. « Ah, c'est intéressant ». Notfalls muss der Zusammenhang kurz auf Deutsch besprochen werden. Positive Reaktionen sind den Lernenden wahrscheinlich bereits teilweise bekannt: « J'adore », « C'est super », « Je trouve énorme » oder « J'aimerais faire aussi ».

5.2.2 Explizites Anknüpfen an das Vorwissen

Was ist mit explizitem Anknüpfen an das didaktische und das lebensweltliche Vorwissen der Lernenden gemeint, das im zweiten Planungsschritt gefordert wird? Es ist für Fremdsprachenlehrkräfte in den ersten Lernjahren, die von den Vorgaben bzw. der Abfolge bestimmter Redemittel des Lehrbuchs bestimmt werden, aus meiner Sicht nicht schwierig, an den bisherigen Lernstand in der Fremdsprache anzuknüpfen. Man weiß beispielsweise, dass in einer der vorgegangenen Einheiten bereits das Verb aimer + le, la, les im Zusammenhang mit Speisen und Getränken eingeführt wurde und dass es in der letzten *Unité* um *Ma chambre* ging, aus dessen Beschreibung man auf die Vorlieben der abgebildeten Kinder und Jugendlichen schließen kann. In einer kleinen Aktivität kann man den Schülerinnen und Schülern unter Einsatz des Lehrwerks explizit zeigen, was sie schon können bzw. inwieweit ihr sprachliches Vorwissen für die folgenden Unterrichtsinhalte von Bedeutung ist. Petty bezeichnet diese *orientation phase* als "the vital first five minutes" (Petty ²2009: 206). Didaktisches Wissen bezieht sich selbstverständlich nicht nur auf einfach strukturierte Bezüge wie im soeben genannten Beispiel *aimer le, la, les.* Neben fachlichem Wissen im engeren Sinn handelt es sich auch um fächerübergreifende und überfachliche Lernerfahrungen sowie um Einstellungen, die über Fertigkeiten und Fähigkeiten hinaus mit Kompetenzen untrennbar verbunden sind (bzw. es sein sollten). Didaktisches Vorwissen umfasst auch Lernstrategien und letztlich das, was mit Identitätsfindung und Persönlichkeitsentwicklung durch den Unterricht und das Erlernen von Fremdsprachen umschrieben werden kann.

Die Lehrperson muss sich aber nicht nur Rechenschaft darüber ablegen, an welche fachlichen, fächerübergreifenden und überfachlichen Erfahrungen sie bei ihren Schülerinnen und Schülern anknüpfen kann. Sie muss die Lernenden auf mögliche Anknüpfungspunkte direkt oder indirekt hinweisen, denn die meisten stellen solche Verbindungen nicht von sich aus her. Das kann die Lehrperson durch geeignete Fragen erreichen. Nach Petty ([2]2009: 206) werden diese vorbereitenden Fragen zur Anknüpfung an das Vorwissen der Lernenden mit einer Effektstärke von 0.91 beziffert.

Während der Bezug auf das didaktische Vorwissen in der Regel mit zunehmender Unterrichtserfahrung leichter wird, ist es weitaus schwieriger, an das sogenannte Weltwissen der Kinder und jugendlichen anzuknüpfen (vgl. auch zum Folgenden De Florio-Hansen 2014: 90 ff.). Die meisten Lehrpersonen haben nur einen geringen Einblick in die Alltagswelt ihrer Schülerinnen und Schüler. Aufgrund der raschen Ausbreitung digitaler Medien sind Kinder und Jugendliche in vielen „Lebenswelten“ zuhause, zu denen Lehrerinnen und Lehrer nur eingeschränkten Zugang haben. Da das Lehrer-Schüler-Verhältnis – Hattie (2009: 118f.) weist für *teacher-student-relationships* eine Effektstärke von d = 0.72 (Rang 11) aus – von großer Bedeutung für den Lernerfolg der einzelnen Schülerinnen und Schüler ist, müssen sich Lehrpersonen bemühen, ihre Lernenden besser kennenzulernen; sie dürfen deren lebensweltliche Bedürfnisse und Interessen nicht als deren Privatsache abtun („Wo käme ich denn hin, wenn …“). Was können Lehrpersonen tun? Wenn man wissen will, wie Kinder und Jugendliche „ticken“, kann man z. B.

- das Gespräch mit einzelnen Schülerinnen und Schülern im Rahmen von Ausflügen, Exkursionen und Schulveranstaltungen suchen,
- eine „Schülersprechstunde“ einrichten,
- sich mit den wichtigsten Anwendungen digitaler Medien und sozialer Netzwerke vertraut machen,
- deutschsprachige und internationale Jugendzeitschriften durchsehen und in Teilen lesen,
- die Darstellungen in Fachzeitschriften berücksichtigen, z. B. die Serie „Jugend“ in der Zeitschrift *Pädagogik* 2012 sowie die entsprechenden *Friedrich Jahreshefte*,
- wissenschaftliche Analysen wie die Shell-Jugendstudien nutzen.

Fazit: Für einen lernwirksamen Fremdsprachenunterricht planen heißt:

- sich in erster Linie an den Bedürfnissen und Interessen der Lernenden zu orientieren,
- sie gegebenenfalls an der Planung zu beteiligen bzw. sie in die Planungsüberlegungen der Lehrperson einzubeziehen,
- bei (vorgegebenen) Kompetenzzielen durch Adaptionen sicherzustellen, dass sie für die jeweilige Lerngruppe motivierend sind und einen Lebensbezug haben,

- an das didaktische Vorwissen der Schülerinnen und Schüler anzuknüpfen sowie ihre Lebenswelten so gut wie möglich kennenzulernen und zu berücksichtigen,
- Teilkompetenzen an geeigneter Stelle zusammenzuführen,
- die Realität der zielsprachigen Länder, sowohl sprachlich als auch (inter-) kulturell, angemessen in Rechnung zu stellen,
- die lernwirksame Nutzung von Lehrwerken und vorgefertigten Unterrichtsmaterialien zu gewährleiten, indem eine passende Auswahl getroffen und eine sinnvolle Verbindung zwischen den einzelnen Lernphasen und Übungsschritten geschaffen wird,
- es sich nicht zu einfach zu machen: Die Akzeptanz des Unterrichts durch die Schülerinnen und Schüler ist wünschenswert, entscheidend aber sind größere Lernerfolge für alle.

5.3 Apfelbäckchen durch Englischunterricht

Die siebzehnjährige Lena geht in die vorletzte Klasse eines Gymnasiums, das seit einigen Wochen auch Maximilian, ihr kleiner Bruder, besucht. Obgleich sie trotz des großen Altersunterschieds ein gutes Verhältnis zu ihrem Bruder hat – er ist ein unkompliziertes, fröhliches Kind –, ist sie nicht so glücklich darüber, dass er in fast jeder Pause zu ihr gelaufen kommt, um ihr von seinen Erlebnissen im Unterricht und den neuen Freunden zu berichten.

Lena möchte man die Pause dazu nutzen, die eigenen Kontakte zu pflegen, und vor allem kein Gespräch mit dem derzeit „Auserwählten" verpassen. Sie hat Maximilian schon ein paar Mal gesagt, dass er ihr zu Hause alles ganz ausführlich erzählen kann, aber das hat nur bedingt geholfen. Auch heute kommt er gleich in der ersten großen Pause zu ihr gerannt. Er hat rotglühende Bäckchen und ist ganz aufgeregt:

„Na, wo brennt's, Milian? Hast du etwas angestellt?"

„Nö, überhaupt nicht, aber wir hatten heute in der ersten Stunde Englisch. Das war echt cool, kann ich dir sagen."

„Coole Englischstunden hätte ich auch gern. Na, dann erzähl mal, aber fass dich kurz, ich will noch ein bisschen mit meiner Freundin plaudern."

„Also, wir haben eine Fantasiereise gemacht, und dabei haben wir die Grammatik gelernt, unheimlich spannend. Ich habe es auch gleich durch die Tür ins „Reich der hellen Köpfe" geschafft, aber dann bin ich leider nicht weiter gekommen. Aber beim nächsten Mal packe ich das bestimmt."

Nach mehreren Rückfragen kann sich Lena ungefähr vorstellen, was in der Englischstunde abgelaufen ist: Die Schülerinnen und Schüler haben die Augen geschlossen, und der Lehrer hat ihnen nach und nach – mit entsprechender Musikuntermalung – erzählt, dass sie in einem Fantasy-Land unterwegs sind, wo es Abenteuer zu bestehen gibt und man schließlich ins „Reich der hellen Köpfe" gelangen kann.

Es ist Lena klar, dass ihr Bruder sich durch ein Land à la Tolkien besonders angesprochen fühlt, kämpft er sich doch, teils mit ihrer Hilfe, durch „Eragon", den umfangreichen Roman eines (amerikanischen) Jugendlichen, bei dem der Held zusammen mit seinem Drachen Saphira atemberaubende Abenteuer besteht.

Offenbar hatte der Lehrer bei dieser Fantasiereise in irgendeiner Form das -s für die dritte Person Singular der Verben eingeführt und verschiedene Aufgaben gestellt.

Dann durften die Kinder die Augen öffnen und bei der richtigen Antwort ging eine Tür auf, die der Lehrer für diesen Unterrichtseinstieg aus Karton gebastelt hatte. Die Schülerin oder der Schüler mit der korrekten Antwort durfte dann aber noch nicht eintreten, sondern konnte sich aus mehreren verdeckten Zetteln, die jenseits der Tür lagen, einen auswählen. Wenn die Aufgabe auf dem Zettel richtig gelöst wurde, hatte man den ersehnten Zugang ins „Reich der hellen Köpfe“ geschafft.

„Na, das war sicher spannend für dich, das verstehe ich gut,“ sagt Lena. „Wenn du willst, übe ich ein bisschen mit dir, damit du es zu den hellen Köpfen schaffst.“

Maximilian sah sie für einen kurzen Moment ungläubig an, denn seine Schwester hatte meist wenig Lust, ihm bei den Aufgaben zu helfen, aber offenbar hatte sie verstanden, was ihm das bedeutete. „Ach, das ist echt nett von Dir. Ich will nämlich nicht nur ins „Reich der hellen Köpfe“, sondern später auch in den *Club of Anglophones* oder wie man das ausspricht.“

Lena brachte ihm die korrekte Aussprache bei und weg war er, um bei den Klassenkameraden mit seinem neuen Können zu glänzen.

5.4 Der Einstieg in den Unterricht – den Lernenden Zugang verschaffen

Einstieg

6. Erläuterung der Ziele, der Lernintentionen und der Erfolgskriterien;
7. Darstellung des Werts der angestrebten Kompetenz bzw. der Teilkompetenzen;
8. Bestärkung der Schülerinnen und Schüler hinsichtlich der Erreichbarkeit der Ziele;
9. Förderung von Leistungsbereitschaft und Engagement durch einen motivierenden Aufhänger oder sonstige Hinweise.

5.4.1 Transparente Ziele, Lernintentionen und Erfolgskriterien

Im Zusammenhang mit Motivation (vgl. ***Kap. 4,*** Abschnitt 4.1.4) haben wir erfahren, dass die Lernbereitschaft und das Interesse der Lernenden stark davon abhängen, welchen Wert sie einem Ziel beimessen. Aus diesem Grund ist es sehr wichtig, dass die Schülerinnen und Schüler von Anfang an erkennen können, was sie lernen werden und warum es wichtig ist, sich mit diesem Lerninhalt zu beschäftigen. Der US-amerikanische Schriftsteller Daniel H. Pink, der durch mehrere vielbeachtete Bücher zu Fragen von Business, Arbeit und Management Bedeutung erlangt hat, vertritt in seinem Buch *Drive: The Surprising Truth About What Motivates Us* (Pink 2009; dtsch. 2010) die weithin akzeptierte These, dass die instrinsische Motivation einer Belegschaft nachhaltiger ist, als kurzfristig von der Unternehmensführung in Aussicht gestellte Belohnungen. Dabei stützt er sich u.a. auf die Untersuchungen von Dweck (vgl. ***Kap. 4***, Abschnitt 4.1.4). Im Anhang zu seinem Buch überträgt Pink die zusammengetragenen Forschungsergebnisse auch auf das Lernen in der Schule und stellt kurz „Neun Ideen, um unseren Kindern zu helfen“ vor (Pink 2010: 209ff.). Der sechste Ratschlag lautet:

> In Bildungssystemen, die auf standardisierte Prüfverfahren, Noten und „Wenn-Dann"-Belohnungen ausgerichtet sind, haben Schüler oft keine Ahnung, warum sie tun, was sie tun. Schaffen Sie Veränderung, indem Sie Kindern helfen, über den eigenen Tellerrand zu blicken. Ganz egal, was sie gerade lernen, stellen sie sicher, dass die Schüler diese Fragen beantworten können:
> *Warum lerne ich das? Welche Bedeutung hat es in der Welt, in der ich jetzt lebe?* Gehen Sie anschließend mit den Schülern aus der Klasse, um das, was sie gerade lernen, in die Praxis umzusetzen. Wenn sie Spanisch lernen, gehen Sie mit ihnen in ein Büro, ein Geschäft oder ein Kulturzentrum, wo sie die Sprache sprechen können. (Pink 2010: 215; Hervorhebungen des Autors)

Im mehrsprachigen Europa ist es m. E. weniger der Wert der Nah- oder Fernziele des Fremdsprachenunterrichts, der an dieser Stelle diskutiert werden muss (vgl. unten). Vielmehr sollten wir die Ziele selbst näher betrachten. Zu Recht misst Hattie herausfordernden Zielen (*challenging goals*) besondere Bedeutung bei (d = 0.56, Rang 34; vgl. Hattie 2009: 163ff.). Nach Hattie (ibid.) regulieren Ziele das Handeln im Unterricht und stellen eine Verbindung zwischen Vergangenheit und Zukunft her.

Was aber ist für den einzelnen Lernenden ein herausforderndes Ziel? Ein „Gib-Dein-Bestes"-Ziel (*do-your-best goal*) reicht nicht aus, denn die Schülerinnen und Schüler können sich beim Lernergebnis immer darauf berufen, sie hätten doch ihr Bestes gegeben. Ziele müssen eine Schwierigkeit beinhalten mit Blick auf das bereits vorhandene Kompetenzniveau des jeweiligen Lernenden. Herausfordernde Ziele sind effektiver als die Aufforderung „Gebt euer Bestes", denn sie implizieren eine klarere Vorstellung vom Lernerfolg und konkretisieren die *outcomes*. Ausschlaggebend ist nicht die Spezifität, d. h. die Bestimmtheit, sondern der Schwierigkeitsgrad. Letztlich tragen Ziele, die für einzelne Schülerinnen und Schüler eine angemessene Herausforderung darstellen, zur Entwicklung von Selbstwirksamkeit (*self-efficacy*) und Vertrauen (*confidence*) bei.

Was ist ein angemessener Grad an Herausforderung? Hattie führt nicht nur für die Überlegenheit der *challenging goals* im Vergleich zu *do-your-best goals* überzeugende empirische Belege an (vgl. Hattie 2009: 165). Auch hinsichtlich des Verhältnisses von Bekanntem zu Unbekanntem gibt es empirische Nachweise und Plausibilitätsannahmen:

> The optimal rate seems to be to include at least 90 percent known to unknown items in the tasks (d = 1.19) and certainly not less than 50 percent known to unknown (d = 0.49). […] While not explored, there are suggestions that the ratio may need to be higher when deeper learning is desired rather than surface knowledge. (Hattie 2009: 166f.)

Die große Bandbreite zwischen 10 und 50 Prozent an unbekannten Teilen eröffnet Lehrpersonen viel Spielraum, zeigt aber m. E. auch, dass wir häufig zu hochgesteckte Ziele haben. Das gilt insbesondere für konzeptuelles Lernen, bei dem wir das höherrangige Ziel in einzelne Komponenten unterteilen sollten, um die Lernenden nicht zu überfordern. Diese Überforderung besteht nicht nur in der Komplexität unserer Zielvorgaben. Wir berücksichtigen die Begrenztheit des Arbeitsgedächtnisses zu wenig. Die meisten von uns kennen den Ausgangspunkt der *Cognitive Load Theory*, wonach das Arbeitsgedächtnis durchschnittlich sieben *chunks* (Miller 1956: *seven plus minus two*) aufnehmen kann. Aber richten wir uns auch danach, wenn wir uns einreden:

„Na, das werden sie schon packen"? Außerdem darf nicht in Vergessenheit geraten, dass die Teilaspekte nach und nach wieder zum übergeordneten Ziel zusammengefasst werden müssen.

Wie können wir die Lernenden über die Ziele informieren? Eine gute Möglichkeit sind *advance organizers,* durch die die Struktur des Lernstoffs und die Verbindung zwischen seinen einzelnen Elementen aufgezeigt werden kann. Nach Marzano beträgt die Effektstärke von *advance organizers* 0.48, Hattie setzt sie mit d = 0.44 an. Wichtig ist in diesem Zusammenhang der Hinweis von Marzano, dass die Effektstärke bei oberflächlichem Lernen 0.56, für vertieftes Lernen jedoch 0.78 beträgt. Höhere Lerneffekte kann man dadurch erzielen, dass die Lernenden selbst Ergänzungen zum *advance organizer* beisteuern. Nach Marzano beträgt die Effektstärke in diesem Fall 1.2. Als besonders lernwirksam gilt auch, die Lernenden am Ende der Unterrichtseinheit die wichtigsten Punkte des Lernstoffs graphisch darstellen zu lassen (Effektstärke auch hier 1.2).

Zu einem gelungenen Einstieg in einen lernwirksamen Fremdsprachenunterricht gehört neben transparenten Zielvorgaben auch die Information darüber, wie man als Schülerin oder als Schüler feststellen kann, ob man das Ziel erreicht hat oder zumindest auf einem guten Weg ist. Die Erfolgskriterien (*success criteria*) müssen klar formuliert werden: Hinweise wie „Am Ende der Lerneinheit solltet ihr fähig sein, dieses und jenes zu tun" sind weniger motivierend und herausfordernd als die Ankündigung, dass die Lernenden dieses oder jenes tun werden. Lernende müssen von Anfang an wissen, woran sie erkennen können, dass ihre Beschäftigung mit dem Lerninhalt erfolgreich ist.

Sollen Selbst-Kontrolle, Selbst-Evaluation und die eigenständige Überwachung des Lernens die gewünschten Effekte haben und zu selbstständigem Lernen beitragen, müssen die Lernenden verstehen, wo sie in Bezug auf ihr Lernen stehen, wohin sie sich bewegen, wie es sein wird, wenn sie dort angekommen sind und wohin sie sich als nächstes begeben werden: "Where they are at, where they are going, what it will look like when they get there, and where they will go to next: that is they have clear goals, learning intentions, and success criteria" (Hattie 2009: 165). In diesem Zusammenhang ist die Formulierung von Kann-Beschreibungen sinnvoll. Auch die Nutzung geeigneter Portfolios hat sich bewährt (vgl. De Florio-Hansen 2008b, 2008c; De Florio-Hansen & Altmann 2008).

5.4.2 Zum Wert und zur Erreichbarkeit von Zielen

Wie oben angedeutet, ist es meiner Meinung nach nicht besonders schwierig, Schülerinnen und Schüler von der Nützlichkeit des Fremdsprachenlernens zu überzeugen. Ein Physiklehrer steht da häufig vor größeren Herausforderungen. So werden die Lernenden beispielsweise ohne weiteres einsehen, warum es sinnvoll ist, wenn man sich zu eigenen Vorlieben und Abneigungen in der Fremdsprache äußern kann. Im Rahmen von Schüleraustausch, aber auch in E-Mail-Kontakten zählt es zu den häufigsten Auskünften über die eigene Person, etwas über seine Hobbys und Freizeitaktivitäten zu berichten. Auch ganz allgemein stellen die meisten Schülerinnen und Schüler den Sinn des Fremdsprachenlernens nicht in Frage, obwohl einige von ihnen als zweite oder dritte Fremdsprache gern eine andere Sprache gelernt hätten als die, die an der jeweiligen Schule angeboten wird. Mit Blick auf private und berufliche Kontakte wird Mehrsprachigkeit als Zeichen von *Europeanness* nicht in Frage gestellt.

Möglicherweise können einzelne Lernende auch nachempfinden, dass es eine Bereicherung ist, die Welt in mehreren Sprachen erfassen und ausdrücken zu können.

Im Zusammenhang mit *teacher expectations* habe ich durch ein längeres Zitat von Hattie deutlich gemacht, wie wichtig positive Erwartungen der Lehrperson hinsichtlich der Lernmöglichkeiten aller Schülerinnen und Schüler sind (vgl. oben). Außerdem haben wir bei der Erörterung neuerer Forschungsergebnisse im Bereich der Motivation erfahren (vgl. ***Kap. 4***, Abschnitt 4.1.4), dass aus der Sicht der Lernenden eine enge Verbindung zwischen dem Wert eines Ziels und seiner vermuteten Erreichbarkeit besteht. Die Lehrperson sollte insbesondere Schülerinnen und Schüler, die sich durch Fehler – sei es bezüglich der Aussprache und/oder anderer sprachlicher Regularitäten – leicht entmutigen lassen, immer wieder die Zuversicht vermitteln, dass sie die gesteckten Ziele erreichen können und dass jeder, der bereit ist, Zeit und Anstrengung in das Lernen zu investieren, gute bis sehr gute Erfolge erzielen kann.

5.4.3 Leistungsbereitschaft und Engagement durch motivierende Aufhänger

Da die Lehrerin bzw. der Lehrer für den Lernerfolg der Schülerinnen und Schüler verantwortlich ist, dürfen ausbleibende Lernerfolge nicht den Lernenden angelastet werden. Darauf weisen nicht nur Hattie, Marzano und Wellenreuther, sondern zahlreiche andere empirisch-quantitativ und empirisch-qualitativ arbeitende Forscher gleichermaßen hin. Trotzdem sind selbstverständlich auch die Lernenden gefordert.

Die Leistungsbereitschaft und das Engagement der Lernenden sind für den Lernerfolg entscheidend. Zu festgelegten Zeitpunkten und in vorgegebener Form sollten die Lernenden im Verlauf einer Unterrichtseinheit bzw. während einer Lernaktivität der Lehrperson und sich selbst Rechenschaft darüber ablegen, wie weit sie auf ihrem Lernweg gekommen sind. Aber auch hier kommt es auf engagierte Lehrpersonen an, die es verstehen, Leistungsbereitschaft und Selbstverpflichtung im Rahmen einer Lerneinheit zu wecken. So wie es Autorinnen und Autoren von Romanen und Sachbüchern häufig gelingt, unsere Aufmerksamkeit und die Bereitschaft zum Lesen durch einen spannenden, rätselhaften Titel zu wecken, können auch Fremdsprachenlehrkräfte die Aufmerksamkeit der Lernenden durch einen Aufhänger auf den Unterrichtsstoff lenken und dafür sorgen, dass die Schülerinnen und Schüler sich mit den Lernabsichten identifizieren. Gelingt es der Lehrperson, die Lernenden in geeigneter Weise aufnahmebereit zu machen, werden sie das Unterrichtsangebot ohne weiteres annehmen.

An dieser Stelle möchte ich an das Angebot-Nutzungs-Modell erinnern, welches Helmke (zusammen mit Weinert und in Anlehnung an Fend) entwickelt hat (Helmke [4]2012: 69ff.). In einem Interview, welches Terhart und H. Meyer mit Helmke geführt haben, geben die beiden Erziehungswissenschaftler zu bedenken, das Angebot-Nutzungs-Modell suggeriere schon durch die Wortwahl, die Lehrperson könne sich zumindest teilweise aus der Verantwortung zurückziehen. Das weist Helmke zurück:

> Der Denkfehler liegt woanders, nämlich in einer zu simplen Vorstellung eines „Angebots“. Dieses umfasst ja auch empirisch fundierte Qualitätsmerkmale […] und dazu zählen insbesondere Unterstützung und Förderung beim Lernen sowie Konsolidierung und Sicherung des Gelernten. (Meyer & Terhart 2007: 62f.)

Damit gibt Helmke zu verstehen, dass diejenigen Lehrpersonen, welche die Angebote der evidenzbasierten Lehr- und Lernforschung in reflektierter Weise nutzen, in aller Regel lernwirksam unterrichten.

Wie aber sieht ein motivierender Aufhänger aus, der *commitment and engagement* der Lernenden – so auch die Forderung von Hattie (2009: 205) – bewirkt? An dieser Stelle können uns die Vorschläge der Heath Brothers, nämlich Chip und Dan Heath, weiterhelfen. Ähnlich wie Pink sind sie in erster Linie mit den Herausforderungen des Business befasst. Sie haben auf der Basis einer großen Zahl von empirischen Forschungsarbeiten untersucht, wie aus einem mehr oder weniger gelungenen Einfall eine zündende Idee wird. Der Titel ihrer wichtigsten Publikation lautet denn auch: *Why Some Ideas Survive and Others Die … MADE to STICK* (Heath & Heath 2007). Mit *stickiness* ist die nachhaltige Wirkung von Ideen gemeint, d. h. Ideen, die haften. Heath & Heath formulieren sechs Prinzipien, welche die nachhaltige Wirkung von Ideen befördern. Insgesamt geht es um die Erzeugung von anschaulichen, konkreten Bildern, die im Gedächtnis haften bleiben. Dabei sollen Emotionen hervorgerufen und möglichst konkrete Einzelheiten benannt werden.

Ähnlich wie Pink haben auch Heath & Heath ihre Ergebnisse auf den Unterricht übertragen, zumal Dan Heath Jahre lang mit der Erstellung von Lernmaterialien beschäftigt war, bevor die Brüder ihre Kräfte gebündelt haben. Der entsprechende, ca. 10 Seiten umfassende Aufsatz trägt den Titel: *Teaching that Sticks* (Heath & Heath 2010). Die beiden Brüder weisen vorab darauf hin, dass nicht alle sechs Merkmale nachhaltiger Ideen auf einmal verwirklicht werden müssen und dass auch nicht alle Charakteristika zusammengenommen immer zum Erfolg führen. Die sechs Prinzipien lauten:

Principle 1: Simplicity
Einfachheit bedeutet, den Kerngedanken des Lernstoffs auf den Punkt zu bringen und ihn so einfach und eingängig wie möglich zu kommunizieren. Dabei muss an das Vorwissen der Lernenden angeknüpft werden. Beispiele, Vergleiche und Analogien tragen zur *simplicity* bei.

Principle 2: Unexpectedness
Die Ideen bzw. Lerninhalte werden so entfaltet wie der Plot einer geheimnisvollen Geschichte. Neugier soll geweckt werden. Eine Lücke wird aufgezeigt, die im Verlauf des Unterrichts, insbesondere bei der Darbietung des neuen Lernstoffs (vgl. ***Kap.*** *6*), geschlossen wird. Man kann die Lernenden auch eine Vorhersage machen lassen, z. B. indem sie für eine von mehreren vorgegebenen Antworten stimmen.

Principle 3: Concreteness
Der Inhalt soll in Form von Handlungen und sinnlichen Erfahrungen beschrieben werden, denn unterschiedliche Gefühle sprechen verschiedene Arten des Gedächtnisses an. Abstraktionen und Fachbegriffe sind beim Einstieg zu vermeiden. Vielmehr müssen abstrakte Wahrheiten in konkrete Sprache gefasst werden.

Principle 4: Credibility
Glaubwürdigkeit beruht wesentlich darauf, dass die Lernenden Gelegenheit erhalten, die Informationen, die wir ihnen näherbringen wollen, selbst zu testen. Für den Fremdsprachenunterricht könnte man sagen: *See and hear for yourself!* Das dürfte für die You-Tube-Generation kein Problem sein.

Principle 5: Emotions
Durch den Aufhänger (und selbstverständlich die nachfolgende Erarbeitung des Lernstoffs) sollen Emotionen bei den Schülerinnen und Schülern wachgerufen werden. Es ist interessanter für Schülerinnen und Schüler zu erfahren, warum einem englischen, französischen oder spanischen Kind oder Jugendlichen das Essen in der Schulmensa nicht schmeckt, als den dortigen Speiseplan der laufenden Woche kennenzulernen.

Principle 6: Stories
Es gibt so gut wie keinen englischsprachigen Forscher, gleichgültig in welchem und für welchen Lebensbereich er eigene und fremde Untersuchungsergebnisse zusammenträgt, der nicht auf den Wert von Geschichten verweist. Die empirische Forschung zeigt, dass Geschichten wie eine Art Flugsimulator wirken und uns auf die Realität vorbereiten.

Viele Forscher, so auch Hattie und die Heath Brothers, weisen darauf hin, dass bei Lehrpersonen oder Führungskräften in der Wirtschaft oft so etwas wie der Fluch des Wissens (*curse of knowledge*) festzustellen ist. Wenn man einen (Lern-)Inhalt bzw. die Ausformung einer Idee kennt oder gar ein Experte auf einem oder mehreren Gebieten ist, fällt es einem schwer, sich in jemand hineinzuversetzen, der über dieses Wissen (noch) nicht verfügt. Das gilt erst recht, wenn es um Kinder und Jugendliche geht. Das sollten wir beherzigen, und vielleicht hilft es Ihnen weiter, wenn ich Sie an die von Piaget formulierten Entwicklungsstadien erinnere, auf die auch unser neuseeländischer Forscher sich stützt (Hattie 2009: 43). Konkrete Operationen sind meines Erachtens auch dann oft lernwirksamer, wenn die Lernenden schon zu formalen Operationen fähig sind.

Mit dem folgenden Beispiel für den Unterricht mit Fortgeschrittenen möchte ich Möglichkeiten für *hooks* (Haken; Aufhänger) konkretisieren, die teilweise als Rätsel gedacht sind, teilweise aber auch der Erklärung durch die Lehrperson bedürfen. Je nach Zielsetzung der folgenden Unterrichtseinheit können sie einzeln oder in Kombination miteinander verwendet werden.

Beispiel: Talking about one of the most amazing cities in the United States

A famous School of Architecture
In 1871, a great fire broke out, destroying an area of about 4 miles long and 1 mile wide, a large section of the city at the time. Fortunately, much of the city, including railroads and slaughterhouses, remained intact. The citizens took the opportunity to replace the previous wooden buildings by modern constructions of steel and stone. During the rebuilding period, the world's first sky-scraper was erected in 1885, using a steel-skeleton construction.

To become president of the United States
In Frank Sinatra's song *New York, New York* it says:
If I can make it there
You know, I'm gonna make it just about anywhere ...

In a song about this city it may say:
If you can make it there
You know, you can became president of the United States ...

A Modern-Day Robin Hood?
From 1920 to 1930 approximately, an infamous American Gangster of Italian origin led a crime syndicate in the city, dedicated to criminal activities such as smuggling illegal alcoholic beverages during Prohibition. Although knowing about his illegitimate occupation, many citizens saw in him a "modern-day Robin Hood", because he used part of the money he made from his activities to sponsor charity projects.

Postal service
In the city we are looking for, there is a Tower which, for a long time, was the highest building of the world. It lost its first rank, but has still nowadays its own zip code.

Beaches in the business district
Do you know another city where you can reach one of the beaches in five minutes by foot from your school or your working place? There are twenty-four public beaches along 26 miles (42 km) of the waterfront.

The Blind Men and the Elephant
In a guide (Viskochil 1984) which shows 122 historic views from the collection of the city's Historical Society you can find the reproduction of the famous poem *The Blind Men and the Elephant* by John Godfrey Saxe (1816 – 1887) based on a parable of native Indians. It starts like this:
It was six men of Indostan
    To learning much inclined,
Who went to see the Elephant
    (though all of them were blind),
That each by observation
    Might satisfy his mind.

Fazit: Was unbedingt zu einem gelungenen Unterrichtseinstieg gehört:

- Lehrpersonen sorgen für Transparenz hinsichtlich der Ziele, d. h. die Schülerinnen und Schüler wissen, was gelernt werden soll und vor allem, warum sie sich mit einem speziellen Lerninhalt beschäftigen sollen. Im Fremdsprachenunterricht heißt das: Sie kennen den kommunikativen Nutzen und die diskursive Bedeutung der angestrebten (Teil-)Kompetenzen (*What can it be used for?*)

- Sinnvolle Ziele müssen eine Herausforderung darstellen, dürfen die Lernenden aber nicht überfordern. Das Vorwissen und die vorangegangenen Lernerfahrungen müssen angemessen berücksichtigt werden. Als Ausgangspunkt bieten sich 75 % bekannte Inhalte an; mehr als 50 % neuer Lernstoff sind problematisch.
- Die Begrenztheit des Arbeitsgedächtnisses ist in Rechnung zu stellen (sieben *chunks* plus oder minus zwei).
- Eine gute Möglichkeit, die Lernenden mit Zielen und Lernintentionen vertraut zu machen, sind *advance organizers*. Ihre Lernwirksamkeit wird dadurch gesteigert, dass die Lernenden selbst Aspekte in die graphische Darstellung einbringen.
- Lehrpersonen machen den Lernenden deutlich, dass sie davon überzeugt sind, dass jede Schülerin und jeder Schüler – entsprechende Lernbereitschaft vorausgesetzt – Fremdsprachen lernen kann, auch wenn einzelne Lernende glauben, sie seien nicht „sprachbegabt“. (Eine spezielle Sprachbegabung gibt es – so die empirischen Befunde – ohnehin nicht).
- Lehrpersonen informieren die Lernenden beim Einstieg in den Unterricht darüber, was sie am Ende der Lernaktivität tun können, z. B. über Vergangenes berichten oder erzählen, was sie als Kind gern bzw. häufig gemacht haben, was sie verstehen, z. B. wodurch ein bestimmter Autor in einem spanischsprachigen Roman Spannung erzeugt, und was sie für wichtig erachten, z. B. wie weit sie ihre Privatsphäre in den sozialen Netzwerken preisgeben wollen.
- Um sich selbst und vor allem der Lehrperson Rechenschaft über ihre Lernprozesse ablegen zu können, müssen die Schülerinnen und Schüler kontinuierlich folgende Fragen beantworten können: Wohin will ich? (*Where am I going?*), Wie komme ich dorthin? (*How am I going?*) und Wohin als Nächstes? (*Where to next?*).
- Ein motivierender Aufhänger für den Einstieg in den Unterricht ist einfach (*simple*), weckt Neugier (*unexpected*), ist konkret (*concrete*) und glaubwürdig (*credible*). Er ruft Gefühle wach (*emotions*) und eröffnet den Zugang zu den neuen Lerninhalten am besten mithilfe von Geschichten (*stories*).

Anregungen zum Nachdenken und Gestalten

1. Planen Sie, am besten zusammen mit Fachkolleginnen und -kollegen eine Unterrichtseinheit für ein mittleres Niveau (3./4. Lernjahr) zum Kompetenzbereich „Eigene Vorlieben und Abneigungen äußern“. Es soll dabei entweder um Musik oder um Mode gehen. Berücksichtigen Sie bei der Planung und dem Einstieg in den Unterricht, bitte, folgende Fragen:

- Wie können Sie die Lernenden an der Planung beteiligen?
- Welches didaktische Vorwissen können Sie erwarten?
- Wie können Sie ohne allzu großen Aufwand das lebensweltliche Wissen der Lernenden in einem der genannten Bereiche ermitteln?
- Wie wollen Sie explizit daran anknüpfen?

- Welche Leistungskriterien geben Sie vor, damit die Schülerinnen und Schüler ihre Lernprozesse verbessern und kontrollieren können?
- Welchen motivierenden Einstieg planen Sie?

2. Gestalten Sie einen Einstieg auf der Grundlage der wissenschaftlich begründeten Empfehlungen von Chip und Dan Heath (siehe oben) zum Thema: „Eine außergewöhnliche Stadt" (Englisch: *Edinburgh – an extraodinary city*; Französisch: *Bruxelles – une ville exceptionelle,* Spanisch: *Barcelona – una ciudad extraordinaria*). Arbeiten Sie zunächst allein und vergleichen Sie anschließend Ihren Vorschlag mit denen von Fachkolleginnen und -kollegen.

Lektüreempfehlungen

Helmke, A. (2009, ^{4}2012): *Unterrichtsqualität und Lehrerprofessionalität: Diagnose, Evaluation und Verbesserung des Unterrichts.* Seelze: Klett Kallmeyer.

Lesen Sie das Kapitel über das Angebot-Nutzungs-Modell in Auszügen (S. 69ff.). Es behandelt ausführlich die Zusammenhänge zwischen einzelnen Unterrichtsfaktoren sowie Reichweite und Grenzen der Verantwortung von Lehrpersonen für ihre Schülerinnen und Schüler. Empfehlenswert sind vor allem die Abschnitte 2.7.2 Lehrperson und -expertise, 2.7.8 Wirkungen sowie 2.7.9.3 Kultureller Kontext – Exkurs nach Asien.

Anonymous/David-Lang, J. (?) (2013): *Visible Learning for Teachers: Maximizing Impact on Learning.* By John Hattie (Routledge 2012). In: *The Main Idea Net: current book summaries*, 1-12 (www.TheMainIdea.net; über Suchmaschine eingeben: The Main Idea Net: Visible Learning for Teachers).

Bei dieser Rezension handelt es sich um eine höchst nützliche Zusammenfassung von Hatties Lehrerhandbuch. Vorangestellt wird ein S.O.S (*a summary of the summary*) von einer Seite. Kurze *summaries* der einzelnen Kapitel mit graphischen Darstellungen bzw. Übersichten schließen sich an. Im Vordergrund steht nicht die Kritik an Hattie, sondern die kurze Wiedergabe seiner Vorschläge zur Umsetzung des von ihm propagierten Unterrichtsmodells. Lesen Sie, gegebenenfalls in Kooperation mit Englischkolleginnen und Kollegen, Chapter 4: *Preparing the lesson,* S. 2-4. Der anonyme Autor arbeitet die wesentlichen Punkte der Unterrichtsplanung heraus.

6. Darbietung neuer Lerninhalte und Verständnissicherung

6.1 Wie sag ich's meinen Schülern?

In diesem Kapitel geht es um die grundlegenden Formen der Präsentation bzw. der Erarbeitung neuer Lerninhalte. Da alle weiterführenden Unterrichtsschritte wie angeleitetes und selbstständiges Üben (vgl. ***Kap. 7***) sowie die Vertiefung und Konsolidierung durch kooperative und handlungsorientierte Lernformen (vgl. ***Kap. 8***) auf einer soliden Wissengrundlage aufbauen müssen, wenn sie erfolgreich sein sollen, gilt die Darbietung des Lernstoffs als wichtigster Teil einer lernwirksamen Unterrichtspraxis.

Anhand eines Beispiels für Englisch, Französisch und Spanisch zeige ich weiter unten (vgl. 6.3) exemplarisch, wie diese Phase mit fortgeschrittenen Lernenden (6./7. Lernjahr) gestaltet werden kann. Selbstverständlich sind damit die vielfältigen Vorgehensweisen der Darbietung, die die Methodenkonzeption der Direkten Instruktion ausmachen, in keiner Weise ausgeschöpft. Ich habe das Beispiel, bei dem es um eine Sensibilisierung für kulturelle Unterschiede geht, aus mehreren Gründen gewählt:

- Das Beispiel macht deutlich, dass es sich in keiner Weise um einen Lehrervortrag im Sinne des Frontalunterrichts (*didactic teaching*) handelt, sondern dass dabei das *interactive whole-class teaching* im Mittelpunkt steht.
- Es geht um die Sequenzierung von Lernschritten: Aufgrund klarer Strukturierung und verständlicher Darstellung können die wesentlichen Prinzipien des neuen Lernstoffes von den Lernenden aufgenommen bzw. reflektiert werden.
- Das Beispiel bietet Gelegenheit, die Schritte vom oberflächlichen Wissen zu vertieftem und in Ansätzen zu konzeptuellem Lernen exemplarisch nachzuvollziehen.

6.2 Strategien bei der Darbietung neuer Lerninhalte

Bevor wir uns mit dem soeben skizzierten Beispiel beschäftigen, betrachten wir noch einmal die wichtigsten Schritte bei der Darbietung. Je nach Kenntnisstand der Schülerinnen und Schüler, dem Lernkontext und nicht zuletzt den Überzeugungen der Lehrperson, kann die *presentation phase* sehr variantenreich gestaltet werden. Die folgenden evidenzbasierten Empfehlungen sind vielen Fremdsprachenlehrerinnen und -lehrern aus dem einen oder anderen Zusammenhang bekannt. Obgleich sie auch plausibel sind, setzen wir sie aber nicht konsequent genug um. Im Wesentlichen umfasst die Darbietung folgende Schritte:

Darbietung

10. Verständliche Erläuterung bzw. Demonstration der Lerninhalte;
11. redundante Erklärungen, d. h. mehrmalige Erklärung desselben Inhalts oder Sachverhalts mit Hilfe variierender Formulierungen;
12. erhellende, schülernahe Beispiele;
13. Veranschaulichung der Lerninhalte durch Bilder, Graphiken, Tabellen sowie digitale Medien;
14. Präsentation der einzelnen Lösungsschritte anhand ausgearbeiteter Beispiele.

In der geläufigsten Form besteht die Präsentation in kurzen Erläuterungen der Lehrperson, die sie immer wieder durch Rückfragen zum Verständnis der Lerninhalte unterbricht. Es ist durchaus denkbar – darauf habe ich unter Bezugnahme auf die Lehrersteuerung immer wieder hingewiesen –, dass die Inhalte von der Lehrperson so aufbereitet und vorgegeben werden, dass die Lernenden sie sich selbst erarbeiten können. Ein solches Verfahren hat mit individualisiertem Lernen nichts zu tun – im Gegenteil. An verschiedenen Stellen in dieser Anleitung zu einem lernwirksamen Fremdsprachenunterricht habe ich die Nachteile dieser Vorgehensweise angesprochen: Zum einen beinhaltet sie einen hohen zeitlichen Aufwand für die Lehrperson, nicht zuletzt aber auch für die Lernenden, einmal abgesehen von den lernschwächeren Schülerinnen und Schülern, die mit solchen Verfahren oft nicht zurecht kommen. Vorgaben dieser Art müssen so detailliert sein, dass Missverständnisse und Fehleinschätzungen weitgehend ausgeschlossen werden. Es bleibt wenig Raum für individuelle Denkweisen und Fragen einzelner Schülerinnen und Schüler, auf die Lehrpersonen im interaktiven Klassenunterricht eingehen können.

Die Darbietung des neuen Lernstoffs kann auch durch das *modeling*, das Lernen am Modell erfolgen. Modell-Lernen wird oft als Beobachtungslernen, Lernen durch Nachahmung bzw. abwertend als Imitationslernen bezeichnet. Es beruht auf der Beobachtung des Verhaltens eines Vorbilds; im Fremdsprachenunterricht ist das Modell häufig die Lehrperson. Es ist unstrittig, dass das sprachliche Vorbild im Fremdsprachenunterricht eine herausragende Rolle spielt. Da Lehrpersonen im deutschsprachigen Raum in der Regel keine *native speakers* der Fremdsprache sind, können und müssen die sprachlichen Vorbilder über Medien und im günstigsten Fall durch persönliche Kontakte zu Zielsprachensprechern ergänzt werden.

Das Modell-Lernen bezieht sich keineswegs nur auf die Demonstration von praktischen Skills, in unserem Fall auf sprachliche Fertigkeiten. Auch intellektuelle Fähigkeiten können durch *modeling* präsentiert werden, zum Beispiel das Schreiben einer Zusammenfassung bzw. eines Essays oder die Analyse der Bildersprache eines Gedichts. Es geht hier um die Vorgabe ausgearbeiteter Lösungsbeispiele (*worked examples*), die aufgrund der vorliegenden empirischen Forschung als sehr lernwirksam gelten. Auch Hattie gibt positive Hinweise auf den Einsatz von ausgearbeiteten Beispielen in der Darbietungsphase; aufgrund seiner Studie erreichen *worked examples* eine Effektstärke von d = 0.57 und damit Rang 30 (vgl. Hattie 2009: 172f).

Richtungsweisender für den Fremdsprachenunterricht als Hatties knappe Darstellung der Primärstudien ist eine neuere experimentelle Studie mit dem Titel: *The Effect of Worked Examples When Learning to Write Essays in English Literature* (Kyun et al. 2013). Bei dieser experimentellen Forschungsarbeit, die aus drei Experimenten mit

Lernenden unterschiedlicher Kenntnisse in Englisch (als Zweisprache) besteht, geht es darum zu zeigen, dass die Vorgabe einer Ausarbeitung der alleinigen Beantwortung von Fragen zu demselben Text überlegen ist. Das Besondere an dieser experimentellen Studie besteht u. a. darin, dass die Vorgabe von *worked examples*, die bisher auf Mathematik und Naturwissenschaften beschränkt war, auf ein sprachliches Fach mit einem geisteswissenschaftlichen bzw. ästhetischen Lernzusammenhang übertragen wird. Die Ergebnisse zeigen, dass die Probanden aus allen drei Experimenten mit der Beantwortung von Fragen im Sinne des *essaywriting* besser zurecht kommen, wenn sie sich vorher mit einem ausgearbeiteten Beispiel beschäftigt haben. Weniger fortgeschrittene Lernende erreichen höhere Lerneffekte als diejenigen, die über bessere Sprachkenntnisse verfügen. Die Experimente werden nachvollziehbar dargestellt (vgl. ibid.: 389-395, 395-397, 397-400); in den Anhang haben die Autoren *learning materials* zu den ausgearbeiteten Beispielen und weitere nützliche Deskriptoren aufgenommen (vgl. ibid.: 405-408).

Diese experimentelle Untersuchung bietet sich an, um auf eine bedeutende Theorie im Zusammenhang mit der Darbietung neuer Lerninhalte und dem organisierten Lernen insgesamt einzugehen. Zu den Autoren der soeben dargestellten Untersuchung gehört auch John Sweller, ein Hauptvertreter der *Cognitive Load Theory* (CLT). Diese Theorie basiert im Wesentlichen auf dem bekannten Zweispeichermodell des Gedächtnisses und gibt Sweller und seinen Mitarbeitern immer wieder Gelegenheit auf die Begrenztheit des Kurzzeit-/Arbeitsgedächtnisses zu verweisen. Es darf zu keiner Überlastung (*cognitive load*) des Arbeitsspeichers kommen, wenn Lernen erfolgreich sein soll. Das ist weitgehend unbestritten.

Im Zusammenhang mit der CLT legt Sweller aber noch eine andere Sichtweise nahe, die wichtige Gründe für die lehrergesteuerte Darbietung neuer Lerninhalte liefert. In einer weiteren experimentellen Forschungsarbeit mit dem Titel: *The Effect of Written Text on Comprehension of Spoken English as a Foreign Language* stellen die Autoren, darunter Sweller, die CLT kurz vor (Diao et al. 2007: 237-239). Sweller und seine Mitautoren nehmen eine interessante Unterscheidung vor: Danach gibt es *biologically primary knowledge*, das im Laufe der Entwicklung von selbst erworben wird, auch wenn es unterstützt werden kann, z. B. Laufen, Sprechen etc.

Biologically secondary knowledge – nennen wir es Kulturwissen – wird durch organisierte Lernprozesse erworben. Dabei spielt das Prinzip der Anleihe (*borrowing principle*) eine entscheidende Rolle: Der Lernende braucht dieses Wissen nämlich nicht nach dem Zufallsprinzip (*randomness as genesis principle*) zu erwerben, wie es bei unbekannten, ungelösten Problemstellungen der Fall ist. Das wäre bei der Fülle der Wissensbestände auch gar nicht möglich und würde zudem das Arbeitsgedächtnis überlasten. Deshalb plädiert Sweller dafür, gleichsam Anleihen bei den Langzeitgedächtnissen anderer Personen zu machen. Das geschieht am besten durch Instruktion: „Techniques for facilitating knowledge acquisition through the borrowing principle are central to cognitive load" (Diao et al. 2007: 238). Wahrheit hat auch etwas mit gesundem Menschenverstand zu tun: Warum sollten die Lernenden nicht direkt vom Expertenwissen der Lehrperson profitieren?

6.3 Ein Kulturmodell

6.3.1 *The Iceberg-Model: visible and invisible aspects of culture*

Beispiel:

Die folgenden Fragen und Hinweise der Lehrperson geben die Richtung vor, sofern sie nötig sind. Die Lehrerin oder der Lehrer kann selbstverständlich andere Erklärungsstrategien einsetzen. Sie sollten aber zielgerichtet und knapp sein; mit anderen Worten: Es sollte nichts aus den Lernenden „herausgefragt" werden wie im fragend-entwickelnden Frontalunterricht. Ein wichtiger Hinweis auf den Ablauf des Unterrichts sind die sukzessiven Ergänzungen in der Skizze des Eisberg-Modells.

1. Aufhänger/Teaser
Die Lehrperson nennt nicht gleich zu Beginn der Unterrichtseinheit die Kompetenzziele, Lernintentionen und Erfolgskriterien, sondern beginnt mit der folgenden Skizze an der Tafel oder dem White-Board: ***What could it be?***

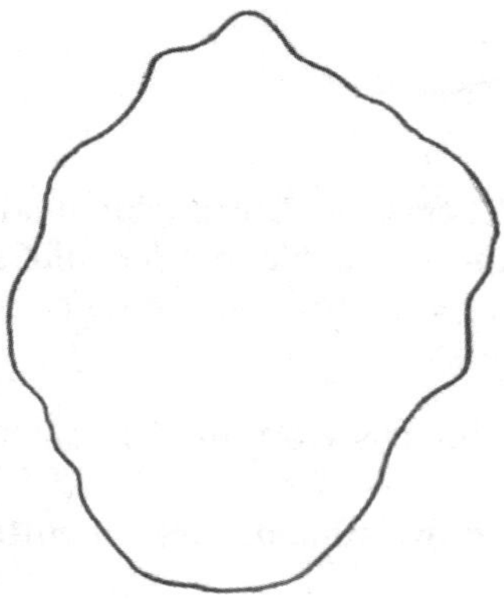

2. Erläuterung
Die Lehrperson zeichnet folgende Linie ein: ***What is it?*** (Scaffolding: *Think of the Titanic.*)

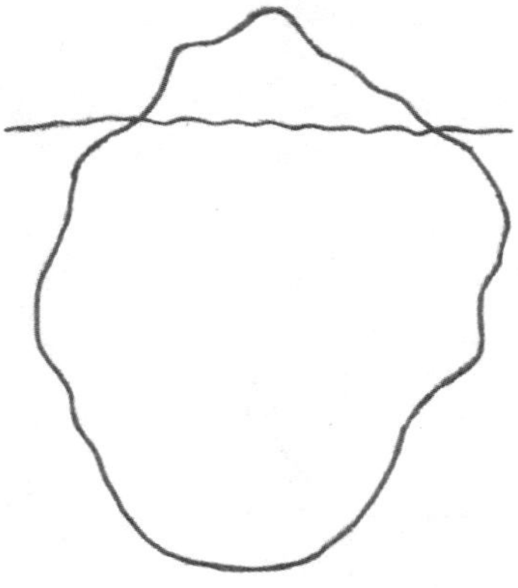

3. Anknüpfen an Vorwissen
Die Lehrperson schreibt ‚Iceberg' als Teil des Headers über die Skizze: ***What do you know about icebergs?***
Die Lehrperson bringt die beiden Wörter (*visible and invisible*) an der Skizze an.

Iceberg

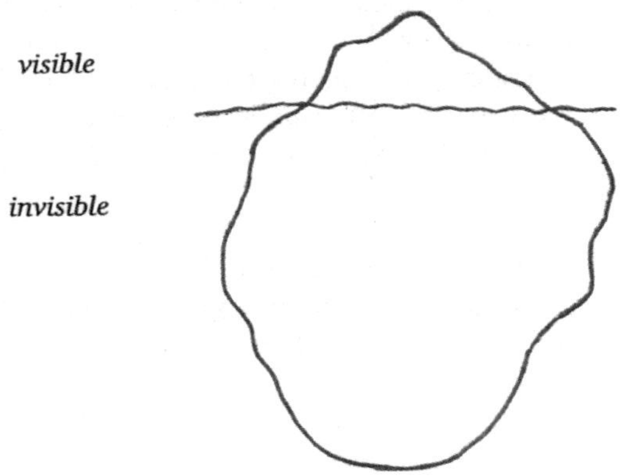

4. Hinführung zum Thema
Die Lehrperson, erläutert das Thema der Unterrichtsstunde: ***The iceberg is often used as a model for aspects that are visible and for others that are invisible and hidden.*** (Scaffolding: *You all know the German expression* 'die Spitze des Eisbergs' *in a metaphorical/figurative sense.*)

Die Lehrperson fügt der Zeichnung das Wort 'hidden' hinzu und ergänzt die Überschrift:
The Iceberg-Model: visible and invisible aspects of culture

The Iceberg-Model: visible and invisible aspects of culture

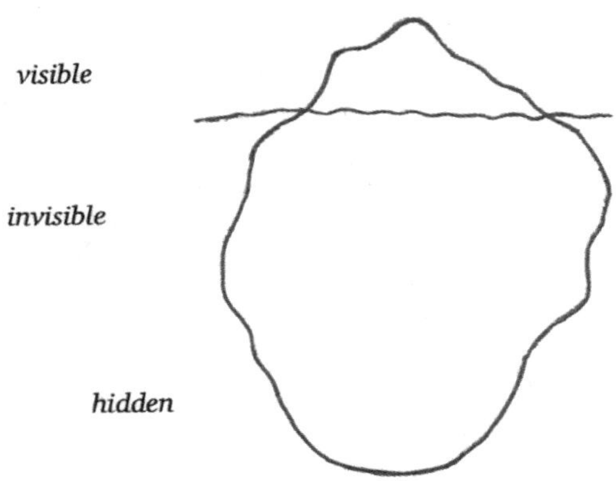

Die Lehrperson nennt Kompetenzziele, Lernintentionen und Erfolgskriterien.

5. Kompetenzziele der Unterrichtseinheit
Die Lernenden haben eine differenzierte Sicht eigener und fremder kultureller Gegebenheiten, sodass sie in interkulturellen Begegnungen möglichst höflich und unvoreingenommen reagieren (können).
Lernintentionen: Die Schülerinnen und Schüler lernen verschiedene sprachliche und inhaltliche Muster kennen, die in interkulturellen Begegnungen unerlässlich sind (z. B. *accepting – refusing, agreeing – disagreeing*).
Erfolgskriterien: Die Lernenden reagieren in (simulierten) kritischen Situationen (*critical incidents*) angemessen, ohne auf eigene kulturelle Verortungen zu verzichten.
(Im Beispiel geht es zunächst darum, den Vergleich von Kultur mit einem Eisberg allgemein und in wichtigen Einzelheiten darzustellen und in Bezug auf die eigene Person zu beschreiben).

6. Ausgestaltung des Modells
What aspects of culture are visible? (Scaffolding: *When you are abroad, for example in the city of a foreign country, what aspects of culture can you see in the streets?*)

Examples: food, styles of dressing;

What aspects of culture are really invisible? (Scaffolding: *Think of cultural dimensions that aren't connected with doing like music or paintings, but with thinking and feeling*).

Examples: concept of justice, nature of friendship

Das Modell wird durch entsprechende Eintragungen ergänzt.

The Iceberg-Model: visible and invisible aspects of culture

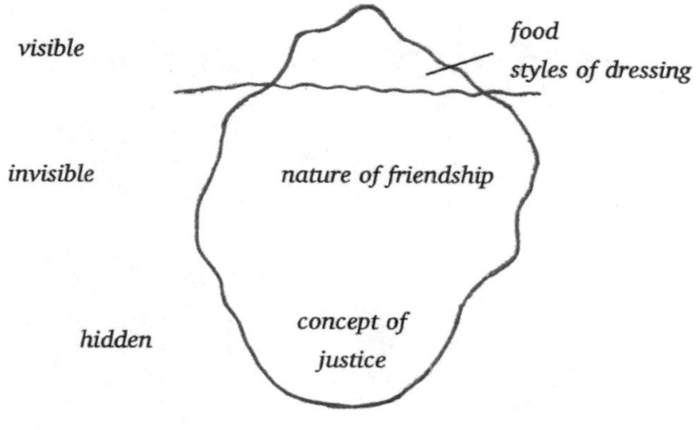

7. Vertiefung des Modells
Die Lernenden erhalten ein Arbeitsblatt mit der Skizze des Eisbergs:
My culture and me (Download: www.narr.de … vgl. Vorwort)
Write down three dimensions in each of the two sections which are particularly important for you. (Scaffolding: Vorgaben: *dance, styles of communication, concept of present and past, music, relationship to animals, flags, gestures, religious rituals, religious beliefs, festivals, concept of punctuality*. Das Scaffolding kann auch in einem ausgearbeiteten Beispiel bestehen, welches die Lernenden diskutieren, um anschließend einen Bezug zur eigenen Person herzustellen.)
Explain the preferences of X/your preferences and discuss them with other students.

8. Verständnissicherung
Explain why the Iceberg-Model is useful for representing different aspects of culture.

6.3.2 *L'iceberg – un concept de culture*

Beispiel:

Die folgenden Fragen und Hinweise der Lehrperson geben die Richtung vor, sofern sie nötig sind. Die Lehrerin oder der Lehrer kann selbstverständlich andere Erklärungsstrategien einsetzen. Sie sollten aber zielgerichtet und knapp sein; mit anderen Worten: Es sollte nichts aus den Lernenden „herausgefragt" werden wie im fragend-entwickelnden Frontalunterricht. Ein wichtiger Hinweis auf den Ablauf des Unterrichts sind die sukzessiven Ergänzungen in der Skizze des Eisberg-Modells.

1. Aufhänger/Teaser
Die Lehrperson nennt nicht gleich zu Beginn der Unterrichtseinheit die Kompetenzziele, Lernintentionen und Erfolgskriterien, sondern beginnt mit der folgenden Skizze an der Tafel oder dem White-Board: ***Que pourrait représenter ce dessin ?***

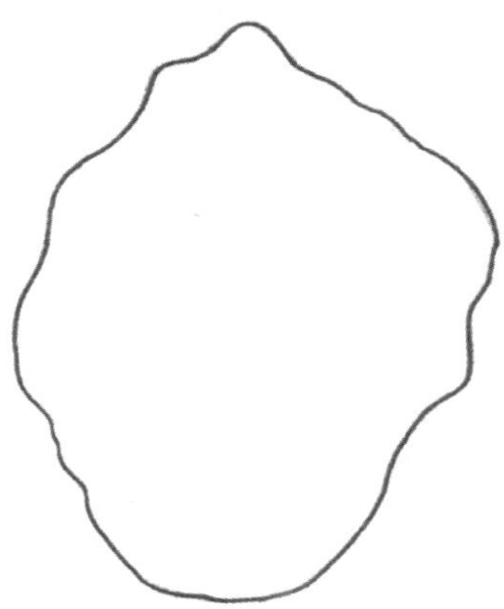

2. Erläuterung

Die Lehrperson zeichnet folgende Linie ein: ***Alors, qu'est-ce que c'est ?*** (Scaffolding: *Pensez à un navire, par ex. au Titanic).*

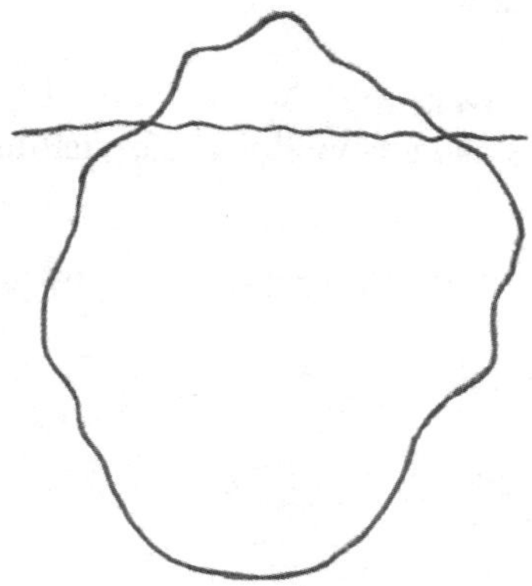

3. Anknüpfen an Vorwissen

Die Lehrperson schreibt *L'iceberg* als Teil des Headers über die Skizze: ***Que savez-vous des icebergs?***

Die Lehrperson bringt die beiden Ausdrücke (*partie visible* und *partie invisible*) an der Skizze an.

L'iceberg

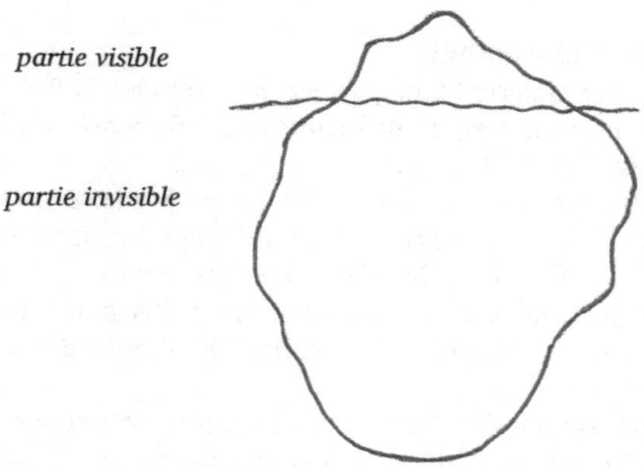

4. Hinführung zum Thema
Die Lehrperson, erläutert das Thema der Unterrichtsstunde: ***L'iceberg sert souvent de modèle pour quelque chose caractérisé par des aspects visibles et des dimensions invisibles.*** (Scaffolding: *Vous connaissez sans doute l'expression allemande* 'die Spitze des Eisbergs' *au sens figuré.*)

Die Lehrperson ergänzt die Überschrift:
L'iceberg comme modèle des aspects visibles et invisibles de culture

L'iceberg comme modèle des aspects visibles et invisibles de culture

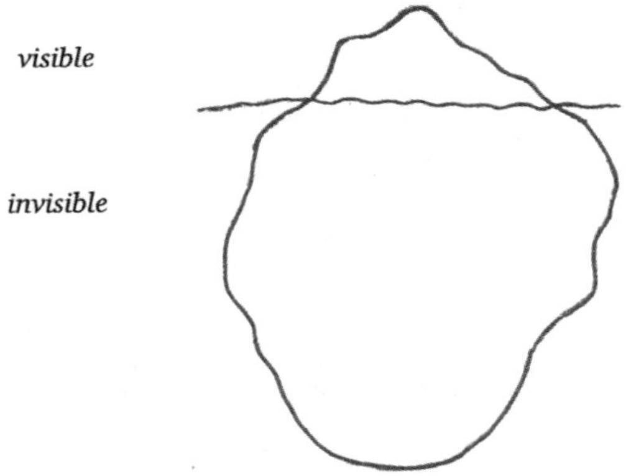

Die Lehrperson nennt Kompetenzziele, Lernintentionen und Erfolgskriterien.

5. Kompetenzziele der Unterrichtseinheit
Die Lernenden haben eine differenzierte Sicht eigener und fremder kultureller Gegebenheiten, sodass sie in interkulturellen Begegnungen möglichst höflich und unvoreingenommen reagieren (können).
Lernintentionen: Die Schülerinnen und Schüler lernen verschiedene sprachliche und inhaltliche Muster kennen, die in interkulturellen Begegnungen unerlässlich sind (z. B. *accepter – refuser, être d'accord – être d'opinion différente*).
Erfolgskriterien: Die Lernenden reagieren in (simulierten) kritischen Situationen (*incidents critiques*) angemessen, ohne auf eigene kulturelle Verortungen zu verzichten.
(Im Beispiel geht es zunächst darum, den Vergleich von Kultur mit einem Eisberg allgemein und in wichtigen Einzelheiten darzustellen und in Bezug auf die eigene Person zu beschreiben).

6. Ausgestaltung des Modells
Quels sont les aspects culturels visibles? (Scaffolding: *Si vous êtes à l'étranger, par ex. dans une ville française, que voyez-vous dans les rues ?)*

Exemples: nourriture/manger ; style de vêtements/style de mode

Quels sont les aspects culturels invisibles ? (Scaffolding: *Pensez à des dimensions culturelles qui ne sont pas liées à l'action comme par ex. la musique ou la mode, mais à des pensées et des sentiments.*)
Exemples: notion de ce qui est juste, conception de l'amitié

Das Modell wird durch entsprechende Eintragungen ergänzt.

L'iceberg comme modèle des aspects visibles et invisibles de culture

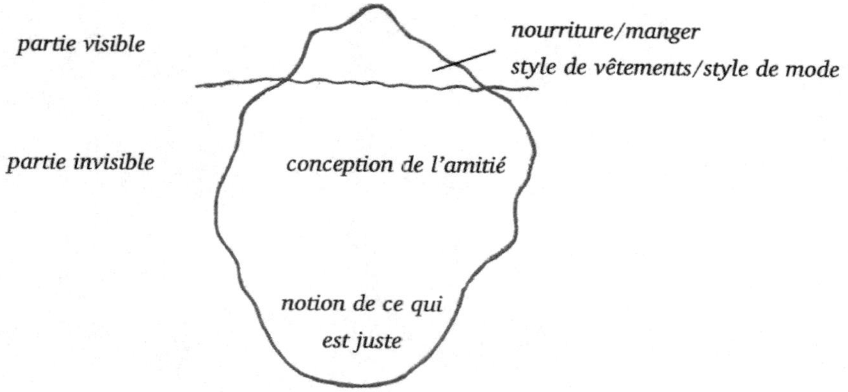

7. Vertiefung des Modells
Die Lernenden erhalten ein Arbeitsblatt mit der Skizze des Eisbergs:
Ma culture et moi (Download: www.narr.de … vgl. Vorwort)
Écrivez trois aspects culturels dans chacune des deux sections qui sont particulièrement importants pour vous. (Scaffolding: Vorgaben: *danse, styles de communication, conceptions du passé et de l'avenir, drapeaux, musique, rapports avec les animaux , gestes, rites religieux, définition du pêché, festivals, conception de ponctualité.* Das Scaffolding kann auch in einem ausgearbeiteten Beispiel bestehen, welches die Lernenden diskutieren, um anschließend einen Bezug zur eigenen Person herzustellen.)
Expliquez les préférences de X/vos préférences et discutez-en avec des camarades de classe.

8. Verständnissicherung
Pourquoi ce modèle est-il utile pour se rendre compte des différents aspects de la culture en général ?

6.3.3 *El iceberg como modelo de aspectos visibles e invisibles de la cultura*

Beispiel

Die folgenden Fragen und Hinweise der Lehrperson geben die Richtung vor, sofern sie nötig sind. Die Lehrerin oder der Lehrer kann selbstverständlich andere Erklärungsstrategien einsetzen. Sie sollten aber zielgerichtet und knapp sein; mit anderen Worten: Es sollte nichts aus den Lernenden „herausgefragt“ werden wie im fragend-entwickelnden Frontalunterricht. Ein wichtiger Hinweis aud den Ablauf des Unterrichts sind die sukzessiven Ergänzungen in der Skizze des Eisberg-Modells.

1. Aufhänger/Teaser
Die Lehrperson nennt nicht gleich zu Beginn der Unterrichtseinheit die Kompetenzziele, Lernintentionen und Erfolgskriterien, sondern beginnt mit der folgenden Skizze an der Tafel oder dem White-Board: ***¿Qué podría representar este dibujo?***

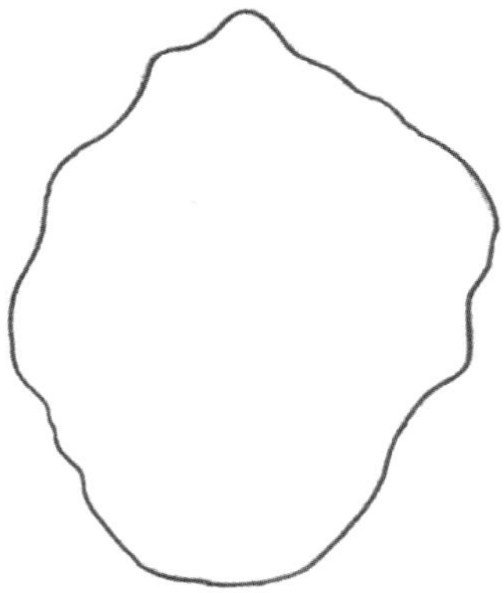

2. Erläuterung
Die Lehrperson zeichnet folgende Linie ein: ***Entonces, ¿qué es esto?*** (*Piense en un barco, por ej. en el Titanic*)

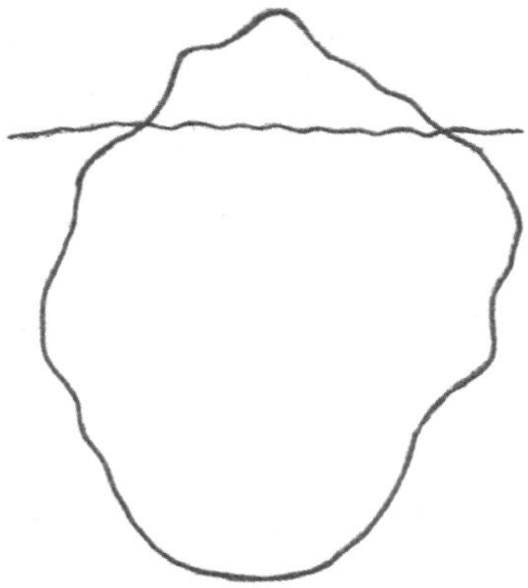

3. Anknüpfen an Vorwissen

Die Lehrperson schreibt ‚El iceberg' als Teil des Headers über die Skizze: ***¿Qué sabe usted sobre los iceberg?***

Die Lehrperson bringt die beiden Ausdrücke (*aspectos visibles* und *aspectos invisibles*) an der Skizze an.

El iceberg

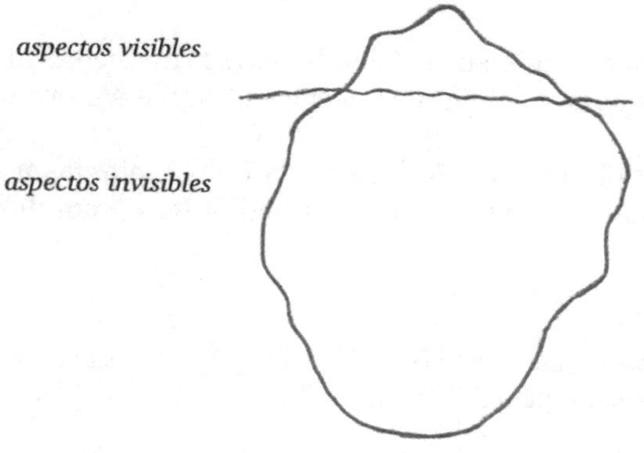

4. Hinführung zum Thema

Die Lehrperson, erläutert das Thema der Unterrichtsstunde: ***El iceberg sirve muchas veces de modelo para cualquier cosa caracterizada por aspectos visibles y dimensiones invisibles.*** (Scaffolding: Usted conoce sin duda la expresión alemana 'die Spitze des Eisbergs' en sentido figurado.)

Die Lehrperson ergänzt die Überschrift:

El iceberg como modelo de aspectos visibles e invisibles de la cultura

El iceberg como modelo de aspectos visibles e invisibles de la cultura

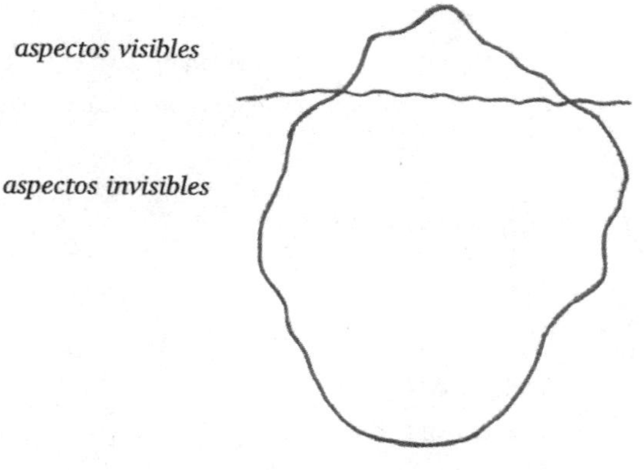

Die Lehrperson nennt Kompetenzziele, Lernintentionen und Erfolgskriterien.

5. Kompetenzziele der Unterrichtseinheit
Die Lernenden haben eine differenzierte Sicht eigener und fremder kultureller Gegebenheiten, sodass sie in interkulturellen Begegnungen möglichst höflich und unvoreingenommen reagieren (können).
Lernintentionen: Die Schülerinnen und Schüler lernen verschiedene sprachliche und inhaltliche Muster kennen, die in interkulturellen Begegnungen unerlässlich sind (z. B. *aceptar – negar, estar de acuerdo – tener una opinión diferente*).

Erfolgskriterien: Die Lernenden reagieren in (simulierten) kritischen Situationen (*situaciones conflictivas*) angemessen, ohne auf eigene kulturelle Verortungen zu verzichten.
(Im Beispiel geht es zunächst darum, den Vergleich von Kultur mit einem Eisberg allgemein und in wichtigen Einzelheiten darzustellen und in Bezug auf die eigene Person zu beschreiben).

6. Ausgestaltung des Modells
¿Cuales son los aspectos culturales visibles? (Scaffolding: *Si usted está en el extranjero, p.ej. en un pueblo español; ¿qué ve en las calles?)*

Ejemplos: los alimentos/comer; estili de ropa/estilo de moda

¿Cuales son los aspectos invisibles? (Scaffolding: Piensen en las dimensiones culturales que no están para nada relacionadas con la acción, por ej. con la música o la moda sino con los pensamientos y los sentimientos).

Ejemplos: concepto de lo que es justo, concepto de la amistad.

Das Modell wird durch entsprechende Eintragungen ergänzt.

El iceberg como modelo de aspectos visibles e invisibles de la cultura

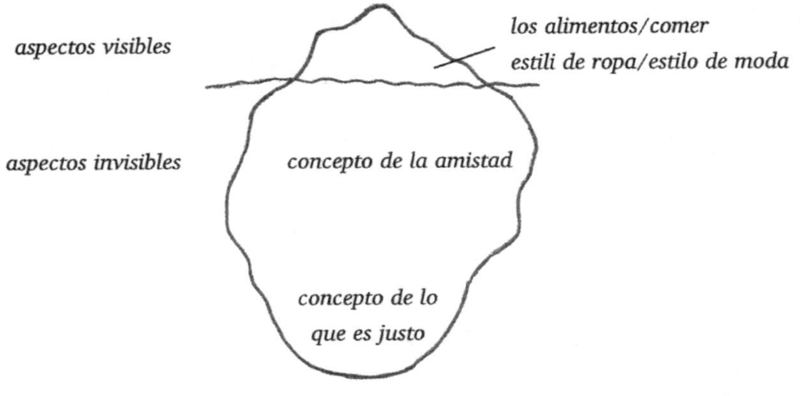

7. Vertiefung des Modells
Die Lernenden erhalten ein Arbeitsblatt mit der Skizze des Eisbergs:
My cultura y yo (Download: www.narr.de … vgl. Vorwort)

Escribe tres aspectos culturales en cada una de las dos secciones particularmente importantes para usted. (Scaffolding: Vorgaben: *baile, estilos de comunicación, conceptos del padado y del futuro, bandera, música, referencia a los animales, gestos, ritos religiosos, definición del pecado, fesivales, concepto de la puntualidad.* Das Scaffolding kann auch in einem ausgearbeiteten Beispiel bestehen, welches die Lernenden diskutieren, um anschließend einen Bezug zur eigenen Person herzustellen.)

Explique las preferencias de X/sus preferencias y discútalas con los compañeros de clase.

8. Verständnissicherung
¿Por qué es este modelo útil para ser consciente de los diferentes aspectos de la cultura?

6.4 Verständnissicherung

Fragen und Antworten

15. Rückversichernde Fragen der Lehrperson zur Überprüfung, ob und was die Lernenden (bisher) verstanden haben;
16. Eingehen auf Fragen der Schülerinnen und Schüler;
17. positive Haltung gegenüber Fehlern;
18. Fragen zum dargebotenen Lerninhalt, die allen Lernenden eine Beteiligung am Unterricht ermöglichen;
19. Wiederholung der Darbietung ganz oder in Teilen bei unzureichenden Lernergebnissen.

Das rückversichernde Fragen zur Verständnissicherung (*assertive questioning*) darf nicht mit dem fragend-entwickelnden Frontalunterricht verwechselt werden, bei dem die Lehrperson versucht, aus den Lernenden etwas „herauszufragen“, was diese allenfalls erraten können. Das *assertive questioning* ist zudem nicht eindimensional von der Lehrperson an die Lernenden gerichtet. Selbstverständlich können auch Fragen seitens der Schülerinnen und Schüler der Sicherung des Verständnisses dienen. Dies setzt freilich voraus, dass die Lernenden keine Scheu haben, Fehler zu machen oder einzugestehen, dass sie dieses oder jenes nicht verstanden haben. Lernende (und Lehrpersonen) müssen akzeptieren, dass man aus Fehlern lernen kann und dass bei denjenigen, die keine Fehler (mehr) machen, das Lernen zum Stillstand gekommen ist. Sobald Missverständnisse bzw. Fehler vorkommen, sollte die Lehrperson diese nicht nur ausräumen, sondern auch erklären, was man aus Fehleinschätzungen oder auch aus Flüchtigkeitsfehlern lernen kann. Diese Fehlerkultur sollte der Devise des englischen Arztes und Sozialreformers Samuel Smiles (1812-1904) folgen: „Wer nie einen Fehler gemacht hat, hat auch noch nie etwas entdeckt."

In vielen Phasen des Unterrichts, insbesondere aber bei der Darbietung neuer Lerninhalte, ist die Lehrperson immer nur auf Vermutungen angewiesen. Sie kann lediglich die *zone of proximal development* (ZPD; Zone der nächsten/proximalen Entwicklung) der gesamten Lerngruppe anvisieren. Der Begriff der ZPD, der bekanntlich auf Vygotsky (1962) zurückgeht, bezeichnet die Differenz zwischen dem, was ein Kind oder ein Jugendlicher ohne Hilfe erreichen kann, und dem, wozu er/sie mit der Hilfe eines ‚Experten' – dafür kommen Peers und/oder Erwachsene in Frage – lernen kann. Im interaktiven Klassenunterricht stellt die Lehrperson ein Lerngerüst zur Verfügung, welches eine Art Gratwanderung zwischen den Lernmöglichkeiten der besseren und der lernschwächeren Schülerinnen und Schüler darstellt. Dieses Lerngerüst wird als *mediated scaffolding* oder klassenbezogenes Scaffolding bezeichnet (vgl. Wellenreuther 2004; [7]2014: 326). In den Ablauf des obigen Unterrichtsbeispiels habe ich immer wieder Hinweise im Sinne dieses Scaffolding in Klammern eingefügt. Zusätzliche Fragen sind besonders bei den Punkten 6 und 7 des Eisberg-Modells der Kulturen denkbar.

Da die Lehrperson nicht in allen Phasen des Unterrichts gleichermaßen auf jeden Lernenden eingehen kann, stellt ein solches klassenbezogenes Lerngerüst eine Notlösung dar. Schon deshalb ist es unerlässlich, dass die Lehrerin oder der Lehrer sich durch Fragen immer wieder rückversichert, ob und was einzelne Lernende verstanden haben bzw. an welchen Stellen es möglicherweise zu „Fehlern" gekommen ist bzw. inwieweit sich aufgrund der Vorerfahrungen der Schülerinnen und Schüler Missverständnisse oder Fehlinterpretationen eingeschlichen haben. Dieses rückversichernde Fragen zur Verständnissicherung, welches ein herausragendes Merkmal der Direkten Instruktion ist, beinhaltet ein bejahendes, positives Frageverhalten seitens der Lehrperson, das nicht der Bewertung dient und in keiner Weise zur Bloßstellung einzelner Lernender geraten darf. In einer angstfreien Lernatmosphäre, in der Fehler nicht nur toleriert, sondern bejaht werden, werden viele Schülerinnen und Schüler nach und nach den Mut aufbringen, von sich aus entsprechende Fragen zu stellen, die für die Lehrperson ein Feedback bzw. eine Evaluation der eigenen Lehrbemühungen darstellen (vgl. ***Kap. 9***).

Generell erschöpft sich *assertive questioning*, das auch während der Übungsphasen (vgl. ***Kap. 7***, Abschnitt 7.6) und der Vertiefung des Lernstoffs (vgl. ***Kap. 8***) sowie beim Feedback (vgl. ***Kap. 9***) eine wichtige Rolle spielt, nicht in der Frage, ob einzelne Lernende, Tandems oder Kleingruppen eine Antwort parat haben. Vielmehr kann es sich um vordergründig organisatorische Fragen handeln: Wer braucht noch mehr Zeit? Auch weiterführende Fragen, wie z. B.: Warum denkst du/denkt ihr, dass es sich so und so verhält?, können Aufschluss über den Lernstand geben. Am Ende der Phase des *assertive questioning* sollte eine Antwort stehen, auf die sich die gesamte Lerngruppe verständigt hat. Erst dann nennt die Lehrperson die korrekte Lösung oder verschiedene mögliche Antworten (vgl. Petty [2]2009).

Die Methodenkonzeption der Direkten Instruktion bzw. des interaktiven Klassenunterrichts basiert – wie bereits angedeutet – auf einem kontinuierlichen interaktiven Dialog, der beiden Seiten Rückmeldung über das bisher erfolgte Lernen gibt. Dadurch können Lernprozesse frühzeitig in eine wünschenswerte Richtung gelenkt werden. Das *checking for understanding* muss nicht immer in Form von Fragen erfolgen (vgl. die Anregungen zum Scaffolding in obigem Beispiel) (vgl. auch Petty [2]2009: 207).

Was geschieht nun, wenn die Lehrperson feststellt, dass sich irrige Vorstellungen herausgebildet haben oder die wichtigsten Schritte zur Lösung einer Aufgabe – in unserem obigen Beispiel Punkt 7: Inwiefern ist das Eisberg-Modell zum Verständnis von Kulturen von Nutzen? – nicht oder zumindest teilweise nicht verstanden wurden? (vgl. auch zum Folgenden De Florio-Hansen 2014: 110). Dann ist der Wiedereintritt in vorangegangene Phasen des Unterrichts, vor allem in diejenige der Darbietung neuer Lerninhalte, an geeigneter Stelle nötig. Diese Wiederaufnahme bereits erfolgter Unterrichtsschritte wird häufig als Lernschleife (*learning loop*) bezeichnet.

Haben die Schülerinnen und Schüler den über Darbietung oder Modeling eingeführten Lernstoff im Wesentlichen verstanden, darf keinesfalls sofort zu einer neuen Unterrichtseinheit übergegangen werden. So macht z. B. Wellenreuther klar, dass es mit dem (ersten) Verstehen noch nicht getan ist, sondern dass die Verfügbarkeit durch verschiedene Formen des Übens hinzukommen muss: „Es macht keinen Sinn, mit neuen Inhalten oder Lektionen zu beginnen, bevor nicht die zentralen Inhalte von den Schülern verstanden wurden und verfügbar sind" (Wellenreuther 2004, [2]2010: 335). Die Lernenden sollen den vermittelten Inhalt beherrschen, bevor neuer Lernstoff dargeboten wird.

6.5 *Dos and Don'ts*

Dass Kulturen sehr vielfältig sind, hat uns das Eisberg-Modell noch einmal gezeigt. Es veranschaulicht auch, dass man niemals auf alle kulturellen Gegebenheiten vorbereitet sein kann, selbst wenn man sich über *Dos* und *Don'ts* des Gastlandes informiert. So ging es auch den beiden Jugendlichen (Julia und Daniel) die dachten, sie hätten keine Probleme mit heiklen Situationen, zu denen es bei interkulturellen Begegnungen bisweilen ganz unerwartet kommt (Anregungen zu Projekten zum Thema *Dos and Don'ts* vgl. ***Kap. 8***).

6.5.1 Julias Schnupfen

Die sechzehnjährige Julia nahm zusammen mit einigen Mitschülerinnen und Mitschülern an einer Jugendkonferenz in New York teil. Darauf war sie sehr stolz, denn nur wenige aus ihrer Schule hatten sich mit Hilfe ihres Englischlehrers dafür qualifiziert. Es waren aber nicht nur gute Englischkenntnisse gefragt. Mindestens genauso wichtig waren fundierte Kenntnisse im Bereich Politik/Wirtschaft. Die Teilnahme an der Jugendkonferenz war Julias dritter Aufenthalt in den USA. Sie hatte schon zuvor an einem Austauschprogramm teilgenommen. Außerdem hatte sie schon vor einigen Jahren mit ihren Eltern eine kurze Städtereise nach New York unternommen.

Im Allgemeinen fiel es Julia nicht schwer, Kontakte zu anderen Menschen zu knüpfen. Deshalb war sie auch rasch mit Fahima, einer etwa gleichaltrigen Amerikanerin mit pakistanischen Wurzeln, ins Gespräch gekommen. Am dritten Tag lud Fahima sie zu sich nach Hause – sie lebte mit ihrer Familie in Queens – zum Essen ein.

Bei Tisch kam es zu einer heiklen Situation, ohne dass Julia sich zunächst dessen bewusst war. Während des Flugs hatte sie sich erkältet, und durch das kalte Wetter in New York verstärkte sich ihr Schnupfen noch. Fahimas Eltern begrüßten die junge Deutsche sehr freundlich und zeigten sich an den Lebensverhältnissen in Julias Heimat sehr interessiert. Als man gerade mit dem Essen beginnen wollte, musste Julia mehrmals kräftig nießen. Sogleich fragte Fahimas Mutter besorgt, ob Julia das Badezimmer aufsuchen wolle. Julia konnte sich die Frage nicht so recht erklären, maß ihr aber keine besondere Bedeutung bei und lehnte dankend ab. Warum nur blickten Fahimas Eltern auf einmal deutlich reservierter drein als noch bei der Begrüßung?

Julia hatte keine Zeit weiter darüber nachzudenken, denn sie musste sich unbedingt die Nase putzen. Nur gut, dass sie ein Paket Papiertaschentücher mitgebracht hatte; das schmutzige Taschentuch verstaute sie in ihrer Hosentasche. Jetzt schaute Fahimas Mutter tadelnd über den Tisch zu Julia. Ganz offensichtlich hatte sie gegen eine wichtige Verhaltensregel verstoßen. Aber was hatte sie falsch gemacht?

Zum Glück kam Fahima ihr zu Hilfe und bat sie kurz nach draußen. Sie bewegte sich mit Julia auf das Badezimmer zu und erklärte ihr, dass es in Pakistan und vielen anderen asiatischen Ländern als ekelerregend gilt, Körperflüssigkeiten wie z. B. Schleim in Gegenwart anderer abzusondern und noch dazu am Körper mit sich herumzutragen. Julia konnte das sofort nachempfinden, denn das laute Schnäuzen anderer Fahrgäste in der Straßenbahn auf dem Weg zur Schule hatte sie selbst oft gestört.

Aus dem Badezimmer zurück, entschuldigte sie sich bei Fahimas Eltern, und man genoss das herrliche Essen, welches Fahimas Mutter vorbereitet hatte. Es gab mehrere Gänge, und da fiel es gar nicht weiter auf, dass Julia noch dreimal das Badezimmer aufsuchte.

6.5.2 Daniels Linke

Nach dem Abitur nahm Daniel eine einjährige Auszeit, und zwar verbrachte er ein Jahr in Thailand. Den Aufenthalt hatte eine deutsche Stiftung vermittelt. Daniel wäre lieber in die USA oder nach Australien gefahren, aber dort gab es nur wenige Plätze. Außerdem reizten ihn asiatische Länder wegen der besonderen Architektur. Zudem wollte Daniel einmal auf eigenen Füßen stehen, da er während des Studiums – er lebte in einer deutschen Universitätsstadt mit einem hervorragenden Angebot in seiner Fachrichtung, den Kommunikations- und Medienwissenschaften, – weiterhin bei den Eltern wohnen würde.

Gleich am zweiten Abend nach seiner Ankunft in Thailand entwickelte sich eine harmlose Situation zu einem *critical incident.* Um sich für die überaus freundliche Aufnahme im Haus seiner Gasteltern, einer Lehrerfamilie, zu bedanken, hatte Daniel am zweiten Tag für seine Gastmutter Blumen gekauft. Beim Blumenhändler hatte er sich danach erkundigt, welche Blumen für diesen Anlass das passende Geschenk waren, denn er wusste aus interkulturellen Kontakten, dass man mit den falschen Blumen zur falschen Zeit viel kaputt machen kann. Er glaubte sich also mit seinem Strauß wohlgerüstet, aber dann passierte es. Die sonst so freundliche Miene seiner Gastmutter gefror buchstäblich, als Daniel ihr die Blumen überreichte.

Auch hier kam Hilfe aus der Gastfamilie: Es war nicht der 19jährige Jamal, der die Situation rettete, sondern Sanya, Jamals dreizehnjährige Schwester, die seit Daniels Einzug häufig seine Nähe gesucht und ihn unaufdringlich beobachtet hatte. Sie sagte sofort: "Mum, he is a lefty, a left-hander, you understand." Dann erklärte sie Daniel, dass man in Thailand und vor allem auch in Indien niemals etwas mit der linken Hand überreicht; sie gilt als die „Toilettenhand“. Da wusste Daniel, dass man in manchen Ländern nicht alles mit Links machen kann. Er bestätigte Sanyas Aussage und entschuldigte sich bei seiner Gastmutter. Alle waren zufrieden, Sanya freute sich.

Anregungen zum Nachdenken und Gestalten

1. Wählen Sie aus einem Lehrwerk für Fortgeschrittene (Englisch, Französisch oder Spanisch), welches in thematisch ausgerichteten Dossiers organsiert ist, eine Lernein-

heit aus und gestalten Sie sie nach den Vorgaben von Kapitel 5 (Planung und Einstieg) sowie Kapitel 6 (Darbietung neuer Lerninhalte) für ein mittleres Lernniveau (4./5. Lernjahr) aus.

Was müssen Sie verändern, um den oben angegebenen Schritten bei der Darbietung neuer Lerninhalte zu entsprechen? Welche Lernhilfen sind nötig, damit Sie bei Ihren Schülerinnen und Schülern über oberflächliches Wissen hinaus vertieftes und konzeptuelles Lernen weiterentwickeln können? Bedenken Sie außerdem, wie Sie die Lernenden an der (Aus-)Gestaltung der Lerneinheit beteiligen können.

Arbeiten Sie, wenn irgend möglich, mit Fachkolleginnen und -kollegen zusammen. Dadurch erreichen Sie u. a., dass Sie mit der Zeit auf einen Pool von Unterrichtsvorschlägen zurückgreifen können, über die in Ihrem Fachkollegium weitgehend Konsens besteht.

2. Recherchieren Sie in Ihrem Fachteam im Internet zu *Dos and Don'ts,* die zum Umgang mit Deutschen bei privaten und beruflichen Begegnungen empfohlen werden. Die Lernenden führen selbst eine vergleichbare Recherche durch. Besprechen Sie mit Ihren Schülerinnen und Schülern im Unterricht, inwieweit sie sich mit den Charakteristika identifizieren können (z. B. Pünktlichkeit). Gegebenenfalls können die Lernenden das Eisberg-Modell zu Hilfe nehmen und die als typisch deutsch empfundenen Eigenschaften dort eintragen.

An einem Beispiel können Sie zeigen, wie man sich als deutscher Jugendlicher mit solchen Zuschreibungen auseinandersetzen kann: Julia und/oder Daniel kommen zu einer wichtigen Verabredung im Zielsprachenland zu spät. Irgendjemand macht die Bemerkung: „Und ich dachte immer, die Deutschen wären pünktlich." Was könnten Julia oder Daniel unter Wahrung ihrer Persönlichkeit erwidern, ohne Animositäten zu provozieren?

Lektüreempfehlungen

De Florio-Hansen, I. (2014): *Lernwirksamer Unterricht. Eine praxisorientierte Anleitung.* Darmstadt: Wissenschaftliche Buchgesellschaft (WBG).

Lesen Sie in Kapitel 7 den kurzen Abschnitt 7.2 über die Darbietung neuer Lerninhalte (S. 102-109). Anhand von zwei Beispielen (Karikaturen sowie Satzglieder) können Sie sehen, was man in einem (lehrergesteuerten) interaktiven Klassenunterricht besser machen könnte, um den Schülerinnen und Schülern den neuen Lehrstoff angemessen zu erklären und die Vorschläge der Lernenden nicht den eigenen Vorlieben zu opfern (Stichwort: „Schülerorientierung").

Helmke, A. (2009, [4]2012): *Unterrichtsqualität und Lehrerprofessionalität: Diagnose, Evaluation und Verbesserung des Unterrichts.* Seelze: Klett Kallmeyer.

Im Abschnitt 4.2 *Klarheit und Strukturiertheit* (S. 190-200) geht Helmke auf Voraussetzungen und Aspekte ein, die für eine klare Strukturierung der neuen Lerninhalte und deren verständliche Erläuterung durch die Lehrperson unerlässlich sind. Im Zusammenhang mit dem Fremdsprachenunterricht sind die Abschnitte 4.2.3 *Lehrpersonen als Sprachmodelle,* 4.2.5 *Dimensionen der sprachlichen Verständlichkeit,* 4.2.6 *Struktur, Kohärenz und Korrektheit* sowie 4.2.7 *Pseudo-Klarheit: der Dr.-Fox-Effekt* besonders bedenkenswert.

7. Vom angeleiteten zum selbstständigen Üben

7.1 Aufgaben für den Unterricht

Diese Überschrift habe ich gewählt, um deutlich zu machen, dass es im Folgenden nicht darum geht, verschiedene Aufgabenformate bis ins Einzelne zu kategorisieren, wie es etwa bei der Unterscheidung in Lern- und Testaufgaben der Fall ist. Wissenschaftstheoretische Analysen haben zweifelsohne ihre Berechtigung, sind aber für eine lernwirksame Unterrichtspraxis meist wenig hilfreich. Dass Aufgaben sich hinsichtlich der zu fördernden (Teil-)Kompetenzen, der Wissensarten, der involvierten Lernprozesse, des Anforderungsniveaus, der Komplexität, der Offenheit und des Lebensweltbezugs unterscheiden können, gehört zum grundlegenden Professionswissen von Fremdsprachenlehrerinnen und -lehrern. Lehrpersonen wissen auch, dass die Grenzen zwischen einzelnen Ausprägungen fließend sind bzw. dass die verschiedenen Merkmale einer Aufgabe in enger Wechselbeziehung stehen. Dieses Wissen – die erste Komponente im Kompetenzdreiklang – befähigt die Lehrerin oder den Lehrer aber noch nicht dazu, in einem gegebenen Zusammenhang des Fremdsprachenunterrichts für eine bestimmte Lerngruppe Aufgaben zu konzipieren, die motivierend sind und eine angemessene Herausforderung beinhalten.

Hinzukommen muss der zweite Kompetenzaspekt, das Können. Aus meiner Sicht genügt es zunächst, einige Leitgedanken zu berücksichtigen, um vorliegende Aufgaben beurteilen und eigene Formate entwickeln zu können (vgl. unten). Ohne die dritte Komponente von Kompetenz aber, nämlich die Einstellung bzw. die Haltung gegenüber Aufgaben, hilft auch das Können nur eingeschränkt weiter. Lehrpersonen müssen entscheiden, welche Bedeutung bestimmten Aufgaben in bestimmten Phasen des Unterrichts zukommen soll, d. h. es geht letztlich darum, welchen Stellenwert man verschiedenen Formen der Lehrersteuerung beimisst. Die „Aufgabenkompetenz" einer Lehrperson setzt sich also, wie es dem Kompetenzbegriff nach Weinert (1999) entspricht, aus den Komponenten Wissen, Können und Einstellungen zusammen.

Folgende Sprachregelung hat sich bewährt: Übungen haben eine engere Reichweite als Aufgaben oder gar Lernaktivitäten. Im Fremdsprachenunterricht beziehen sich Übungen vorrangig auf sprachliche Regularitäten, sind stark gelenkt und geschlossen, d. h. es gibt in den meisten Fällen nur eine richtige Lösung. Aufgaben hingegen fokussieren auf Inhalt und Bedeutung (*meaning*); sie sind auf kommunikative Kompetenz und bestenfalls auf Diskursfähigkeit in der Fremdsprache ausgerichtet. Noch einmal kurz zur Erinnerung (vgl. ***Kap. 1***, Abschnitt 1.3):

- Kommunikative Kompetenz ist die Fähigkeit, sich in einem thematischen und situativen Rahmen mit angemessenen Mitteln und Strategien verständlich zu machen und andere verstehen zu können. Dieses Globalziel des Fremdsprachenunterrichts ist auf die Bewältigung realer Kommunikationssituationen gerichtet.
- Diskursfähigkeit zielt darauf ab, die ‚Rede' selbst zu problematisieren, sie zu erklären, sie zu durchschauen und zu legitimieren. Diskursfähigkeit schließt auf alle Fälle metakommunikative Fähigkeiten ein (vgl. Legutke 2010: 71; De Florio-Hansen & Klewitz 2010: 206).

Deshalb sind Aufgaben weit weniger gelenkt als Übungen, d. h. sie lassen den Lernenden mehr Spielraum hinsichtlich der Lernwege, und für gewöhnlich gibt es mehrere akzeptable Lösungen. Unter Lernaktivität wollen wir ein umfassendes Aufgabenformat verstehen, welches aus einer oder mehreren Aufgaben besteht und Übungen zu den Redemitteln einschließt, die im Zusammenhang mit den Aufgaben relevant sind und den Äußerungsabsichten der Lernenden entsprechen.

Seit der Einführung von Bildungsstandards wird häufig zwischen Lern- und Testaufgaben unterschieden, zumindest in der Fremdsprachendidaktik (vgl. auch zum Folgenden De Florio-Hansen & Klewitz 2010: 206ff.). Während das Institut zur Qualitätsentwicklung im Bildungswesen (IQB) im Bereich des Fremdsprachenunterrichts deutlich zwischen Lern- und Testaufgaben unterscheidet (vgl. Tesch et al. 2008), ist in der Mathematik von ‚Aufgaben für den Unterricht' die Rede (vgl. Blum et al. 2006). Sie stellen eine Verbindung zwischen Lern- und Testaufgaben her. Dafür sprechen wichtige Gründe:

- Kompetenzorientierung basiert immer auf einer Selbst- und einer Fremdevaluation der angestrebten (Teil-)Kompetenzen.
- Eine Trennung würde dazu beitragen, dass es vor anstehenden Vergleichs- und Abschlussarbeiten zu dem unerwünschten *teaching to the test* kommt.

Auch im Fremdsprachenunterricht ist eine Aufnahme geeigneter Test-/Evaluationsformate in die Aufgaben für den Unterricht sinnvoll. Trotzdem soll zwischen Lern- und Testsituationen unterschieden werden, d. h. die Lernenden müssen wissen, wann und aus welchem Grund ihre Leistung bewertet werden soll. Testformate im Rahmen der Aufgaben für den Unterricht sind auch für die Selbstevaluation der Schülerinnen und Schüler unerlässlich (vgl. auch ***Kap. 9***). Außerdem haben die Lernenden durch integrierte Testaufgaben im Laufe der Jahre Gelegenheit, sich mit möglichen Formaten bei Vergleichs- und Abschlussarbeiten vertraut zu machen.

In einer Meta-Analyse untersuchen zwei renommierte Erziehungspsychologen aus den USA vor allem neuere empirisch-experimentelle Arbeiten darauf hin, ob und welchen Effekt sogenannte Testaufgaben auf das Lernen haben (Rohrer & Pashler 2010). Ganz allgemein zeigt die entsprechende Forschung, die sich auch auf das Fremdsprachenlernen bezieht, dass Tests nicht nur das Lernen fördern, sondern auch die Gedächtnisleistung verbessern. Das folgende Ergebnis von Kang et al. (2007), welches als repräsentativ für ähnliche Untersuchungen angesehen werden kann, zeigt,

> that an initial test requiring respondents to choose the correct answer from a list of alternatives (i.e., a multiple-choice question) did not produce as much benefits as a test requiring recall (i.e., a short-answer question). Moreover, these authors found that explicit retrieval, as required by a recall task rather than a recognition task, strengthened knowledge better than a multiple-choice test even when the final test itself involves multiple choice – and thus the effect is not attributable to a simple principle that practicing a given type of test best enhances performance on the same type of test. (Rohrer & Pashler 2010: 406)

Im Zusammenhang dieses Kapitels halten wir fest, dass auch Testaufgaben lernwirksam sein können, dass dabei aber mit bestimmten Formaten größere Lerneffekte zu erreichen sind als beispielsweise mit Multiple-Choice-Aufgaben. Im Zusammenhang mit Feedback (vgl. **Kap. 9**) kommen wir auf den auch von Hattie (2009; 2012) befürworteten kontinuierlichen Einsatz kürzerer Tests im laufenden Unterricht zurück.

Wie steht es mit *task-based learning (TBL)*, welches als wichtige Möglichkeit zur Umsetzung von Standard- und Komptenzorientierung anzusehen ist? Der Ansatz, den man nach Willis (1996) grob in *pre-task, task cycle* und *language focus* unterteilen kann, ist keineswegs einheitlich. Aus meiner Sicht kommt es wesentlich darauf an, ob Aufgaben und umfassendere Lernaktivitäten zur Festigung und Automatisierung von fremdsprachlichen Lerninhalten eingesetzt werden. Übungen und Aufgaben geht die lehrergesteuerte Darbietung von Lerninhalten im Sinne der Direkten Instruktion voraus. Auf sie baut eine angeleitete Beschäftigung mit dem neuen Lernstoff auf, die zum selbstständigen Üben führt. Bei Letzterem können Aufgaben auf der Grundlage des TBL von Nutzen sein. Generell gilt für das Lehren und Lernen von Fremdsprachen die weitreichende Defintion von Swain (2001: 11, zitiert nach Skehan 2003): „A task is an activity which requires learners to use language, with emphasis on meaning, to obtain an objective."

7.2 Eine komplexe Kompetenzaufgabe

Im Rahmen der vorliegenden Anleitung zu einem lernwirksamen Fremdsprachenunterricht wurde immer wieder darauf hingewiesen (vgl. auch letzter Abschnitt), dass die in den meisten Lehrwerken dominierende lexikalisch-grammatische Progression nicht ausreicht, um die Lernenden auf reale Sprachverwendung vorzubereiten und Diskursfähigkeit in der Fremdsprache anzubahnen. Kompetenzorientierung beinhaltet weit mehr. Deshalb fordert Hallet (2011) die „komplexe Kompetenzaufgabe". In seinem Modell geht er von den Kompetenzzielen aus, denen Themen bzw. Inhalte zugeordnet werden. Die kognitiven Prozesse sollen durch den Input, nämlich Texte, Bilder und Materialien in Gang gesetzt werden. Sprachlich-diskursive Prozesse beziehen sich auf die jeweiligen Genres, während interaktionale Prozesse durch sprachliche Mittel, nämlich Strukturen, Lexik und *chunks*, gefördert werden. (Teil-) Kompetenz-Aufgaben und Übungen sind ebenso wie Scaffolding-Angebote Bestandteil von Hallets Modell. Am Anfang steht die Aufgabeninstruktion (vgl. Hallet 2011: 153).
Dieses umfassende Modell, das Wissen, Können und Einstellungen integriert, konkretisiert Hallet an einem Beispiel.

Good Food – Bad Food at School: Plans for a School Cafeteria Menu

In a few weeks' time, our friends from Manchester – five of them from Asian families – will come to visit our school and stay with us for a week. The Manager and the chef of our school cafeteria have asked our class to make a proposal for that week's lunch menu. Meals and the menu are not only a matter of taste, but also of good food and bad food and of eating habits – we will prepare different proposals for a week menu in groups. The proposals will then be presented to the class and discussed. Finally, we will have a vote on the group proposals to choose the best menu and propose it to the manager and the chef of the school cafeteria to persuade him to accept our proposal.

This is what you are expected to do:

1. Study examples of school cafeteria menus on one of the school websites in the Internet links list so you know what your group's end product will look like.

2. Begin your work by studying the following materials to give you ideas and arguments for your choices and discussions:
- *Healthy Food:* All the materials with this title provide facts and information about factors that are important for good, healthy food.
- *Favourite Food:* Read and listen to what students have to say about their favourite food and their experiences with school lunch or the school cafeteria.
- *Different Cultures:* Study all the materials with this title, including the short video on the Manchester Curry Mile. There is an extra worksheet that helps you work with the film in your group. The *Different Cultures* materials will help you to prepare a menu that your friends from Manchester might also like. However, keep in mind that they also might want to try a traditional German meal.

When working with the materials, work with the extra worksheets on the reading and the listening texts and on the short video. The worksheets will help you understand and use the information in your discussions.

3. After studying the materials individually or in the group, first help each other with difficulties you may have had with one or the other text or material. Then take down individual notes on your personal choices, favourite meals and proposals for the week menu. Then go on to discuss your ideas with the other members of the group and prepare the group's proposal for the week's menu. While working in the group, use the group work instruction sheet to organize your work. During the discussions, use the language support sheet for phrases and vocabulary you can use for your arguments.

4. During all your work, make sure that you enter new words for food, nutrients, ingredients or meals on your vocab cards. You can use a print or an online dictionary to find 'food words'.

5. Prepare a poster with your group's menu. You can make it more attractive by adding colours, pictures or large letters and headings or to give others an impression of what a certain meal looks like.

6. After all groups have put up their menus on the classroom walls, everybody can walk around the classroom to study the other group's [sic] proposals. In a short presentation, every group will explain their choices and ideas to the others. There is a Presentation Skills sheet to help you to prepare the presentation. Make sure you decide on who in your group explains which parts in the presentation. Rehearse the presentation in your group so that you are well prepared.

7. While listening to the other groups' presentations, make notes that you can use to ask questions or in the class discussion afterwards.

8. In a short classroom discussion we will exchange our ideas and opinions on the proposals of the different groups. In order to prepare the discussion, note down ideas and phrases that you want to use to promote your group's menu.

9. Finally, the class will have a vote on the best menu and present the chosen menu to the manager and the chef of the school cafeteria.

Let's hope our friends from Manchester will like your menu, too, so they won't have to walk around and find some burger place. They have plenty of those themselves! (Hallet 2011: 170f.)

Auf den ersten Blick erfüllt Hallets Kompetenzaufgabe die Anforderungen, die man an eine solche Aufgabe stellen kann: Es geht um Wissen, nicht nur Sprachwissen, sondern auch Kenntnisse über kulturelle Gepflogenheiten, z. B. die Essgewohnheiten asiatischer Immigranten in Manchester. Im Rahmen der Aufgabe gibt es vielfältige Gelegenheiten, fachliches und fächerübergreifendes Können zu vertiefen und anzuwenden, und zwar hinsichtlich des Lese- und des Hör-Seh-Verstehens sowie in Form einer Poster-Präsentation. Auch die Einstellungen kommen nicht zu kurz: Die Schülerinnen und Schüler sind gehalten, sich über gesunde Ernährung auszutauschen und gegebenenfalls neue Einsichten durch das Material zu gewinnen. Soziale und affektive Aspekte werden durch die Gruppenarbeit und den Austausch über eigene Essgewohnheiten (*favourite food*) berücksichtigt. Aufgrund der Komplexität der Aufgabe können an dieser Stelle nicht alle positiven Absichten von Hallet im Einzelnen gewürdigt werden. Es handelt sich eben um eine „komplexe Kompetenzaufgabe"!

Betrachtet man Hallets Aufgabenvorschlag genauer, ergeben sich mindestens die folgenden grundlegenden Schwierigkeiten bzw. Bedenken:

- Es stellt sich die Frage nach der Lernwirksamkeit einer solchen Aufgabe: Was ist letztlich das Kompetenzziel, von dem Hallets Planungsmodell ausgeht? Was sollen die Lernenden am Ende dieser Lernaktivität tun, verstehen und für wichtig halten? Sollen sie einem fiktiven Cafeteria-Manager einen selbst erarbeiteten Menüvorschlag unterbreiten? Wäre dies das vorrangige Ziel, benötigten die Schülerinnen und Schüler dann nicht auch einen Überblick über die Kosten ihrer selbsterdachten Speisefolge sowie ausgewählte Überzeugungsstrategien?
- Nach Hallets eigener Darstellung ist die Aufgabe für die Jahrgangsstufe 7 (3. Lernjahr) gedacht (Hallet 2011: 165f.). Stellen wir uns eine Hauptschulklasse vor, die mit dem Material arbeiten soll. Mehr als die Hälfte der Schülerinnen und Schüler haben eine Migrationsgeschichte, die Schule selbst hat keine Cafeteria und deutsches Essen ist auch deutschstämmigen Lernenden nur noch eingeschränkt bekannt. Sich vorzustellen, man erhalte Besuch von einer Partnerschule in Manchester ist für die Lernenden sicher ein schöner Traum, aber ob sie das durch eine so vielfältige Aufgabe trägt, ist zweifelhaft.
- Vermutlich sind die redundanten und teils vagen englischen Formulierungen dem Bedürfnis geschuldet, sich den Lernenden im Rahmen der sehr langen Arbeitsinstruktion verständlich zu machen. Wie wir oben gesehen haben, ist *teacher clarity* eines der wichtigsten Merkmale von lernwirksamem Unterricht. Zudem sollte auch diese Instruktion ein Beispieltext für die Erweiterung der kommunikativen Kompetenz der Schülerinnen und Schüler sein.

- Wie bereits angedeutet, ist der Lebensbezug höchst fragwürdig, denn das Gespräch mit dem Leiter der Cafeteria findet ja nicht wirklich statt und wird auch nur sehr eingeschränkt simuliert (vgl. Vorschlag für die Evaluation, Hallet 2011: 174). Bei Hallets Vorschlag handelt es sich nach Maier et al. (2010: 35) um eine Aufgabe „mit konstruiertem Lebensbezug". Warum gerade im Zusammenhang mit *Good Food – Bad Food* kein echter Lebensweltbezug? Bei authentischen Aufgaben tendiert „die Differenz zwischen Aufgabe und Lebenswelt bzw. Schule und eigener Erfahrungswelt gegen Null. Die Schüler beschäftigen sich mit einer Problemstellung, die tatsächlich auch gelöst werden muss" (ibid.: 35f.). Warum also nicht die Vorbereitung und Durchführung eines Events: *Asian Food – tasty and healthy*?
- Bringt diese komplexe Kompetenzaufgabe die Selbsttätigkeit der Lernenden voran? Wird selbstbestimmtes Lernen gefördert? Sieht man sich die Aufgabeninstruktion an, stellt man fest, dass eine Fülle von Materialien vorgegeben wird, und zwar: *Internet link list, materials with the title Healthy Food, extra worksheets on the reading and listening texts and on the short video, group work instruction sheet, language support sheet, presentation skills sheet*. Die Tatsache, dass die Lernenden diesen Materialpool erhalten, mit dem sie arbeiten sollen, zeigt, dass die Aufgabe eine weit stärkere Steuerung durch die Lehrperson aufweist als jede gut geplante Direkte Instruktion.
- Um Lehrpersonen nicht durch den Materialaufwand abzuschrecken, nennt Hallet in der Hinführung zu dieser komplexen Kompetenzaufgabe Auszüge aus gängigen Lehrwerken der dritten Jahrgangsstufe, die das Thema bzw. die Inhalte behandeln und folglich genutzt werden können. Aber wo bleibt da die Authentizität, die Aufgaben gegenüber der Lehrwerkarbeit bzw. Lehrbuchtexten auszeichnen soll?

Lassen wir uns von dem überraschen, was vier Realschüler (Anfang Klasse 8) zur obigen Aufgabe in ihrer Kleingruppe besprechen.

7.3 Ausschnitte aus Schülergesprächen

Die Gruppe – sie besteht aus zwei Mädchen (Neela und Simona) und zwei Jungen (Fatih und Mike) – arbeitet nun schon in der dritten Unterrichtsstunde in Folge an der Erstellung ihres Menüplans. Dank Neela, die gern aufs Gymnasium gegangen wäre, deren nepalesische Eltern es aber nicht erlauben, sind sie recht gut vorangekommen. Sie haben den Menüplan fast fertig.

Simona: Los, Mike, tu auch mal was. Du sitzt dauernd nur rum.
Mike: Hab' keinen Bock. Warum machen wir das alles? Wir haben doch gar keine Freunde in Manchester.
Fatih: Das ist doch alles nur erdacht, verstehst du, wie im Film.
Mike: Unterricht wär' mir lieber.
Simona: Also jetzt hör' auf. Wir sind doch eine Gruppe. Da muss jeder mitmachen.
Mike: Also dann mach ich das Poster. Das kann ich wenigstens.
Neela: Ich mache jetzt allein weiter. Das ist mir alles zu nervig. Das dauert ja ewig.
Fatih: Das kannst du nicht machen. Wir sollen doch zusammen arbeiten.

Neela: Nee, guck mal, was hier steht, Punkt 3: „After studying the materials individually or in the group…" *Individually*, also *do-it-yourself*, oder?

Fatih: Ja, du hast recht, so genau habe ich das nicht gelesen, das ist ja auch viel zu viel. Das hätte uns Schmitzi am besten nach und nach gesagt. Aber warte mal, hier steht auch: „help each other with difficulties …"

Neela: Mach ich ja.

Simona: Dann sag uns doch mal, was ist denn der Unterschied, hier, Punkt 4: „nutrients, ingredients or meals…"?

Neela: Also *ingredients* sind Zutaten, das hab' ich mal in einem Rezept gelesen, und *nutrients* sind wohl die Nährstoffe, also gesundes Essen und so …

Fatih: Ich kapiere das überhaupt jetzt erst. Die Schmitz denkt, wir reden in der Gruppe Englisch.

Mike: Du, Ober-Horst, natürlich! Sie sagt doch immer: In English, please!

Simona: *Don't eat hamburgers, boys!* Wir sollten unseren Menüplan noch einmal durchgucken. Ich glaube, wir haben da zu viele Fertiggerichte drin. Das kommt nicht gut an.

Fatih: Wie kommst du denn da drauf?

Simona: Ganz am Schluss steht: „Let's hope our friends from Manchester will like your menu, too, so they won't have to walk around and find some burger place."

Fatih: Was ist denn das nun wieder? Meine Mutter und meine Schwestern kochen sehr gut, trotzdem, so ein Hamburger gehört doch einfach mit dazu.

Neela: Also, hört mal, *please listen: I have corrected our menu. What do you think about this?*

Mike: What do we without you?

Neela: What would we do without …, Mike.

Mike: Is ja gut.

Auf Hallets komplexe Kompetenzaufgabe werden wir noch einmal im Zusammenhang mit handlungsorientiertem Lernen kurz zurückkommen (vgl. ***Kap. 8***), denn insgesamt eignet sich die Thematik *Good Food – Bad Food* durchaus für ein Projekt, möglicherweise sogar für ein fächerübergreifendes Vorhaben der Fremdsprachen mit dem Fach Biologie sowie Politik/Wirtschaft. Dann dürften freilich keine so engen Vorgaben erfolgen wie in obigem Beispiel, damit die Lernenden sich wirklich Rechenschaft darüber ablegen können, wie sie selbstbestimmt vorgehen können. Und das Projekt sollte dann auch einen echten Lebensweltbezug haben.

7.4 Noch etwas vorweg: Klassenmanagement

Zu den Voraussetzungen für einen lernwirksamen Unterricht gehört selbstverständlich auch, dass die Lehrperson Autorität genießt und dadurch in der Lage ist, eine lernförderliche Atmosphäre zu schaffen. Eine gute Klassenführung ist folglich die Vorbedingung für erfolgreichen Unterricht. In einen vorgegangenen Kapitel (vgl. ***Kap. 4***, Abschnitt 4.1) haben wir bereits andere Voraussetzungen für einen lernwirksamen Fremdsprachenunterricht kennengelernt, nämlich richtungsweisende Lernmodelle (vgl. ***Kap. 4***, Abschnitt 4.1.1), neuere Lernzieltaxonomien (vgl. ***Kap. 4***, Abschnitt 4.1.2), evidenzbasierte Erkenntnisse zu der Tätigkeit der Hirnhälften und den Lernstilen (vgl. ***Kap. 4***, Abschnitt 4.1.3) sowie wissenschaftlich belegte Hinweise zur Förderung von Motivation (vgl. ***Kap. 4***, Abschnitt 4.1.4). Die genannten Aspekte sind grundlegende Voraussetzungen für ein auf empirischen Nachweisen beruhendes Unterrichtsmodell. Das Klassenmanagement kommt aus meiner Sicht erst stärker zum Tragen, wenn es um das konkrete Unterrichtsgeschehen geht. Aus diesem Grund habe ich mich am Ende von ***Kapitel 4,*** Abschnitt 4.2 auf wenige Hinweise beschränkt. Bevor wir aber zur entscheidenden Phase des Übens, d. h. der ersten Anwendung und Festigung des dargebotenen neuen Lernstoffs, übergehen, wollen wir grundlegende Merkmale einer effektiven Klassenführung betrachten. Dabei beschränke ich mich auf wissenschaftlich gut belegte Aspekte und vor allem solche, die in engem Zusammenhang mit einem lernwirksamen Fremdsprachenunterricht stehen.

7.4.1 Klassenführung

Der Begriff *classroom management* geht auf Jacob S. Kounins Untersuchungen aus den 1970er Jahren zurück (Kounin 1970; deutsche Neuauflage 2006). Lehrpersonen und Lernende verbinden mit effektiver Klassenführung in erster Linie die Vorstellung, dass es der Lehrerin oder dem Lehrer gelingt, „Störverhalten" einzelner Schülerinnen und Schüler zu reduzieren oder sogar ganz auszuschalten. Das war auch der Ausgangspunkt von Kounins Forschungen. In einer Vorlesung hatte er einen Studenten schroff zurechtgewiesen – was ihm im Nachhinein leid tat. Zu seinem Erstaunen stellte er fest, dass die Wirkung dieser Ermahnung nicht nur auf den betroffenen Studenten beschränkt blieb, sondern auch das Verhalten der meisten anderen Studierenden beeinflusste: Kounins Autorität war deutlich gewachsen.

Dieser Welleneffekt (*ripple effect*) veranlasste Kounin, einen empirisch arbeitenden Erziehungspsychologen, Fragen des *classroom management* weiter nachzugehen. Im Laufe seiner empirischen Untersuchungen hat der US-amerikanische Forscher eine Fülle von Faktoren herausgearbeitet, die für das Auftreten von Lehrpersonen vor und in der Klasse von großer Bedeutung sind. Wir wollen uns in diesem Abschnitt auf die beiden entscheidenden Merkmale des *classroom management* beschränken, nämlich die sogenannte Allgegenwärtigkeit von Lehrpersonen und die Reibungslosigkeit, die Lehrpersonen beim Übergang von einer Unterrichtsphase in die nächste zu schaffen wissen.

Allgegenwärtigkeit (*with-it-ness*) bezeichnet die Fähigkeit von Lehrpersonen, Verhaltensprobleme frühzeitig zu erkennen sowie rasch darauf zu reagieren und dabei emotional möglichst objektiv zu bleiben. Eine Lehrperson sollte unangemessenes Schülerverhalten nicht persönlich nehmen, sondern gleich zu Beginn der Unterrichtstätigkeit in einer Lerngruppe Regeln aufstellen und bei Störungen deren Einhaltung einfordern. Viele Lehrpersonen stellen durch Routinen und Rituale sicher, dass die Unterrichtszeit effektiv zum Lernen genutzt wird (vgl. Einzelheiten bei Helmke [4]2012; Wellenreuther 2004; [7]2014). Dann sollte eine gezielte Ermahnung bei unangebrachtem Verhalten genügen, um mit dem Unterricht fortfahren zu können. Auch Hattie betont die Bedeutung von *with-it-ness* und gibt deren Effektstärke mit d = 1.42 an, während er für emotionale Objektivität d =0.71 nennt. Dass der neuseeländische Forscher das *classroom management* insgesamt trotzdem nur mit d = 0.52 beziffert, liegt an Hatties diskussionswürdiger Auswahl der Forschungsarbeiten, die sich bekanntlich nur auf kognitive Lernergebnisse beziehen. Inzwischen gibt es aber zahlreiche hochwertige empirische Untersuchungen zum *classroom management* und seinen einzelnen Merkmalen, die man heranziehen kann (vgl. u.a. Freiberg 2013).

Eng verbunden mit der *with-it-ness* ist die sogenannte Reibungslosigkeit (*smoothness*). Jede Lehrperson kennt die Unruhe, die beim Übergang von einer Unterrichtsphase in die nächste entstehen kann. Der Reibungsverlust kostet nicht nur Zeit, er vermindert meist auch das Engagement und die Konzentration der Schülerinnen und Schüler. Es liegt im Geschick der Lehrperson, die Übergänge so zu steuern, dass möglichst reibungslos von Lernaktivität zu Lernaktivität fortgeschritten werden kann, z. B. dass der Übergang von der Darbietung neuer Lerninhalte zum angeleiteten und weiter zum selbstständigen Üben so gestaltet wird, dass die Lernenden diese Phasen nachvollziehen können, d. h. dass ihnen transparent gemacht wird, warum sich an einen Lernschritt sinnvollerweise die folgende Unterrichtsphase anschließt. Mit anderen Worten: „Wir haben jetzt dieses und jenes kennengelernt bzw. wir wissen jetzt, dass …. Nun geht es darum, das Gelernte im Rahmen von Übungen anzuwenden." Im Idealfall können die Schülerinnen und Schüler auch innerhalb der Übungsaktivitäten mitverfolgen, warum auf die Übung X die darauf aufbauende Übung Y folgt.

7.4.2 Wechselseitiger Respekt

Classroom management ist aber weit mehr als Klassenführung im oben beschriebenen Sinn. Man kann nicht genug unterstreichen, wie bedeutsam für einen lernwirksamen Unterricht das Lehrer-Schüler-Verhältnis ist (*teacher-student relationships,* nach Hattie d = 0.72). Die Beziehung der Lehrerin bzw. des Lehrers zu den Schülerinnen und Schülern sollte von Respekt geprägt sein. Diesen Respekt genießt man aber nicht, weil man die Lehrperson ist, sondern weil man eine Lehrperson mit bestimmten positiven Eigenschaften ist.

In erster Linie geht es darum, dass die Lernenden sich angenommen fühlen, dass sie wissen, dass die Lehrperson sie unvoreingenommen akzeptiert und allen zutraut die gesteckten Ziele zu erreichen (*teacher expectations* d = 0.43). Im Fremdsprachenunterricht spielt die Kenntnis der Zielsprache ebenfalls eine große Rolle; die Lernenden sollten Fremdsprachenlehrkräfte tatsächlich als Vorbild beim Gebrauch der Zielsprache empfinden. Meine eigene Erfahrung geht außerdem dahin, dass das ‚gelebte' Vorbild großen Einfluss auf die Lehrer-Schüler-Beziehung hat. Wie kann jemand, der selbst unpünktlich, unordentlich und unvorbereitet ist, von seinen Lernenden Pünktlichkeit, Ordnung und Vorbereitung auf den Unterricht, sprich: die Erledigung mündlicher und/oder schriftlicher Hausaufgaben, erwarten?

Zum wechselseitigen Respekt gehört auch das Verhalten der Schülerinnen und Schüler untereinander. Die Einflüsse von Peers (nach Hattie d = 0.53) können von der Lehrperson entscheidend geprägt werden. Gerade beim Üben im Team oder in der Kleingruppe bestimmt der respektvolle Umgang der Schülerinnen und Schüler den Lernerfolg entscheidend mit. Auch der Zusammenhalt in der Klasse (*classroom cohesion*, d = 0.53) verbessert das Lernen.

7.4.3 Lernatmosphäre schaffen

Zum Klassenmanagement im weiteren Sinn gehört auch die Schaffung eines lernförderlichen Klimas. Dieses ist von den in 7.4.1 und 7.4.2 beschriebenen Faktoren ebenso abhängig wie vom „Schwung" (*momentum*) der jeweiligen Lehrperson. Mit *momentum* ist das gemeint, was Hattie von engagierten Lehrpersonen erwartet, und was Pink als *drive* bezeichnet, den man selbst haben muss um andere mitzureißen.

Bekanntlich sieht Hattie die Lehrperson als *activator* (vgl. Abschnitt 4.2.2). Die aktive Gestaltung des Lernens ist im Zusammenhang mit der Klassenführung mindestens von der gleichen fundamentalen Bedeutung wie das weitgehende Unterbinden von Störverhalten, die effektive Nutzung der Unterrichtszeit für das Lernen, der sinnvolle Umgang mit Fehlern und der Abbau von Leistungsangst. Brophy beschreibt das *supportive classroom climate* folgendermaßen:

> To create a climate for moulding their students into a cohesive and supportive learning community, teachers need to display personal attributes that will make them effective models and socializers: a cheerful disposition, friendliness, emotional maturity, sincerity, and caring about students as individuals as well as learners. The teacher displays concern and affection for students, is attentive to their needs and emotions, and socializes them to display these same characteristics in their interactions with one another. (Brophy 2000: 8)

7.5 Zusammenfassung der bisherigen Unterrichtsschritte

Da effektives Üben auf den vorausgegangenen Schritten einer lernwirksamen Unterrichtspraxis beruht (vgl. ***Kap. 5*** und ***Kap. 6***; Schritte 1-19), fassen wir den bisherigen Unterrichtsverlauf kurz zusammen. Die Schülerinnen und Schüler sind auf die Ziele der Unterrichtsstunde bzw. der Unterrichtseinheit orientiert: Zweck und Wert dessen, was gelernt werden soll, haben sie verstanden. Das kann die Lehrperson dadurch überprüfen, dass sie die Lernenden selbst noch einmal zusammenfassen lässt, warum es sinnvoll ist, sich mit dem neuen Lernstoff zu beschäftigen. Mit Unterstützung der Lehrperson haben die Lernenden vor und während der Darbietung der neuen Lerninhalte ihr Vorwissen reaktiviert.

Die Darbietung ist durch Erklärungen, Vorzeigen bzw. Vorführen unter Nutzung geeigneter Medien erfolgt. Basiskonzepte konnten entwickelt werden, die im Gedächtnis zu einem Konstrukt geführt haben, welches noch unvollständig und eher oberflächlich als tief verankert ist. Es ist noch nicht hinreichend mit anderen Lerninhalten vernetzt. Es fehlt die Vorstellung von der Funktion des Gelernten, so dass die Lernenden es bisher nicht auf echte Probleme anwenden können. Um das Konstrukt in ein oder mehrere Konzepte zu überführen, bedarf es aktivierender Übungsmethoden.

7.6 Angeleitetes und selbstständiges Üben

Angeleitetes Üben

20. Gestufte Übungsformate mit kurzen Selbsttests, die allen Lernenden eine Überprüfung der eigenen Lernergebnisse gestatten;
21. ausgearbeitete Beispiele mit Erläuterung der Lösungsschritte;
22. Festlegung der Sozialform (Einzelarbeit; Partnerarbeit; Kleingruppenarbeit);
23. gezieltes formatives Feedback für einzelne Schülerinnen und Schüler durch die Lehrperson;

24. kurze Erläuterungen für einzelne Lernende bei unzureichenden Lernergebnissen.

Selbstständiges Üben

25. Variationsreiche, wohldurchdachte Aufgabenformate für Vertiefung und Transfer;
27. Festlegung der Sozialform (Einzelarbeit; Partnerarbeit; Kleingruppenarbeit; gegebenenfalls als Hausaufgabe);
28. Feedback durch die Lehrperson oder durch Peers;
29. formative Evaluation durch Tests.

7.6.1 Zur Planung von Übungsaktivitäten

Angeleitetes und selbstständiges Üben müssen hinsichtlich verschiedener Aspekte sorgfältig geplant werden (vgl. Petty [2]2009: 244):

1. **Welche Übungen, Aufgaben bzw. Lernaktivitäten wähle ich als Lehrperson aus?**
   Es sollte eine Progression von eher geschlossenen Aufgaben beim angeleiteten Üben (z. B. Reproduktionsaufgaben, Vorgabe von Musterlösungen, Multiple-Choice-Aufgaben) zu eher offenen Aufgaben beim selbstständigen Üben geben (z. B. Analyse-Aufgaben mit der Frage nach dem Was und dem Warum sowie Synthese-Aufgaben, die das Wie in den Vordergrund stellen). Eine besondere Herausforderung bilden Aufgaben, deren Lösungen strategisches Denken und die Reflexion der eigenen Lernprozesse beinhalten sowie die Anwendung affektiver und sozialer Fähigkeiten.

2. **In welcher Sozialform sollen die Lernenden die Aufgabe bearbeiten?**
   An dieser Stelle genügt der Hinweis auf empirische Untersuchungen, welche zeigen, dass Faktenwissen bzw. oberflächliches Wissen, z.B. das Memorieren von Verbformen bzw. Vokabeln, am besten in Einzelarbeit erfolgen, während Aufgaben, die vertieftes oder gar vernetztes Denken erfordern, besser in Zusammenarbeit mit Peers gelöst werden (weitere Einzelheiten vgl. ***Kap. 8***).

3. **Wie werden die Lernenden die Lösung der Aufgabe vortragen bzw. welche Medien werden sie bei der Darstellung der Lösung nutzen?**
   Neben den geläufigen Formen sei besonders im Zusammenhang mit dem Fremdsprachenunterricht an Rollenspiele und Streitgespräche in der Zielsprache erinnert. In den meisten Fällen ist eine Kombination verschiedener Formen und Medien sinnvoll.

4. **Wem tragen die Lernenden ihre Lösung vor?**
   Zu klären ist insbesondere beim selbstständigen Üben, wem die Lernenden ihre Lösung präsentieren werden. Nur dem Teampartner, einem anderen Peer, einer anderen Kleingruppe, der ganzen Klasse oder einer anderen Klasse?

Diese Hinweise sind lediglich als Anregung zu verstehen; je nach Lernkontext, Lerninhalt und Übungszusammenhang gibt es eine Reihe lernwirksamer Alternativen.

7.6.2 Üben, üben, üben

Bevor wir uns einige Bespiele ansehen, die in den Kontext des Kulturmodells passen, möchte ich kurz auf die drei Kriterien eingehen, die G. Roth aus neurobiologischer Sicht für besonders erfolgreiches Lernen verantwortlich macht (vgl. Lektüreempfehlung ***Kap 2***). Nach Roth wird der Lernerfolg zu je einem Drittel von Intelligenz, von Motivation und von Fleiß bestimmt.

> Fleiß ist als Charaktermerkmal teils genetisch bedingt, teils bestimmt von den Erfolgserwartungen und von der generellen Wertschätzung, die das Fleißigsein in unserer Gesellschaft genießt. [...] Während bei Mädchen Fleiß untereinander zumindest geduldet wird, gilt er unter Jungen als ‚uncool', und selbst die aus eigenem Antrieb Fleißigen müssen ihn sorgfältig verbergen. Das schlägt sich in unserem Land in durchschnittlich schlechteren Schulleistungen der Jungen nieder. Diese geschlechtsspezifische Einschätzung von Fleiß ist allerdings stark kulturabhängig und offenbar spezifisch für unsere deutsche Kultur, denn in asiatischen Ländern ist Fleiß auch unter Jungen eine hochgeschätzte Tugend. (Roth 2011: 310f.)

7.6.3 Beispiele für angeleitetes Üben

Es folgen zwei Übungsbeispiele für Englisch (*worked example; multiple choice*) und eines für Französisch (*complétez les phrases*). Die folgenden Übungen nehmen Bezug auf das Eisberg-Modell der Kulturen im vorigen Kapitel (vgl. ***Kap. 6,*** Abschnitt 6.3): Das ausgearbeitete Beispiel ist eine (mögliche) Lösung der Aufgabe 8, während sich die beiden folgenden Übungen (Multiple-Choice sowie Satzergänzungen) auf die in Punkt 5 angegebenen Kompetenzziele beziehen.

Worked example: Describing the Iceberg-Model of Culture
Culture is often seen as an iceberg. Only a small part is visible, e. g. dressing styles or food. Most cultural dimensions, such as thinking and feeling are below the surface. You can find out something about them when you get into contact with members of the other culture, e. g. their concept of punctuality or their rules of etiquette. Some cultural aspects remain invisible or hidden to outsiders, e. g. the nature of friendship or religious beliefs.

Task: Read the text and underline/highlight at least five words or expressions related to culture. Copy the text leaving blanks of the same length for every "cultural" word or expression you omit. Work in tandems or teams up to three. Exchange your copied texts. Fill in the gaps in the text of your partner or another group member. Compare your result, please.

Multiple Choice: First and foremost politeness
Task: You are attending a youth conference in the USA where you make friends with Sanhya, an American girl of Indian origin. You are invited to her private home for dinner. During the meal Sanhya's mother serves a course consisting of

grilled insects. It looks horrible and you won't taste it for anything in the world. What would you say to refuse? Choose from below the expression that seems to be the most polite to you:

1. I never saw this before. It looks amazing. What is it?
2. Thanks, but maybe later.
3. Thank you very much. I think I'll pass this time.
4. Oh, it looks horrible. I'm afraid I can't eat it.
5. I would love to take some, but I can't eat any more.

....

Phrases à compléter: Exprimer son opinion divergente d'une manière polie
Pendant une rencontre interculturelle de jeunesse vous n'êtes pas d'accord avec le contenu d'une présentation, les opinions d'un autre participant ou les conclusions que plusieurs personnes ont tirées d'un exposé. Alors complétez les phrases suivantes :

1. Je partage votre opinion, mais ....
2. C'est un grand avantage, mais l'inconvénient est ....
3. On devrait également..
4. Je suis favorable à l'idée de ....,
mais...
5. Pour ma part/Personnellement ....
6. Je préférerais que ....
7. D'une part ...., d'autre part ....
8. Il faut également respecter que ....

7.6.4 Vertiefung und Transfer

Die Phase des angeleiteten Übens bewirkt in erster Linie, dass der neue Lernstoff, der im Arbeitsgedächtnis angekommen ist, nicht nach kurzer Zeit wieder zerfällt. Durch die entsprechenden Übungsaktivitäten kann sich die Lehrperson Rechenschaft über die Lernfortschritte der einzelnen Schülerinnen und Schülern ablegen. Darüber hinaus erfährt sie, ob grundlegendes Wissen aufgenommen wurde, das nach und nach in Können überführt werden muss. Angeleitetes Üben besteht bis zu einem gewissen Maß in Reproduktion. Entweder wird einfach das reproduziert, was in der vorausgegangenen Phase von der Lehrperson dargeboten oder modelliert wurde, oder es werden entsprechende Vorgaben aus den Übungen selbst wieder aufgenommen und/oder ergänzt.

Auf diese Phase muss das selbstständige Üben folgen, welches dazu dient, das Können weiterzuentwickeln und bestimmte Konzepte auszubilden. Nach neurobiologischen Erkenntnissen geschieht dies dadurch, dass vorhandene Schemata aus dem Langzeitgedächtnis ins Arbeitsgedächtnis überführt werden und dort mit den neuen Konstrukten in Verbindung gebracht und entsprechend verändert werden. Konzeptuelles Lernen erfolgt durch Übungsaktivitäten, die es den Lernenden ermöglichen, neu gebildete Konzepte ins Langzeitgedächtnis zu integrieren. Dies geht mit einer Revision vorhandener Konzepte und der Vernetzung der Gedächtnisinhalte untereinander einher. Auf diese Weise werden bestimmte Fähigkeiten immer weiter ausgebildet und mit Einstellungen verbunden, die eine Anwendung des Gelernten zunächst in ähnlichen, mit der Zeit aber auch in neuen Kontexten gestatten.

Wie Sie selbst in den folgenden Übungsbeispielen für selbstständiges Lernen sehen können, reichen solche Lernbemühungen keineswegs aus, um die erwünschte Automatisierung und den erforderlichen Transfer auf neue Situationen, insbesondere solche außerhalb des unterrichtlichen Kontextes, zu erreichen. Um Wissen, Fertigkeiten und Fähigkeiten für Anwendung und Transfer verfügbar zu machen, bedarf es des sogenannten Überlernens. Mit dem selbstständigen Lernen ist also nur der grundlegende Lernzyklus abgeschlossen. Für das Überlernen sehen die meisten Experten mindestens vier Wiederholungen des Lernstoffs in variationsreichen, motivierenden und zunehmend realistischeren Zusammenhängen vor. Diese weiterführende Konsolidierung erfolgt am besten in kooperativen und handlungsorientierten Lernformen (vgl. ***Kap. 8***).

Aber bereits in diesem aus 30 Schritten bestehenden ersten Zyklus unseres Unterrichtsmodells sollte der spätere Transfer angestrebt bzw. mitbedacht werden. Was beinhaltet Transfer nach neueren Erkenntnissen empirischer Unterrichtsforschung? Transfer bedeutet in letzter Konsequenz die Übertragbarkeit des Gelernten auf das reale Leben (vgl. auch zum Folgenden Wellenreuther ^{7}2014: 44ff). Wissenschaftliche Studien haben gezeigt, dass ein Transfer vom Leben auf die Schule in der Regel nicht erfolgt. Straßenkinder, die recht geübt im Kopfrechnen bei ihren „Verkäufen" waren, konnten dieses Können in der Regel nicht in den Mathematikunterricht einbringen, wenn sie Gelegenheit zum Schulbesuch erhielten. Daraus schloss man, dass ein Transfer zwischen schulischem Lernen und der Lebenswirklichkeit ebenfalls ausbleibt. Konstruktivistisch orientierte Erziehungswissenschaftler leiten daraus die Forderung ab, Lernen sei in konkreten Situationen zu verankern. Nur durch situiertes Lernen könne der erwünschte Transfer erfolgen.

Durch empirische Forschung konnten Anderson et al. (1996) die wesentlichen Postulate des situierten Lernens widerlegen.

- Eine Handlung muss nicht unbedingt in der konkreten Situation verankert sein, in der sie auftritt. Wenn die wesentlichen abstrakten Merkmale mit den Lernenden herausgearbeitet werden, können sie das Gelernte auch auf anders geartete Kontexte transferieren.
- Wissenstransfer findet auch zwischen Aufgaben statt, vorausgesetzt die Lehrperson weist die Schülerinnen und Schüler auf den möglichen Transfer hin und fördert durch multiple Beispiele das Erkennen gemeinsamer Merkmale.
- Abstraktes Üben muss durch zusätzliches Training in relevanten Anwendungssituationen ergänzt werden. Es ist immer eine Verbindung von konkretem und abstraktem Üben erforderlich, wenn das Gelernte transferierbar werden soll. Konkretes Lernen allein ist weniger effektiv als die Kombination beider Lernformen.
- Auch die konstruktivistische Forderung, der zufolge Unterricht in komplexen sozialen Umwelten erfolgen sollte, wurde von Anderson und seinen Mitautoren widerlegt. Als Gegenbeispiel kann man Orchestermusiker anführen, die zunächst für sich allein üben. Bei *communities of practice* müssen Anreize zur Kooperation geschaffen werden, damit das Können transferiert wird.

Mit weiteren Einzelheiten zum Überlernen – Hattie spricht von „deliberate practice“ (Hattie 2009: 185) beschäftigen wir uns in Kapitel 8.

7.6.5 Beispiele für selbstständiges Üben

Es folgen je ein Beispiel (Textproduktion) für Englisch, Französisch und Spanisch. Die drei Übungen beziehen sich ebenso wie die in 7.6.3 auf das Eisberg-Model der Kulturen. In diesen drei Beispielen geht es zum einen um Dos und Don'ts sowie die Bewältigung von heiklen Situationen in interkulturellen Begegnungen (vgl. ***Kap. 6,*** Abschnitt 6.5).

Text production: How to be accepting and non-judgemental
A person from another culture does not understand why you pay much attention to animals, e. e. your dog. Try to explain your reasons in a polite way.

....

Production de texte : L'étiquette en affaires à pratiquer avec les Allemands
Illustrez les caractéristiques les plus importants des Allemands à une jeune Française/un jeune Français qui veut poser candidature pour un poste en Allemagne.

....

Producción textual : Niños del mundo – Mexico

Valores culturales
Según Carlos Alberto, director de la ONG Cauce Ciudadano, es importante tener valores culturales.
¿Qué valores culturales se mencionan en el artículo?
¿Qué valores culturales son importantes para ti?
Elaborad una lista en clase y haced un ranking.

Niños del mundo – Alemania
Buscad palabras clave para escribir un artículo sobre un chico/una chica en Alemania. Comparadlas con las del [sic] artículo. ¿Hay diferencias o similitudes?
Escribe el artículo sobre una persona real o inventada. Toma en cuenta su situacíon personal, sus intereses, sus compromisos, etc.
(Grünewald et al. 2011, 79; Auszug)

7.7 Verteiltes Üben und Wiederholen (*spaced vs. massed practice*)

Es ist eine Binsenweisheit, dass verteiltes Üben und Wiederholen, welches in kleineren „Portionen“ und vor allem in zeitlichem Abstand erfolgt (*spaced practice*), zu größeren Lern- bzw. Behaltens-Effekten führt, als beispielsweise das einmalige Anlernen des Stoffes vor einem Test oder einer Prüfung (*massed practice*).

Hattie schreibt dem verteilten Üben einen hohen Effekt zu (d = 0.72; Rang 12). Neuere experimentelle Studien belegen den Faktor *spaced vs. massed practice* eindrucksvoll. Aber was nützt das konkret für die Unterrichtspraxis? Nehmen wir an, eine Lehrperson will die Gestaltung, Zahl und Verteilung von Übungsphasen in ihrem Unterricht überdenken. Dann kann sie die Ausführungen bei Hattie (2009: 185f.)

durchlesen und mit weiteren empirischen Belegen vergleichen (vgl. z. B. Helmke [4]2012: 101ff.). Aber auch dadurch kommt sie nicht weiter.

In jüngster Zeit hat eine aufwendige experimentelle Untersuchung von Pashler und seinen Mitarbeitern (vgl. Lindsey et al. 2013) noch einmal bestätigt, dass verteiltes Üben zu größeren Effekten beim Lernen und Behalten führt als gehäuftes Üben. Die Forscher belegen darüber hinaus, dass die effektivste Art des Übens und Wiederholens in einer „personalized review" besteht. Damit ist gemeint, dass die zeitlichen Abstände nicht für alle Lernenden gleich sein sollten, sondern sich für den individuellen Lernenden unterscheiden müssen, wenn die Effekte von *spaced vs. massed practice* ausgeschöpft werden sollen. Gleich zu Beginn heißt es: „We developed a method for efficient, systematic, personalized review that combines statistical techniques for inferring individual differences with a psychological theory of memory" (Lindsey et al. 2013: Abstract).

Obgleich man die Ergebnisse dieser umfangreichen Forschungsarbeit in ihrer Grundaussage durchaus nachvollziehen kann, hilft die Empirie in diesem Zusammenhang nicht weiter. Zwar leuchtet ein, dass der Rhythmus der Wiederholungen sich je nach lernendem Individuum, Kenntnisstand und konkretem Lerngegenstand unterscheiden sollte, aber die Formel, nach der dies berechnet werden kann, ist für Lehrpersonen in keiner Weise anwendbar. An dieser Stelle ist die Expertise von Fremdsprachenlehrkräften oder besser eines Teams von Fachkollegen gefragt, um für den Fremdsprachenunterricht einen lernwirksamen Modus des Übens und Wiederholens festzulegen.

Die Erfahrung vieler Lehrpersonen läuft darauf hinaus, dass sich der Abstand beim Üben und Wiederholen vergrößern sollte: Anfänglich muss der neue Lernstoff gleich in den folgenden Unterrichtsstunden wiederholt werden; dann genügt ein zeitlicher Abstand von einer Woche, von vier Wochen, von zwei Monaten usw. Komplexere Lerninhalte bedürfen des häufigeren Übens und Wiederholens als oberflächliches Wissen. Um den individuellen Aspekt stärker zu betonen, bietet sich die Arbeit mit einem Fremdsprachen-Portfolio an: Für gewöhnlich ist in den Portfolios die Rubrik „Das muss ich noch üben" vorgesehen. Hier könnte jede Schülerin und jeder Schüler vermerken, was und wie das Üben erfolgen soll. Außerdem könnte das Datum vermerkt werden, an dem geübt wurde, um dem Lernenden selbst sowie der Lehrperson einen Überblick zu geben. Ein solches Vorgehen setzt voraus, dass das Verantwortungsbewusstsein der Lernenden hinreichend ausgebildet ist (vgl. De Florio-Hansen 2008b; De Florio-Hansen & Altmann 2008).

7.8 *All's well that ends well*

30. **Überleitung bzw. Zusammenfassung** (an unterschiedlichen Stellen je nach Unterrichtsphase)

Bereits in ***Kapitel 4*** (Abschnitt 4.3) bin ich anhand von Hatties Unterrichtsmodell in *seven major steps* kurz darauf eingegangen, dass jede Lernphase, jede Unterrichtsstunde und jede Unterrichtseinheit in angemessener Weise zum Abschluss gebracht werden muss. Zusammen mit den Schülerinnen und Schülern ist darüber zu reflektieren, was sie bisher erreichen konnten, wie sie diese Stufe der Lernleiter erklommen haben und was noch zu tun ist, bis sie oben angekommen sind.

Der Schlussteil soll den Lernenden helfen, möglicherweise disparat gebliebene Einzelelemente in ihren Köpfen zusammenzuführen und dem soeben Gelernten einen Sinn zu geben (vgl. auch zum Folgenden De Florio-Hansen 2014: 122). In dieser Zusammenfassung ordnet die Lehrperson unter Beteiligung der Schülerinnen und Schüler das Gelernte in einen größeren Zusammenhang ein.

Durch diesen Rückblick auf das Erreichte können die Lernenden in Zukunft ihr Lernen besser organisieren und festigen sowie mögliche Zusammenhänge herstellen. Die wichtigsten Punkte des Gelernten sollen verstärkt werden, nicht zuletzt indem Verwirrung und Frustration abgebaut werden. Auch Hattie geht davon aus, dass Lernen mit großer Anstrengung seitens der Lernenden verbunden ist. Lehrpersonen haben daher bei der Zusammenfassung die Aufgabe, die Kernpunkte der Lernphase oder der Unterrichtsstunde mit den Lernenden erneut zu betrachten und zu klären, damit sie zu einem zusammenhängenden Ganzen geformt werden können. Der zusammenfassende Schlussteil soll u. a. sicherstellen, dass die Schülerinnen und Schüler den neuen Lernstoff so verinnerlicht haben, dass sie ihn anwenden, sobald sie Gelegenheit dazu haben.

Der Schlussteil einer Lern- oder Übungsaktivität ist – auf der Grundlage der bisherigen Darstellung – so zu gestalten, dass die Lernenden mithilfe der Lehrperson überprüfen können, ob das Gelernte Teil ihres konzeptuellen Netzwerks geworden bzw. ob es bei ihnen „angekommen“ ist. Sollte sich herausstellen, dass sich Missverständnisse oder irrige Vorstellungen bei einzelnen Lernenden herausgebildet haben, kann zunächst durch Gespräche mit Peers versucht werden, Unklarheiten auszuräumen. Gelingt das nicht oder ist Grundlegendes nicht verstanden worden, dann muss erneut an einer passenden Stelle des Unterrichtsverlaufs eingesetzt werden, bis das Gelernte als gesichert gelten kann. Solche Lernschleifen sind Kennzeichen des *adaptive teacher*, der stets darum bemüht ist, allen Schülerinnen und Schülern zu größeren Lernerfolgen zu verhelfen.

Hattie berichtet von der *Taskforce on Lifelong Learning at Work and at Home*, bei der ein Konsortium bestehend aus 35 namhaften Experten einen Katalog von 25 Lernprinzipien erarbeitet hat, die empirisch sehr gut belegt sind und daher besondere Gültigkeit beanspruchen können (Hattie 2012: 100). Die wichtigsten für einen lernwirksamen Fremdsprachenunterricht sind folgende:

Fazit: Evidence-based teaching and learning strategies

- Materials presented in verbal, visual, and multimedia form provide richer representations than a single medium.
- Outlining, integrating, and synthesizing information produces better learning than rereading materials.
- Stories tend to be better remembered than facts and abstract principles.
- Most students need training in how to self-regulate their learning.
- Spaced schedules of studying produce better long-term retention than a single session.
- An understanding of an abstract concept improves with multiple and varied examples.
- Making errors is often a necessity for learning to occur.

(Anonymous 2013: 6)

Anregungen zum Nachdenken und Gestalten

1. Gestalten Sie für die jeweilige Zielsprache für ein mittleres Niveau (4./5. Lernjahr) eine Aufgabe für den Unterricht, die gleichzeitig als ‚Lern-' und als ‚Testaufgabe' dienen kann.

2. Stellen Sie sich folgendes Szenario vor: Sie haben mit den Schülerinnen und Schüler wesentliche Ratschläge für gesunde Ernährung in der Zielsprache erarbeitet. Als Grundlage dafür kann die Initiative *Food Revolution Day* (www.foodrevolutionday.com) dienen. Daran nehmen in jedem Jahr ca. 100.000 Kinder und Jugendliche aus mehr als 100 Ländern teil. Gestalten Sie für das 2./3. Lernjahr in der jeweiligen Zielsprache eine Übung, bei der die Lernenden weitgehend selbstständig arbeiten können.

3. Prüfen Sie Lehrwerke, insbesondere das Schülerbuch und die Übungshefte, darauf hin, inwieweit die Übungsaktivitäten eine Progression vom angeleiteten zum selbstständigen Üben aufweisen. Wie könnten Sie die Übergänge von einer Übung zur nächsten so gestalten, dass die auf Kounin zurückgehende Forderung nach Reibungslosigkeit (*smoothness*) eingelöst wird?

4. Was können Sie im Fremdsprachenunterricht tun, um Störverhalten weitgehend auszuschalten, ohne dass Sie ständig auf die deutsche Sprache zurückgreifen müssen. Welche Regeln und Rituale sollten die Lernenden kennen? Wie können sie – gegebenenfalls unter Zuhilfenahme von Abbildungen und Icons – immer wieder an angemessenes Verhalten im Unterricht erinnert werden?

Auch an dieser Stelle gilt wieder die Aufforderung, bei der Erstellung der Gestaltungsaufgaben mit Fachkolleginnen und -kollegen zusammenzuarbeiten. Falls Sie sich zunächst allein mit den Aufgaben auseinandersetzen wollen, sollten Sie sich zumindest hinterher mit anderen Lehrpersonen darüber austauschen.

Lektüreempfehlungen

De Florio-Hansen, I. (2007): „Sinnvolles Üben – kommunikationsorientiert." In: *Praxis Fremdsprachenunterricht* 4, 6-11.

In meinem Aufsatz grenze ich Übungen gegen Aufgaben und Lernaktivitäten ab und erläutere anhand von drei kurzen Beispielen, wie auch Übungen kompetenzfördernd, lerner- und kommunikationsorientiert gestaltet werden können. Die Beispiele: Außerirdischen unsere Welt erklären – nicht nur in Eurospeak, Tierisch – in der Fremdsprache, Sprachen im Leben (S 10-11) können für alle modernen Fremdsprachen auf verschiedenen Lernniveaus eingesetzt werden.

Thaler, E. (2007): „Schulung des Hör-Seh-Verstehens." In: *Praxis Fremdsprachen-unterricht* 4, 12-17.

Thaler legt kurz und knapp ein Modell für das Hör-Seh-Verstehens vor, welches seit dem Erscheinen seines Beitrags im Fremdsprachenunterricht immer mehr an Bedeutung gewonnen hat. Er nennt und beschreibt wichtige Merkmale, die Materialien für die Schulung der *audio-visual literacy* haben sollten und zeigt anhand von Beispielen, wie sie im Unterricht eingesetzt werden können.

8. Fortführung durch kooperative und handlungsorientierte Lernformen

8.1 Konsolidierung

Mit dem im vorigen Kapitel (***vgl. Kap. 7,*** Abschnitt 7.8) beschriebenen 30. Schritt auf dem Weg zu einem lernwirksamen Fremdsprachenunterricht ist die Beschäftigung mit dem neuen Lernstoff keineswegs abgeschlossen. Wie wir gesehen haben, ist das auf die Darbietung folgende angeleitete und selbstständige Üben in unterschiedlichem Maß lehrergesteuert. In jedem Fall aber werden die Lernfortschritte der einzelnen Schülerinnen und Schüler im Rahmen beider Übungsphasen sorgsam von der Lehrperson überwacht. Der Hauptunterschied zwischen angeleitetem und selbstständigem Üben besteht nicht nur in unterschiedlichen (inhaltlichen und sprachlichen) Aufgabenformaten, sondern auch im Grad der *with-it-ness*, der Allgegenwärtigkeit, der Lehrperson.

Angeleitetes Üben erfolgt gezielt und kleinschrittig und wird von der Lehrperson durch ständige Kontakte zu einzelnen Schülerinnen und Schülern evaluiert. Meist geht die Lehrerin oder der Lehrer im Unterrichtsraum umher, um auf fragende Blicke bzw. explizite Fragen sowie „kreative Unruhe" zu reagieren. Es erfolgt also eine kontinuierliche wechselseitige Rückmeldung zwischen der Lehrperson und einzelnen Lernenden. Beim selbstständigen Üben tritt der Austausch mit den Peers stärker in den Vordergrund. Das ändert nichts an der *with-it-ness* der Lehrperson; die „Supervision" durch die Lehrerin oder den Lehrer erfolgt lediglich unauffälliger.

Um die Lerninhalte und die damit verbundenen Lernerfahrungen weiter zu vertiefen und zu sichern, muss auf den ersten Lernzyklus in den folgenden Unterrichtsstunden und -wochen das sogenannte Überlernen folgen (vgl. De Florio-Hansen 2014: 125). „Nur ein Lernen und Üben, das noch durchgeführt wird, obwohl die Inhalte schon reproduziert werden können, also scheinbar schon sicher beherrscht werden, stellt sicher, dass die Inhalte fest in der kognitiven Struktur verankert werden" (Wellenreuther 2004; ^{2}2010: 335).

> Fazit:
> Knowledge is usually a means to an end. It is the ability to use it that gives it value. So tasks should be vocationally and/or academically realistic and relevant. Tasks build vocational and academic skills which are transferable. Knowledge can date, and isn't transferable (Petty ^{2}2009: 234; Hervorhebungen des Autors)

8.1.1 Überlernen

Dass es in der Folgezeit vielfältiger und variierender Formen der Beschäftigung mit den Lerninhalten bedarf, unterstreicht auch Hattie im siebten Schritt seines Unterrichtsmodells (vgl. ***Kap. 4***, Abschnitt 4.3):

> 7. There is independent practice. Once the students have mastered the content or skill, it is time to provide for reinforcement practice. [...] The advocates of Direct

> Instruction argue that the failure to do this seventh step is responsible for most student failure to be able to apply something learned. (Hattie 2009: 206)

In unserem wissenschaftlich fundierten Unterrichtsmodell (vgl. ***Kap. 4***) unterscheide ich zwischen selbstständigem Üben, welches in den Lernzyklus integriert, also vor dem zusammenfassenden Schlussteil (Schritt 30), erfolgen sollte, und weiteren Lernaktivitäten, die für gewöhnlich als Überlernen bezeichnet werden. Diese Unterscheidung wird bei Hattie und anderen empirisch arbeiteten Forschern nicht deutlich herausgearbeitet. Es wird pauschal auf die Notwendigkeit der wiederholten Beschäftigung mit den Lerninhalten verwiesen. Aus meiner Sicht ist es unerlässlich, dass die Lernenden vor einer zusammenfassenden Betrachtung des Gelernten bereits eine gewisse Souveränität im Umgang mit dem neuen Lernstoff erlangt haben. Andernfalls bleibt die Wirkung der im 30. Schritt erfolgenden Reflexion für viele Schülerinnen und Schüler aus.

Im Anschluss daran erfolgt dann das, was der neuseeländische Forscher als „deliberate practice“ bezeichnet (Hattie 2009: 185). Hattie listet ausführlich auf, wie *deliberate practice* nicht gestaltet werden sollte (ibid.). Wendet man seine Ausführungen ins Positive, so sind die wichtigsten Grundsätze dieser vertiefenden und konsolidierenden Übungspraxis folgende:

- Variation und Ideenreichtum
- Einbettung in tieferes und konzeptuelles Verständnis
- unterschiedliche multiple Erfahrungen
- kontextuelle Abwechslung zur Erleichterung des Transfers
- kontinuierliches Feedback

Der anonyme Rezensent von *Visible Learning for Teachers* (Hattie 2012) unterstreicht den Unterschied zwischen *deliberate practice* und einfachem Üben:

> Deliberate practice is *different* from just practice. Deliberate practice involves concentration and someone monitoring and providing feedback during the practice. Furthermore, the activity being practiced is usually a challenge for the student and it helps if the student is aware of the goal of the practice and has a clear idea of what success looks like. A major role of schools is to teach students to *value* deliberate practice and learn that this type of practice leads to competence.
> (Anonymous 2013: 7; Hervorhebungen des Autors)

Für das Überlernen, d. h. das Weiterlernen, obgleich der Lernstoff bereits (annähernd) beherrscht wird, eignen sich kooperative sowie handlungsorientierte Lernformen besonders gut. Durch bestimmte Formen der Gruppenarbeit sowie durch das Lernen in Projekten können zudem wichtige soziale und affektive Ziele stärker berücksichtigt werden. Es sei noch einmal daran erinnert, dass auch das Methodenrepertoire der Direkten Instruktion bzw. des Interaktiven Klassenunterrichts den Schüler als seinen eigenen Lehrer zum Ziel hat. Es geht also auch bei Unterricht, der in der Anfangsphase stärker lehrergesteuert ist als die sogenannten offenen Lernformen, letztlich um selbstbestimmtes Lernen. Letzteres gilt zu Recht als Grundvoraussetzung für *lifelong learning*, das für eine gelingende Lebenspraxis keineswegs nur aus utilitaristischen Gründen von herausragender Bedeutung ist.

8.1.2 Kooperatives und handlungsorientiertes Lernen in der Nachfolge von Dewey

In den letzten Jahrzehnten hat es eine unüberschaubare Fülle von empirischen Untersuchungen zum *collaborative* und *cooperative learning* gegeben. Ursprünglich bezeichnete *collaborative learning* eine Zusammenarbeit der Lernenden mit dem Ziel, bei einer vorgegebenen Aufgabe zu einem Konsens bzw. einer gemeinsamen Lösung zu kommen. Beim *cooperative learning* bearbeiten die Schülerinnen und Schüler bei der angesprochenen terminologischen Unterscheidung Teile einer Aufgabe getrennt und führen die einzelnen Lösungsvorschläge in einem gemeinsamen Gruppenergebnis zusammen.

Spätestens seit Norm Green und dem zusammen mit seiner Frau Kathy Green entwickelten Trainingsprogramm für Lehrpersonen (Green & Green 2005) überwiegt der Terminus kooperatives Lernen. Die beiden Pädagogen verbinden mit *cooperative learning* ein variantenreiches, aber gleichwohl in seiner grundlegenden Ausrichtung bzw. Zielsetzung festgefügtes Konzept, welches den Aspekt der Zusammenarbeit im Interesse aller Gruppenmitglieder betont. In Kapitel 2 des soeben genannten Trainingsbuches erläutern Green & Green (2005: 33-37) in knapper Form die aus ihrer Sicht wichtigsten wissenschaftlichen Erkenntnisse über Gruppenarbeit in Form des kooperativen Lernens anhand von ca. 25 empirisch-quantitativen Untersuchungen aus den 1960er und 1970er Jahren.

Green & Green benennen insgesamt vierzehn Aspekte, die durch kooperatives Lernen besonders gefördert werden können, z. B. 4. Erweiterung des Selbstwertgefühls (ibid.: 33), 7. Entwicklung von Kommunikationskompetenz (ibid.: 34), 9. Förderung positiver interkultureller Beziehungen (ibid. 35) sowie 13. Etablierung einer Atmosphäre von Kooperation und Hilfsbereitschaft (ibid.: 36) und 14. Entwicklung gegenseitiger Verantwortung (ibid. 37). Auffällig ist, dass sich nur ein einziger Aspekt unter den vierzehn sich auf kognitive Lernergebnisse bezieht, nämlich 1. Entwicklung von Denkfähigkeiten auf höherem Niveau (ibid.: 33). Deshalb ist es interessant, den Ansatz der Greens mit neueren Forschungsergebnissen, u. a. von Hattie, Marzano und Wellenreuther, zu vergleichen (vgl. Abschnitt 8.2.2).

Mit der Frage, ob die besondere Betonung sozialer und affektiver Ziele beim kooperativen Lernen berechtigt ist bzw. ob soziale Kompetenzen vorrangig durch bestimmte Formen der Zusammenarbeit in Kleingruppen erreicht werden können, beschäftigen wir uns in den folgenden Abschnitten. An dieser Stelle wollen wir einen kurzen Blick auf den „Urheber“ dieses Strebens nach der Herausbildung von demokratischen Gemeinschaften werfen, nämlich John Dewey (1859–1952). Bereits zu Beginn des 20. Jahrhunderts hat der US-amerikanische Philosoph und Pädagoge die enge Verbindung zwischen Demokratie und Erziehung herausgestellt.

Den meisten von uns ist Deweys Motto *learning by doing* geläufig, durch das er der Erfahrung beim Lernen besondere Bedeutung beimisst. Handlungsorientierung und insbesondere *project-based* bzw. *problem-based learning* – im angelsächsischen Raum werden beide Begriffe weitgehend synonym als PBL gebraucht – sind eng mit Deweys Erziehungskonzept verbunden. Auf Dewey berufen sich nicht nur die Reformpädagogen, sondern auch empirisch-quantitativ arbeitende Erziehungswissenschaftler wie Hattie (2009; 2012; vgl. Abschnitt 8.2.2). Mindestens genauso bedenkenswert wie die erfahrungsbasierte Handlungsorientierung ist Deweys Modellierung einer auf Demokratie ausgerichteten Erziehung.

In einem seiner Hauptwerke wird deutlich, dass Demokratie für Dewey in erster Linie eine bestimmte Form des Zusammenlebens ist, das auf gemeinsamen Werten und dem Wunsch nach Verbesserung gesellschaftlicher Verhältnisse beruht (Dewey 1916). Durch eine entsprechende Erziehung möchte Dewey erreichen, dass die Strukturen des Kapitalismus in einen sozialen Humanismus überführt werden, sodass jeder ein erfülltes, nicht entfremdetes Leben führen kann. Dewey kritisierte das bestehende amerikanische Schulwesen auf schärfste und gründete zusammen mit seiner Frau Alice Dewey eine Versuchsschule in Chicago, die *laboratory school*, an der sich Hartmut von Hentig bei der Gründung der Bielefelder Laborschule orientiert hat.

Einen guten Einblick in Deweys philosophisches und pädagogisches Denken gibt das folgende längere Zitat aus seiner frühen Schrift *The School and Society:*

> Eine Gesellschaft ist eine Anzahl von Menschen, die zusammenhalten, weil sie nach gleicher Richtung, in gleichem Geiste und in Erstrebung eines gleichen Ziels arbeiten. Die gemeinsamen Bedürfnisse und Zwecke fordern einen wachsenden Austausch der Ansichten und ein Wachsen gleichartigen Fühlens. Der Hauptgrund, warum die Schule von heute sich in einer natürlichen, sozialen Gemeinschaft nicht ausbilden kann, ist eben der, dass diese Elemente gemeinsamer, produktiver Arbeit fehlen. Auf dem Spielplatze, bei Spiel und Sport tritt diese gesellige Vereinigung spontan und unvermeidlich ein. Hier gibt es etwas zu tun, muß etwas geleistet werden: Die Arbeitsteilung, das Erwählen von Führern und Helfern, das gemeinsame Mitwirken und Nacheifern stellt sich dabei ganz von selbst ein. In der Schulstube aber fehlt [sic] sowohl die Notwendigkeit wie auch das Bindemittel zu einer gemeinsamen Organisation. Vom ethischen Standpunkte aus betrachtet liegt die tragische Schwäche der jetzigen Schule darin, dass sie sich bemüht, zukünftige Mitglieder des Gemeinwesens in einer Umgebung zu erziehen, in der die Bedingungen des sozialen Geistes vollständig fehlen. (Dewey 1988/1900; übersetzt von Else Gurlitt, 1905, zitiert nach M. A. Meyer und D. H. Heckt 2008: 9)

Dieses Zitat liefert eine hinreichende Begründung für bestimmte Formen des kooperativen Lernens, die wir in Abschnitt 8.3 genauer kennenlernen werden. Andererseits werfen Deweys Vorstellungen Fragen auf:

- Woher nimmt Dewey die Sicherheit, dass sich in Gemeinschaften zwar unterschiedliche, aber dennoch geteilte Interessen herausbilden? Widerspricht diese Position nicht in irgendeiner Form unseren heutigen Vorstellungen, dass jeder Mensch für sich eine eigene Wirklichkeit aufgrund seiner Erfahrungen konstruiert?
- Trifft das im Zitat implizierte Ideal einer Gemeinschaft nicht auch auf kriminelle Banden – ich denke z.B. an Gangs oder mafiöse Vereinigungen – zu?
- Wieso ist sich Dewey sicher, dass eine Überwindung von Rivalität bzw. Konkurrenz dergestalt möglich ist, dass alle am gesellschaftlichen und insbesondere wirtschaftlichen Wachstum teilhaben und ein erfülltes Leben führen können? (für eine ausführliche Kritik vgl. Reich o. J.)

Deweys Hauptgedanken sind trotz dieser kritischen Fragen, wie bereits angedeutet, immer noch relevant. Sie stammen aber aus einer Zeit, in der Erfahrungen, die für uns heute prägend sind, noch fehlten, z. B. dass Heterogenität stets auch Verschiedenartigkeit einschließt und dass wirtschaftliches Wachstum keineswegs zu einem erfüllten Leben für alle führt. Dennoch sind Deweys Grundgedanken für kooperatives und handlungsorientiertes Lernen, welches wir als Mittel zur Vertiefung und Konsolidierung von Wissen, Können und Einstellungen einsetzen, richtungsweisend. Als alleinige Form des Kompetenzerwerbs ist kooperatives Lernen nach Ausweis der Forschungsergebnisse (vgl. Abschnitt 8.2.2) ungeeignet: Es ist zu zeitaufwendig und benachteiligt lernschwächere Schülerinnen und Schüler, während begabtere Lernende kaum davon profitieren.

8.2 Zur Arbeit in Kleingruppen

8.2.1 Grundsätzliches

Im herkömmlichen Unterricht nimmt die Arbeit in Kleingruppen großen Raum ein. Das kann man sehen, wenn man sich Transkriptionen von Unterricht ansieht.

Vor Jahren hat der Fachbereich Erziehungswissenschaften an der Universität Frankfurt am Main das *Archiv für pädagogische Kasuistik* (ApaeK) ins Leben gerufen, um die Ausbildung der Lehramtsstudierenden durch die Analyse von authentischen Unterrichtsbeispielen zu verbessern. Diese Sammlung von Fallmaterial aus der pädagogischen Praxis in Schule und Unterricht ist für „rekonstruktionslogisch orientierte Forschungen" bestimmt (vgl. den Einführungstext auf der Homepage des ApaeK).

In der Regel entstehen die Unterrichtstranskripte – Mitte 2014 waren es 775 – dadurch, dass Lehramtstudierende der Universität sowie Praktikanten am Unterricht in ihren Studienfächern teilnehmen, den Unterricht per Audio, meist aber per Video aufzeichnen und anschließend transkribieren. Diese Transkriptionen werden mit den im Unterricht verwendeten Materialien und weiteren Zusatzinformationen auf der Plattforn anonymisiert eingestellt (www.apaek.uni-frankfurt.de). Über die Transkripte hinaus hält das Archiv 285 Unterrichtsbeschreibungen sowie weitere Dokumente in der Datenbank bereit.

Betrachtet man Transkriptionen aus verschiedenen Unterrichtsfächern, in verschiedenen Schulformen und verschiedenen Jahrgangsstufen genauer, kann man für die Mehrzahl der gehaltenen Unterrichtsstunden Folgendes feststellen:

- Der Unterricht in Kleingruppen findet in jeder Phase des Unterrichts statt, gleichgültig, ob die Lernenden das Wissen, welches die Voraussetzung für selbstbestimmtes Lernen ist, bereits erworben haben oder nicht.
- Oft dient das verteilte Arbeitsblatt der „selbstständigen" Erarbeitung des neuen Lernstoffs, ohne dass die Lehrpersonen sich Rechenschaft darüber abzulegen scheinen, dass die Schülerinnen und Schüler damit überfordert sind bzw. dass viel kostbare Zeit zum Lernen vertan wird.
- In den meisten Fällen fehlen klare Aufgabenanweisungen, sodass die Lernenden weder etwas über die Ziele, noch die Lernintentionen und die Erfolgskriterien bezüglich der Erarbeitung des neuen Lerninhalts erfahren.
- Vor allem fehlen Angaben, in welcher Form die Gruppenarbeit erfolgen soll. Oft finden sich die Lernenden aufgrund der jeweiligen Sitzordnung zusammen, ohne dass die Lehrperson strukturierend eingreift.
- Über den Hinweis hinaus, die Lernenden mögen zusammenarbeiten und sich gegenseitig helfen, bestimmen die Lehrpersonen in der Regel nicht, wer was erar-

beitet, ob beispielsweise arbeitsteilig vorgegangen werden soll und wie die einzelnen Gruppenmitglieder zum Zustandekommen des Ergebnisses und seiner Präsentation in der Gruppe, in anderen Gruppen und/oder im Plenum beitragen.

Viele Lehrpersonen scheinen darauf zu vertrauen, dass die Schülerinnen und Schüler in „ihren" Tandems und Kleingruppen schon irgendwie klarkommen. Es ist einer lernwirksamen Unterrichtspraxis jedoch höchst abträglich, wenn die Lernenden das Zusammenarbeiten in Gruppen durch *trial and error* erlernen sollen. Es bedarf zunächst einer sorgfältigen Erarbeitung geeigneter Formen des Feedbacks unter Peers, wenn das Potenzial der Gruppenarbeit ausgeschöpft werden soll (vgl. dazu ***Kap. 9***, Abschnitt 9.3.2). In den angelsächsischen Ländern, besonders in den USA, stehen den Lehrpersonen Videos zur Verfügung, mit deren Hilfe die Schülerinnen und Schüler nach und nach die gedeihliche Zusammenarbeit aus eigener Anschauung erlernen können.

Nicht nur das Feedback der Lernenden untereinander ist für lernförderlichen Unterricht entscheidend. In allen Phasen des Unterrichts, also auch beim Üben in Einzel- oder in Gruppenarbeit, ist das Feedback, welches die Lehrpersonen von den Lernenden erhalten, hinreichend zu berücksichtigen. Es dürfen beim *assertive questioning* keineswegs nur die Lernenden zu Wort kommen, von denen Lehrpersonen die passenden Antworten erwarten (vgl. ***Kap. 6***, Abschnitt 6.4). Gerade bei Kleingruppenarbeit und insbesondere bei kooperativen Lernformen müssen auch die lernschwächeren Schülerinnen und Schüler aktiviert werden. Folgende Strategien bieten sich an (vgl. auch zum Folgenden De Florio-Hansen 2014: 117):

- Freiwillige antworten: Meist rufen Lehrpersonen diejenigen auf, die sich melden. Dadurch geht es zügig voran, das „Mittelfeld" und vor allem die lernschwächeren Schülerinnen und Schüler werden jedoch nicht ausreichend gefördert.
- Die Lehrkraft nimmt von sich aus eine Schülerin oder einen Schüler dran. Ein Feedback von den Lernschwächeren erhält die Lehrperson aber meist nur dann, wenn sie ihnen genügend Zeit zum Überlegen einräumt.
- Freiwillige aus einer *buzz group,* einer kleinen Diskussionsrunde zur Lösung einer bestimmten Teilaufgabe der Übungsaktivität, antworten.
- Die Lehrperson ruft von sich aus eine Schülerin oder einen Schüler aus der *buzz group* auf.

Buzz groups – *buzz* wird umgangssprachlich als Stimmengewirr wiedergegeben – können selbstverständlich in allen Phasen des Unterrichts eingesetzt werden. Bei umfänglichen Übungsaktivitäten in Kleingruppen stellen die (Zwischen-)Ergebnisse dieser kleinen Diskussionsrunden sicher, dass mögliche Fehlinterpretationen und irrige Auffassungen das Endergebnis nicht beinträchtigen.

Fazit: Jede Form von Kleingruppenarbeit und insbesondere kooperative Lernformen bedürfen klarer, nachvollziehbarer Festlegungen in Bezug auf:

– die Ziele, die Lernintentionen und die Erfolgskriterien sowie die Verknüpfung mit vorhandenem didaktischem und lebensweltlichem Wissen,

- die Gruppenzusammensetzung (Leitfragen: Soll in Tandems oder in Teams bis zu vier Lernenden gearbeitet werden? Welche Aufgaben, z. B. „Zeitnehmer" oder „Moderator", haben die einzelnen Lernenden in ihrer Gruppe? Worüber sollen sie sich in welcher Form untereinander austauschen? Soll eine zeitweilige Zusammenarbeit über die Stammgruppe hinaus erfolgen?),
- den inhaltlichen Beitrag der einzelnen Gruppenmitglieder zum gemeinsamen Ergebnis,
- die Form der Darstellung des Gruppenergebnisses sowie der Evaluation und Bewertung einzelner Lernender sowie der Gesamtgruppe,
- die Formen des Feedbacks, welches die Lehrperson von den Lernenden als Rechenschaftslegung erwartet.

8.2.2 Neuere Forschungsergebnisse zum kooperativen Lernen

„Within cooperative situations, individuals seek outcomes that are beneficial to themselves and beneficial to all other group members," umreißen David W. Johnson & Robert T. Johnson (2013: 372) das zentrale Anliegen des kooperativen Lernens. Johnson & Johnson untersuchen seit Jahren *cooperative learning* mit empirisch-quantitativen, insbesondere experimentellen Methoden und gelten weltweit als führend bei der Erforschung kooperativer Lernformen im Vergleich zu anderen Formen der Kleingruppenarbeit wie dem *competitive* und dem *individualistic learning*.

Grundlage der Überlegungen von Johnson & Johnson ist die *Social Interdependence Theory*, die mit Deweys Forderungen nach demokratisch ausgerichteter Erziehung unter Abbau von Rivalitäten in Verbindung gebracht werden kann. Diese Theorie der sozialen Abhängigkeit, die hauptsächlich auf Morton Deutsch (1949, 1962) zurückgeht, besagt, dass es in Gruppen mit gemeinsamen Zielen zwei Arten von sozialer Abhängigkeit geben kann, nämlich die positiv zu bewertende Kooperation (*cooperation*) und das negative Konkurrenzverhalten (*competition*), bei dem sich die Lernenden gegenseitig behindern, um selbst ein besseres Ergebnis zu erreichen (vgl. Johnson & Johnson 2013: 372 ff.).

Eine positive Abhängigkeit ist gegeben, sobald die Lernenden verstehen, dass sie ihre eigenen Ziele nur dann erreichen können, wenn die anderen Gruppenmitglieder die gesteckten Ziele ebenfalls erreichen. Unter dieser Bedingung sind sie darum bemüht, die Mitlernenden in ihren Lernanstrengungen auf dem Weg zu den Zielen zu unterstützen, weil davon auch ihr eigener Erfolg abhängt. Eigennutz (*self-interest*) muss in gemeinsamen Nutzen (*joint interest, mutual interest*) überführt werden. Das setzt im Unterricht die Ausbildung einer entsprechenden Haltung bei den Schülerinnen und Schülern voraus. Außerdem kommt es wesentlich darauf an, dass die Lehrperson durch die Aufgabenstellung kooperatives Lernen im beschriebenen Sinn auch tatsächlich ermöglicht und fördert (vgl. Abschnitt 8.3).

Über die positiven und negativen Folgen von sozialer Abhängigkeit hinaus führen Johnson & Johnson (ibid.) noch einen weiteren Aspekt in die Diskussion ein: Es gibt auch (Lern-)Situationen, in denen keine Abhängigkeit zustande kommt (*no interdependence*), nämlich dann, wenn die Lernenden den Eindruck haben, sie könnten ihre Ziele unabhängig von Zusammenarbeit oder Konkurrenz erreichen. Das ist m. E. die im herkömmlichen Fremdsprachenunterricht am häufigsten anzutreffende Situation, nämlich *individualistic learning* in Kleingruppen. Diese „Beziehungslosigkeit" führt ebenfalls wie Konkurrenzverhalten zu schlechteren Ergebnissen sowohl im kognitiven Bereich als auch in Bezug auf soziales Lernen.

Hattie, der sich in größerem Umfang auf die Untersuchungen von Johnson & Johnson stützt, hat in seiner Studie die Effektstärken für verschiedene Formen des Zusammenspiels von *cooperative, competitive* und *individualistic learning* berechnet. Aufgrund einer großen Zahl von Primärstudien und Meta-Analysen kommt er zu folgenden Ergebnissen (vgl. Hattie 2009: 212ff.):

- cooperative learning versus heterogeneous classes: d = 0.41
- cooperative versus individualistic learning: d = 0.59
- cooperative versus competitive learning: d = 0.54
- competitive versus individualistic learning: d = 0.24

Die Effektstärken fallen, wie wir feststellen konnten (vgl. ***Kap. 3***), je nach Schwerpunktsetzungen des einzelnen Forschers unterschiedlich aus. Marzano et al. (2001) beziffern kooperatives Lernen mit einer Effektstärke von 0.73. Die Unterschiede zu obigen Ergebnissen von Hattie sind u.a. darauf zurückzuführen, dass Marzano den Lerneffekt in Bezug auf andere Kriterien misst als Hattie, der ausschließlich auf kognitive Lerneffekte fokussiert (vgl. ***Kap. 3,*** Abschnitt 3.3.2). Außerdem trifft Marzano unter den Primärstudien und Meta-Analysen eine sorgfältigere Auswahl als der neuseeländische Forscher. Marzano et al. stützen sich meist auf experimentelle Untersuchungen, vor allem auf Meta-Analysen von Marzano selbst.

Wie zu Beginn dieses Abschnitts angedeutet, haben Johnson & Johnson mehrfach detaillierte Übersichten über die Auswirkungen von *cooperative learning* auf verschiedene Bereiche vorgelegt (vgl. *Cooperative Learning Institute:* www.co-operation.org). Sie geben die Effektstärken für die Lernwirksamkeit des *cooperative learning* nicht nur im fachlichen und sozialen Bereich an, sondern auch hinsichtlich der Selbsteinschätzung der Schülerinnen und Schüler. Sie betonen immer wieder die positiven Effekte kooperativen Lernens:

> Cooperative Learning has powerful effects on academic achievement. It is directly based on social interdependence theory, there are hundreds of research studies validating its effectiveness, and there are clear operational procedures for educators to use. (Johnson & Johnson: 2013: 372)

Bei der Arbeit in Kleingruppen plädieren Johnson & Johnson ebenso wie Hattie, Marzano, Wellenreuther und zahlreiche andere Wissenschaftler und Pädagogen für kooperative Lernformen. Sie schließen aber andere Formen, auch solche die auf Konkurrenzverhalten beruhen, nicht gänzlich aus (vgl. auch zum Folgenden De Florio-Hansen 2014: 127). Johnson & Johnson (2013: 374) nennen sieben Voraussetzungen, unter denen auch der Wettbewerb der Lernenden untereinander lernförderlich sein kann, nämlich u. a. dann, wenn konkurrierendes Vorgehen in einem kooperativen Kontext stattfindet und die Ergebnisse des Wettbewerbs nicht überbewertet werden. Ebenso kann gelegentliches individualistisches Lernen in einem kooperativen Lernumfeld zu guten Effekten führen. Diese Formen heißen Johnson & Johnson aber nur dann gut, wenn sie als methodische Abwechslung eingesetzt werden: „... for fun changes of pace and to provide some variety in instructional situations" (Johnson & Johnson 2013: 374).

Fazit: Cooperation for learning, competitive and individualistic learning just for fun and variety.

8.3 Formen kooperativen Lernens

8.3.1 Gemeinsame Anforderungen an alle Formen des kooperativen Lernens

Bevor wir uns einzelnen Formen der kooperativen Zusammenarbeit in Tandems und/oder Teams (bis zu vier Lernenden) zuwenden, gebe ich eine Übersicht dessen, was Johnson & Johnson (2013: 372) in obigem Zitat als „clear operational procedures for educators to use" bezeichnet haben. Es handelt sich um Anforderungen, die über die in Abschnitt 8.2.2 genannten Aspekte hinausgehen und sich als allgemeine Schlussfolgerungen aus den empirischen Untersuchungen ergeben.

Fazit:

- Alle Lernenden wissen, dass kein Gruppenmitglied ohne die anderen erfolgreich sein kann; es besteht ein positiver Zusammenhalt in der Gruppe.
- Jedes Gruppenmitglied fühlt sich dafür verantwortlich, seinen individuellen Anteil zum gemeinsamen Ergebnis beizutragen.
- Die Mitglieder unterstützen sich untereinander fachlich und sozial-affektiv durch geeignete Interaktion und den Austausch von Ressourcen.
- Die Lernenden machen sich mit einem lernförderlichen Verhalten beim kooperativen Lernen vertraut, d. h. sie üben unter Anleitung der Lehrperson *interpersonal* und *small-group skills* ein.
- Die Lernenden verfügen über meta-kognitive Strategien, um sich in regelmäßigen Abständen über den Ablauf ihrer Zusammerarbeit auszutauschen. Sie besprechen u. a., wie gut sie die gesteckten Ziele erreicht haben, welches Verhalten in der Gruppe mehr oder weniger produktiv war und wie sie mögliche Verbesserungen erreichen können.
- Am Ende bzw. am Anfang und am Ende stehen kurze formative (Selbst-)Tests. Sie dienen zum einen der Selbstevaluation; zum anderen können die Lernschwächeren aufgrund der Ergebnisse zusätzliche Hilfen von den Peers (gegebenenfalls auch von der Lehrperson) erhalten.

Auf dieser Grundlage stelle ich fünf Formen des kooperativen Lernens vor und gebe Anregungen, wie sie im Fremdsprachenunterricht umgesetzt werden können. Ich beschränke mich auf Verfahren des *cooperative learning*, die sich für fremdsprachliches Lernen eignen. Vor allem aber konzentriere ich mich auf die Verfahren, die empirisch gut belegt sind. Dabei stütze ich mich vor allem auf Wellenreuther (vgl. ***Kap. 3***, Abschnitt 3.4.3), der in der neuesten Auflage seines Buches: *Lehren und Lernen – aber wie?* den Methoden kooperativen Lernen ein ganzes Kapitel widmet (Wellenreuther [7]2014: 434ff.). Im Rahmen dieses umfangreichen neunten Kapitels geht er in Abschnitt 9.4 auf empirisch geprüfte Formen der Gruppenarbeit ausführlich ein (ibid.: 448ff.).

Als besonders lernwirksam gelten

1. das Gruppenturnier (TGT, *Teams-Games Tournament*) (vgl. Abschnitt 8.3.2),

2. die Gruppenrallye (STAD, *Student Teams-Achievement Divisions*) (vgl. Abschnitt 8.3.3),

3. das Individualisierte Lernen mit Teamunterstützung (TAI, *Team Assisted Individualization*) (vgl. Abschnitt 8.3.4),

4. das Gruppenpuzzle (*Jigsaw-Method*) (vgl. Abschnitt 8.3.5)

Diese vier kooperativen Lernformen eignen sich für alle Inhalte des Fremdsprachenunterrichts. Eine Abweichung von der bisherigen Forderung, nur Lerninhalte üben zu lassen, die die Schülerinnen und Schüler bereits weitgehend beherrschen, stellt das zuletzt genannte Gruppenpuzzle/*Jigsaw-Method* dar. Bei dieser Form der Zusammenarbeit wird neuer Lernstoff erarbeitet. Die positiven Effekte des Verfahrens liegen vor allem im sozialen Bereich. Gerade in Lerngruppen mit einem hohen Anteil an Lernenden mit Migrationsgeschichte hat sich dieses Verfahren bewährt.

5. Reziprokes Lernen (*Reciprocal Teaching*) (vgl. Abschnitt 8.3.6)

Diese fünfte Form kooperativen Lernens dient der Verbesserung des Leseverständnisses. Das Verfahren stellt zwar hohe Anforderungen an die Zusammenarbeit der Lernenden, ist aber – wenn es in vollem Umfang beherrscht wird – höchst lernwirksam.

8.3.2 Gruppenturnier (TGT, *Teams-Games Tournament*)

Die folgenden drei Formen des *cooperative learning* gehen auf den US-amerikanischen Forscher R. E. Slavin zurück, der sie seit den 1980er Jahren hauptsächlich an der Johns Hopkins University in Baltimore, Maryland, USA entwickelt und empirisch erforscht hat (vgl. u. a. Slavin [2]1995). Neben Johnson & Johnson (vgl. Abschnitt 8.2.2) ist Slavin führend auf dem Gebiet des *cooperative learning.* Ihm gebührt das Verdienst, über die drei Verfahren hinaus, die wir uns im Folgenden kurz anschauen werden, einige weitere kooperative Lernformen selbst entwickelt oder zumindest weiterentwickelt zu haben und durch sein *Success for all-Model* zu positiven Entwicklungen im US-amerikanischen Schulwesen beigetragen zu haben.

Das Gruppenturnier (TGT, *Teams-Games Tournament*) beruht auf einem Wettbewerb zwischen Lernenden mit etwa gleichem Kenntnisstand und Leistungsvermögen. Nach der lehrergesteuerten Darbietung des neuen Lernstoffs und verschiedenen Formen des Übens erfolgt eine Vertiefung und Vernetzung des Gelernten in heterogenen Vierergruppen. Die Überprüfung der Lernergebnisse, die während der Gruppenarbeit erzielt werden, erfolgt durch einen Wettbewerb. Bei diesem „Turnier" treten Schülerinnen und Schüler mit etwa gleichem Leistungsstand über die Gruppen hinweg gegeneinander an. Die Lernenden in jeder Vierergruppe müssen also vor dem Wettbewerb dafür sorgen, dass ihre Gruppenmitglieder möglichst gut auf das Turnier vorbereitet sind. Da jeder Lernende gegen Mitlernende des gleichen Niveaus antritt und der Punktwert unabhängig vom Leistungsvermögen vergeben wird, kann jede Schülerin bzw. jeder Schüler gleich viel zum Teamerfolg beitragen. Vierergruppen, die besonders gut abschneiden, erhalten als Auszeichnung ein Teamzertifikat. Beim Gruppenturnier können die sonst üblichen kurzen Selbsttests entfallen.

Beispiel für die Umsetzung

Eine Variante des Gruppenturniers, die für den Fremdsprachenunterricht gut geeignet ist, besteht darin, dass die Schülerinnen und Schüler des annähernd gleichen Niveaus sich an je einem Gruppentisch zusammenfinden und Aufgabenkarten bearbeiten. Schüler 1 nimmt eine Karte vom Stapel und liest die Aufgabe vor. Die übrigen Lernenden notieren die Lösung, die daraufhin abgeglichen wird. Für jede richtige Antwort dürfen sich die Lernenden einen Punkt gutschreiben. Dann nimmt Schüler 2 eine Karte auf, liest die Aufgabe vor, usw.

Um der Lehrperson zusätzlichen Aufwand zu ersparen und den Schülerinnen und Schülern weitere Gelegenheiten zum Lernen zu geben, können die Lernenden die Aufgabenkarten selbst erstellen. Als Hausaufgabe gestaltet jeder Lernende vier Aufgaben (von leicht über mittel bis schwer sowie sehr schwer) und notiert sie auf Karten. Die Lehrperson wählt dann für das Turnier die passende Zahl an Aufgabenkarten aus. (Die Karten können für spätere Wiederholungen weiterverwendet werden).
Die Aufgaben auf den Karten sind auf die neuen Lerninhalte abzustimmen. Bewährt haben sich für das Gruppenturnier folgende Aufgaben:

- Die Beurteilung der sprachlichen Richtigkeit von Sätzen: Dabei können korrekte sowie fehlerhafte Sätze vorgegeben werden.
- Die Beurteilung der inhaltlichen Richtigkeit von Sätzen oder kurzen Textabschnitten: Die Abweichungen können sich auf den Inhalt literarischer Texte, auf landeskundliche Informationen sowie auf interkulturelle Situationen beziehen.
- Die Paraphrasierung von Wörtern oder Ausdrücken in Anlehnung an das Tabu-Spiel: Das treffende Wort muss verständlich umschrieben werden. Umgekehrt kann aus der Umschreibung die passende Vokabel oder die passende Wortverbindung erschlossen werden.

8.3.3 Gruppenrallye (STAD, *Student Teams-Achievement Divisions*)

Die Lernenden erhalten zur Vertiefung des neuen Lernstoffs, der zuvor von der Lehrperson erklärt, modelliert und/oder vorgeführt wurde, pro Tandem zwei Arbeitsbögen. Tandempartner 1 löst die Aufgaben des einen Arbeitsblattes unter Einsatz des Lauten Denkens; Tandempartner 2 unterstützt ihn dabei. Anschließend bearbeitet Tandempartner 2 die Aufgaben des zweiten Arbeitsblattes, ebenfalls laut denkend, und Tandempartner 1 hilf ihm dabei. Finden die beiden Tandempartner bei einer Aufgabe keine einvernehmliche Lösung, können sie andere Tandems um Rat fragen. Führt auch das nicht zum Erfolg, steht die Lehrperson mit entsprechenden Hinweisen und Feedback zur Verfügung. Am Schluss findet ein individueller Test für jeden Lernenden statt. Der Erfolg der Tandemgruppe besteht aus der Addition der beiden Testergebnisse.

Nach Slavin kann die Gruppenrallye auch in Vierergruppen durchgeführt werden. Dann ist darauf zu achten, dass in jeder Gruppe ein lernschwächerer Schüler, zwei aus dem Mittelfeld und ein leistungsstarker Lernender vertreten sind. Jeder unterstützt jeden so, dass alle größere Lernerfolge erzielen und beim individuellen Anschlusstest zu einem guten bis sehr guten Gruppenergebnis beitragen.

8.3.4 Individualisiertes Lernen mit Teamunterstützung (TAI, *Team Assisted Individualization)*

Die Übertragung von TAI ins Deutsche, nämlich *individualisiertes Lernen mit Teamunterstützung*, könnte zu dem Missverständnis führen, es handele sich bei der *Team Assisted Individualization* um individualisiertes Lernen im Sinne der im deutschsprachigen Raum propagierten offenen Unterrichtsformen. Ebenso wie das Gruppenturnier und die Gruppenrallye ist TAI für Slavin jedoch ein besonders lernwirksamer Bestandteil von Direkter Instruktion. *Team Assisted Individualization* wurde ursprünglich für den Mathematikunterricht entwickelt, lässt sich aber mit entsprechender Adaption auf den Fremdsprachenunterricht übertragen. Es eignet sich m. E. vor allem für Schülerinnen und Schüler der Jahrgangsstufen 5 bis 7.

Nachdem die Lehrperson in den neuen Gegenstand eingeführt hat, bearbeiten die Lernenden zunächst individuell ein Arbeitsblatt, z. B. zu einer neuen Zeitform oder zu den Formen der Steigerung von Adjektiven und Adverbien anhand von inhaltlich motivierenden Beispielen. Das können auf der genannten Altersstufe Erlebnisse mit Tieren, kurze Fantasygeschichten, aber auch Comics mit leeren Sprechblasen sein. Die Lösungen werden mithilfe eines Lösungsbogens abgeglichen. Weitere Arbeitsblätter können folgen. Sobald einzelne Lernende ca. 80 % der gestellten Aufgaben richtig lösen, werden sie zu einem Check-Out-Test zugelassen. Bei unzureichendem Abschneiden helfen die anderen Mitglieder der Gruppe und gegebenenfalls die Lehrperson weiter, bis alle den Abschlusstest erfolgreich bestehen (vgl. Wellenreuther 2011a: 94).

Dieses Verfahren ist besonders gut als Vorbereitung auf Klassenarbeiten geeignet. Während viele Schülerinnen und Schüler zu Hause ohne Unterstützung lernen oder von den Eltern möglicherweise zu oberflächlichem Pauken angehalten werden, bietet das TAI die Hilfe durch Peers und letztlich auch ein Scaffolding durch die Lehrperson.

8.3.5 Gruppenpuzzle (*Jigsaw-Method*)

Wie oben angedeutet, wird das Gruppenpuzzle häufig zur Erarbeitung neuer Lerninhalte eingesetzt. In seiner Grundform läuft es folgendermaßen ab: Die Lehrperson unterteilt den neuen Lernstoff in mehrere Bereiche. Ein gängiges Beispiel ist die Untergliederung einer neuen Lehrwerklektion in vier Teile. Beispielsweise kann die Lehrerin oder der Lehrer eine Aufteilung nach eher formal-sprachlichen Aspekten (z. B. unbekanntes Vokabular, neue grammatische Strukturen, Redewendungen, zielsprachige Gliederungspartikeln) und eher pragmatischen Komponenten (z. B. um Wiederholung oder Erklärung bitten; eine abweichende Meinung äußern; Erlebnisse aus der Kindheit schildern) vornehmen. Hinzu kommen inhaltliche Aspekte (z. B. eine Zeitreise ins Amerika, England, Frankreich, Spanien oder Mexiko des 18. Jahrhunderts unternehmen) bzw. landeskundliche und interkulturelle Gesichtspunkte (z. B. die wichtigsten irischen Kulturdenkmäler erläutern; in einer schwierigen Situation zwischen Kindern und Jugendlichen vermitteln, die nicht die gleiche Sprache sprechen; eine kritische Situation bei einer interkulturellen Begegnung schildern).

Jedes Gruppenmitglied ist als „Experte" für einen der vier Bereiche zuständig. Dabei kann die Lehrperson die Aufgaben nach ihrer Kenntnis des Lernstandes der einzelnen Schülerinnen und Schüler verteilen. Nur Lernende mit einer hinreichenden Erfahrung im *cooperative learning* sind nach kurzer Sichtung des von der Lehrperson vorgegebenen Materials in der Lage, ohne zeitraubende Diskussionen oder gar Streitigkeiten die Aufgaben untereinander aufzuteilen.

Zunächst werden die einzelnen Bereiche in arbeitsteiliger Form in der jeweiligen Stammgruppe bearbeitet. Zum „Experten" für einen der vier Teile werden die Lernenden vor allem dadurch, dass sie sich über die Gruppen hinweg mit denjenigen Peers austauschen, die den gleichen Aspekt bearbeiten. Wenn sie sich hinreichend informiert haben, kehren sie in ihre Stammgruppen zurück und berichten den Mitgliedern ihres Teams von den Ergebnissen ihrer Recherchen. Diese Information der anderen Gruppenmitglieder stellt die wirkliche Herausforderung beim Gruppenpuzzle dar, denn sie muss so erfolgen, dass schließlich alle die gesamte Aufgabe bewältigen können. Am Ende steht, wie generell bei kooperativen Lernformen, nämlich ein Test, bei dem alle Schülerinnen und Schüler unter Beweis stellen müssen, dass sie den gesamten neuen Lernstoff beherrschen. Es zählen sowohl die Einzelergebnisse als auch das Gesamtergebnis der jeweiligen Gruppe.

Wie steht es mit dem Lernerfolg bzw. der Wirksamkeit der *Jigsaw-Method*? Wellenreuther (2011a) bewertet das Gruppenpuzzle hinsichtlich der Verbesserung kognitiver Leistungen negativ; der Aufwand sei, was fachliches Lernen angehe, nicht gerechtfertigt. Der Lüneburger Forscher räumt jedoch ein, dass das Gruppenpuzzle sich erwiesenermaßen positiv auf die Motivation und das soziale Lernen auswirkt (Wellenreuther 2011b). Petty (^{2}2009: 145) gibt als Effektstärke für die *Jigsaw-Method* 0.75 an.

Nach Ansicht des britischen Pädagogen ist das Gruppenpuzzle besonders geeignet, die Trennung der Ethnien in multikulturell zusammengesetzten Lerngruppen aufzubrechen:

> Such thoughts are often criticised as ‚social engineering', or as patronizing, or even racist, but I am unrepentant. It is not disrespectful of a student, or of an ethnic group, to want to include them, and to want them both to understand others and to be understood by others. It is not patronizing or racist to want everyone in our society to flourish.
>
> I believe we must have it all, multiculturalism *and* a less divided society. The identity that comes from difference *and* a shared set of values worked out in real-world encounters with each other. Classrooms may be the very best places to do this. (Petty ^{2}2009: 144; Hervorhebungen des Autors)

Möglicherweise sind die fachlichen Lernergebnisse im herkömmlichen Klassenunterricht genauso gut zu erreichen; mit Blick auf „the inclusion of cultural diversity" (De Florio-Hansen 2011) hat sich diese Methode des kooperativen Lernens jedoch aus meiner Sicht bewährt.

Eine Anmerkung zum Schluss: Obwohl sich die Gruppenmitglieder wechselseitig „belehren", hat das Gruppenpuzzle nur wenig mit *Lernen durch Lehren* (LdL) zu tun. Letzteres unterscheidet sich für mich nicht wesentlich von lehrergesteuertem Unterricht. Die Rolle der Lehrperson übernimmt dabei lediglich eine Schülerin oder ein

Schüler. Das mag dazu führen, dass die übrigen Lernenden der Darbietung neuer Lerninhalte besser folgen können, weil Peers möglicherweise eher den richtigen Ton finden. Und der lehrende Lernende profitiert selbstverständlich in erster Linie von diesem Verfahren, weil man nur weitergeben kann, was man selbst gut verstanden hat. Mit kooperativem Lernen, welches immer die Verantwortung eines jeden Gruppenmitglieds für die anderen einschließt, hat LdL zunächst einmal nichts zu tun.

8.3.6 Reziprokes Lernen (*Reciprocal Teaching*)

Wie bereits erwähnt, dient reziprokes Lernen der Verbesserung des Leseverständnisses und der Lesekompetenz. Eigentlich ist die englische Bezeichnung *reciprocal teaching* zutreffender, weil die Schüler abwechselnd die Lehrerrolle übernehmen. Das steht nicht im Widerspruch zu meinen obigen Ausführungen zum *Lernen durch Lehren* (LdL). Im weiteren Verlauf dieses Abschnitts wird deutlich, dass entscheidende Unterschiede zwischen den üblichen Formen des LdL und dem reziproken Lernen bestehen. Sie betreffen vor allem die Zusammenarbeit der Gruppenmitglieder und die wechselseitige Verantwortung füreinander.

Reziprokes Lernen geht auf Annemarie S. Palincsar, eine Wissenschaftlerin an der *University of Illinois, Urbana-Champaign,* USA, zurück. Bereits 1982 hat sie den von ihr konzipierten Ansatz in ihrer Doktorarbeit erläutert. Zusammen mit Ann L. Brown hat Palincsar das *reciprocal teaching* zwei Jahre später der *scientific community* bekannt gemacht (Palincsar & Brown 1984). Mit dem von ihr konzipierten kooperativen Lernverfahren fand und findet die Wissenschaftlerin weltweit Beachtung. Im Laufe der Jahre hat sie mit ihren Mitarbeiterinnen und Mitarbeitern das reziproke Lernen mit den verschiedensten empirisch-quantitativen Methoden, hauptsächlich durch Experimente, überprüft. Auch andere Forscher haben es – unabhängig von Palincsar – empirisch untersucht und seine hohe Lernwirksamkeit immer wieder betätigt. Als Beispiel führt die Wissenschaftlerin die Ergebnisse der Meta-Analyse zweier renommierter amerikanischer Forscher an:

> Rosenshine and Meister (1994) completed a meta-analysis of 16 studies of RT [Reciprocal Teaching], conducted with students from age 7 to adulthood, in which RT was compared with: traditional basal reading instruction, explicit instruction in reading comprehension, and reading and answering questions. They determined that when standardized measures were used to assess comprehension, the median effect size, favoring RT, was .32. When experimenter-developed comprehension tests were used, the median effect size was .88. (Palincsar 2013: 369)

Das Ergebnis der Untersuchungen von Rosenshine & Meister (1994) ist für den Fremdsprachenunterricht u.a. deshalb relevant, weil es zeigt, dass auch bei uns häufig eingesetzte Verfahren zur Überprüfung des Leseverständnisses, nämlich Fragen zum Text, nicht so effektiv sind wie reziprokes Lernen. Die von Palincsar eingeführte Form zur kooperativen Verbesserung des Leseverständnisses hat ihre Lernwirksamkeit auch außerhalb der USA bewiesen, z. B. bei Englisch lernenden Schülerinnen und Schülern in anderen Ländern (Fung et al. 2002). Folglich kann man das reziproke Lernen auch für den Fremdsprachenunterricht nachdrücklich empfehlen.

Für das *reciprocal teaching* sprechen darüber hinaus die Resultate der Hattie-Studie. Es nimmt mit einer Effektstärke von d = 0.74 Rang 9 ein (vgl. Hattie 2009: 204).

Petty ([2]2009: 154) gibt, gestützt auf Marzano, eine noch höhere Effektstärke, nämlich 0.86, an.

Worin besteht diese weltweit propagierte und eingesetzte Form kooperativen Lernens? Wie läuft das *reciprocal teaching* ab, um zu solchen positiven Effekten zu führen? In der Regel arbeiten die Schülerinnen und Schüler beim reziproken Lernen in Vierergruppen zusammen, weil das Verfahren in vier unterscheidbare Schritte gegliedert ist. Im Fremdsprachenunterricht können die Lernenden mit diesem Verfahren sowohl Sachtexte als auch literarische Texte bearbeiten. Die Lehrperson ist gehalten, einen Text bzw. einen Textauszug zu wählen, der den zuvor erarbeiteten Lernstoff vertieft. Wie bei allen Zielsetzungen sollte es sich auch beim reziproken Lernen um eine herausfordernde Aufgabe handeln, welche die Lernenden jedoch nicht überfordert.

Die Mitglieder einer Kleingruppe lesen den Text bzw. den Textausschnitt zunächst in Stillarbeit jeder für sich durch. Auf diese Einzelarbeit folgen vier Schritte:

Schritt 1: Fragen (*Questioning*)
Der ‚Lehrer' – das ist zunächst die Lehrperson selbst, deren Part nach und nach von einzelnen Schülerinnen oder Schülern übernommen wird – stellt den anderen Team-Mitgliedern Fragen zum Text. Wird das *reciprocal teaching* gut beherrscht, weisen diese Fragen eine Progression auf. Zunächst sind es einfache Fragen zum Inhalt des Textes. Die übrigen drei Gruppenmitglieder stimmen sich hinsichtlich ihrer Antworten ab. Bereits an dieser Stelle zeigt sich ein wesentlicher Unterschied zum *Lernen durch Lehren* (LdL). Der ‚Lehrer' evaluiert die Antwort, regt gegebenenfalls zu Korrekturen an und/oder erläutert die richtige Antwort. Wenn das Verfahren sicher beherrscht wird, schließen sich schwierigere, d. h. speziellere und komplexere, Fragen an.

Schritt 2: Zusammenfassung (*Summarizing*)
Ein weiteres Gruppenmitglied fasst den Text mündlich zusammen. Die anderen Team-Mitglieder prüfen die Zusammenfassung und nehmen nach Absprachen untereinander möglicherweise Präzisierungen und Korrekturen vor.

Schritt 3: Klärung (*Clarifying*)
Ein drittes Gruppenmitglied ist dafür zuständig, schwierige Textpassagen zu erläutern und auftretende Fragen so gut wie möglich zu klären. Die Evaluation des *clarifying* erfolgt wiederum in der Gesamtgruppe. (Wenn es keinerlei Klärungsbedarf gibt, kann dieser Schritt entfallen. Vermutlich war der Text dann für die betreffenden Lernenden zu leicht.)

Schritt 4: Vorhersage (*Predicting*)
Der vierte Lernende des Teams hat die Aufgabe vorherzusagen, was vermutlich im nächsten Textabschnitt bzw. im Rest des Textes passiert und/oder behandelt wird. Die übrigen Gruppenmitglieder ergänzen diese Vorausschau durch eigene Hypothesen. Auch in diesem letzten Schritt des reziproken Lernens sprechen sich die Schülerinnen und Schüler untereinander ab. Später überprüfen sie ihre Vorhersagen am weiteren Verlauf des Textes. (Das *predicting* kann entfallen, wenn Hypothesen über den Fortgang des Textes nicht sinnvoll erscheinen, entweder weil sie etwas vorwegnehmen, was einen Überraschungseffekt im folgenden Unterricht darstellt, oder weil die Art des Textes keine Vorhersagen zulässt).

Es gibt zahlreiche Varianten bzw. Ausprägungen dieses komplexen Verfahrens. Am häufigsten lassen Lehrpersonen die Schülerinnen und Schüler nach dem Erlesen des Textes in Einzelarbeit den Text wechselseitig laut vorlesen. Die Verteilung der Rollen bei den vier genannten Schritten sollte von der Lehrperson wohldurchdacht erfolgen. Nicht alle Lernenden sind bei der Einführung des *reciprocal teaching* geneigt und geeignet, jede Rolle zu übernehmen.

Es hat sich als günstig erwiesen, wenn die Lehrperson zunächst die einzelnen Rollen selbst übernimmt und ein von ihr aufgrund seines Fertigkeits- und Fähigkeitsprofils benannter Lernender ihr beim Fragen, der Zusammenfassung, der Klärung schwieriger Textpassagen und der Hypothesenbildung nachfolgt. In allen Phasen verfolgt die Lehrperson die einzelnen Schritte der Lernenden mit und gibt kontinuierlich Rückmeldung hinsichtlich der Fortschritte und der Qualität des Lernstands.

Anfängliche Schwierigkeiten sollten weder die Lehrperson noch die Lernenden davon abhalten, sich mit diesem hochwirksamen Verfahren kooperativen Lernens vertraut zu machen. Gegebenenfalls kann an einem Text bzw. Textausschnitt zunächst nur ein einziger Schritt geübt werden. Das gilt insbesondere für jüngere Schülerinnen und Schüler. Wenn alle das Stellen geeigneter Fragen oder das mündliche Zusammenfassen des Textes sicher beherrschen, können weitere Schritte vorgestellt und geübt werden. Auch die Evaluation bzw. die Absprachen der drei Gruppenmitglieder, die bei einem Schritt nicht in der ‚Lehrerrolle' sind, muss geübt werden. Im Fremdsprachenunterricht kommt als besondere Herausforderung hinzu, dass die Kommunikation der Lernenden in allen Phasen in der Zielsprache erfolgen soll.

Auch Hattie weist darauf hin, dass Passung und Adaption beim *reciprocal teaching* besonders wichtig sind:

> Expert scaffolding is essential for cognitive development as students move from spectator to performer after repeated modeling by adults. The aim, therefore, is to help students actively bring meaning to the written word, and assist them to learn to monitor their own learning and thinking. (Hattie 2009: 204)

8.4 Unbegründete Sorgen

Die Mutter

Patricks Mutter macht sich Sorgen um ihren Sohn, der die zehnte Klasse eines Gymnasiums besucht. Das liegt nicht etwa an seinen schulischen Leistungen. Im letzten Zeugnis hatte Patrick fast überall gute bis sehr gute Noten. Grund zur Sorge ist ein Lehrerwechsel. Patricks Englischlehrer ist in den Ruhestand gegangen, und eine deutlich jüngere Lehrerin unterrichtet seit Schuljahrsbeginn Englisch und Biologie in Patricks Klasse. Außerdem hat sie die Klassenleitung übernommen. Während der ältere Kollege sich nicht weiter um Patricks auffälliges Verhalten gekümmert hat – er ließ ihn einfach gewähren, sofern er nicht gestört hat – erwartet die neue Lehrerin mehr von Patrick, zumal seine Leistungen im Englischen weit über dem Durchschnitt liegen.

Patrick leidet an einer leichten Form des Asperger Syndroms, einer Form von Autismus, an der auch sein früh verstorbener Vater gelitten hat. Nun fürchtet Patricks Mutter, dass die Lehrerin Patrick zu etwas zwingen könnte, was er ablehnt, obgleich sie natürlich keine Einblicke in das Geschehen in der Klasse hat. Von Patrick selbst – und das entspricht der „Krankheit" – erhält sie kaum Informationen.

Die Lehrerin

Bevor Frau Lindner die Klasse übernommen hat, haben die Kolleginnen und Kollegen, besonders der ehemalige Englischlehrer, sie über Patricks auffälliges Verhalten informiert: Patrick knüpft keinerlei Sozialkontakte zu gleichaltrigen Peers, vermeidet Blickkontakt, spricht in einer für sein Alter und das Lernumfeld gewählten Sprache, beschäftigt sich in „Lernpausen" mit Zahlenkolonnen und verweigert jede Form der Zusammenarbeit mit den Mitschülerinnen und Mitschülern. In den ersten Wochen stellt Frau Lindner zudem fest, dass Patrick nicht-sprachliche Kommunikationsformen wie Mimik und Gestik nicht versteht und übertragen gemeinte Äußerungen wörtlich nimmt. Die Lehrerin weiß aufgrund ihrer „humanbiologischen" Vorbildung, dass dies alles Symptome der nach Asperger benannten Entwicklungsstörung sind. Sie hält die Auffälligkeiten aber nicht für so gravierend, dass sie nicht teilweise durch soziales Training zu mildern sind.

Sie möchte Patrick gern in die zahlreichen Gruppenarbeiten einbinden und spricht deshalb Natalie an, die in einer Gruppe mit zwei Mitschülern, Thilo und Tobias, sehr gut zusammenarbeitet. Unter dem äußeren Vorwand, dass Natalies Gruppe nur aus drei Mitgliedern besteht, spricht sie die Schülerin daraufhin an. Frau Lindner hat beobachtet, dass Natalies soziale Kompetenz gut ausgebildet ist; es sind eher die beiden Jungen, mit deren Widerstand die Lehrerin rechnet.

In einem Einzelgespräch in der Pause stellt die Lehrerin zu ihrer Verwunderung fest, dass Natalie über das Asperger Syndrom ziemlich gut Bescheid weiß, und zwar, wer hätte es gedacht, durch das Computer-Spiel *To the Moon*, in dem eine der weiblichen Hauptfiguren die Auffälligkeiten von Asperger zeigt. Sie wird Aspie genannt, eine Bezeichnung, die von Asperger betroffene Personen auch für sich selbst wählen, um gegen ihre Ausgrenzung zu protestieren. Außerdem hat Natalie das Jugendbuch *The Curious Incident of the Dog in the Nighttime* von Mark Haddon (2003; dtsch. 2003) – ein Geschenk ihres Onkels – in Teilen auf Deutsch gelesen. Natalie verspricht es zu versuchen, vorausgesetzt Thilo und Tobias, mit denen sie wirklich gern zusammenarbeitet, stimmen zu.

Natalie und die Gruppe

Es ist nicht einfach, die beiden Jungen von der „Aufgabe", Patrick in ihre Gruppe zu integrieren, zu überzeugen, aber schließlich sind sie zu einem Versuch bereit. Sie sind Patrick gegenüber im Prinzip unvoreingenommen, fürchten aber vor allem, dass er ihnen das Gruppenergebnis verdirbt. Nun hat aber Frau Lindner eine Art „Inklusions-Bonus" in Aussicht gestellt. Also kann die Sache starten.

Als Patrick auf Natalies Wink, sich zu ihnen zu setzen, nicht reagiert, gehen sie einfach zu dritt zu Patrick und gruppieren sich um ihn herum. Natalie hat einkalkuliert, dass Patrick sich lieber schriftlich als mündlich äußert. Daher hat sie sich überlegt, dass es wohl am besten ist, wenn sie alle während der ersten Phase des üblichen *think–pair–share*-Verfahrens ihre Überlegungen in vollständigen Sätzen formulieren und dann wechselseitig vorlesen. Daran würde sich auch Patrick beteiligen.

Während der Pair-Phase konnte Patrick dann die schriftlichen Notizen von Thilo und Tobias korrigieren, deren Leistungen im Englischen eher im Mittelfeld lagen. Zum Erstaunen der beiden Jungen korrigiert Patrick sehr sorgfältig, denn er kann wirklich sehr gut Englisch und hat, wie viele Aspies, ein hervorragendes Gedächtnis. Um zu vermeiden, dass er seine Zettel mit den Geschichtszahlen auspackt und bearbeitet, gibt Natalie ihm den Auftrag, Vokabeln und Satzbeispiele für ein Quiz für die

Gruppe auf der Grundlage des Lehrbuchs aufzuschreiben. Das scheint ihm gut zu gefallen, obwohl er es weder sagt noch sonst irgendwie zum Ausdruck bringt.

Kurzum: Die Gruppenmitglieder schneiden jeder für sich und als Gesamtgruppe besser ab als vorher. Ohne Natalies Einfühlungsvermögen und ihre vorausschauende Umsicht wäre das nicht möglich gewesen. Nun muss sie Patrick nur noch dazu bewegen, irgendwann auch selbst vor der Klasse Teile der Ergebnisse vorzutragen.

Und Patrick?
Eigentlich hatte er Kontakte niemals wirklich abgelehnt. Aber bei seinen wenigen Versuchen, mit anderen ins Gespräch zu kommen, war er stets auf Ablehnung gestoßen. Jetzt hatte er eine Idee: Vielleicht könnte er einen kleinen Karton, eine Art Box mit einem Schlitz, an seinem Platz aufstellen. Da könnten alle ihre Fragen zu ihrem PC oder ihrem Smartphone einwerfen, und er würde sie beantworten. Patrick war nämlich nicht nur ein Nerd, sondern ein echter IT-Experte. Bei Gelegenheit würde er Natalie fragen, was sie von seinem Vorhaben hielt.

8.5 Handlungsorientiertes Lernen in Projekten

8.5.1 Vorzüge der Projektmethode

Projektarbeit trägt nicht nur zur Vertiefung und Vernetzung des Gelernten bei, sondern fördert durch ihre besondere Form der Zusammenarbeit nachhaltig soziales und affektives Lernen. Folglich hätten wir projektbasiertes Arbeiten auch als eine Form kooperativen Lernens weiter oben einordnen können, zumal für die Projektarbeit die gleichen Prinzipien wie für jede Form kooperativen Lernens gelten (vgl. Abschnitt 8.3.1).

Beim Lernen in Projekten sollte das Hauptgewicht auf den Lernprozessen und nicht so sehr auf dem Produkt liegen. Steht nämlich ein Produkt im Vordergrund, ist nicht gewährleistet, dass alle Schülerinnen und Schüler sich gleichermaßen an seiner Erstellung beteiligen.

> Auch handlungsorientierter Unterricht sollte den gesamten Lernprozess im Blick behalten, angefangen von der ersten Einführung in einen Gegenstand bis hin zur Festigung, Konsolidierung und Differenzierung von anderen, ähnlichen Gegenständen. Wie bei der direkten Instruktion und den Methoden der Gruppenarbeit geht es auch beim handlungsorientierten Unterricht um die Klärung der Bedingungen, unter denen dieser Unterricht für möglichst viele Schüler wirksam ist. (Wellenreuther 2004, ^{2}2010: 401)

Man kann vermuten, dass die Arbeit in Projekten den Schülerinnen und Schülern soziale Erfahrungen sowie einen Lebensbezug eröffnet, die im Klassenunterricht bzw. im Kassenzimmer nicht ohne weiteres erreicht werden können. Projektarbeit wird häufig auch deshalb befürwortet, weil sie einem Lernen mit allen Sinnen näherkommt als andere Lernmethoden.

Das Lernen in Projekten, welches im deutschsprachigen Raum seit den 1970er Jahren hohes Ansehen genießt, wird John Dewey (1938) zugeschrieben. Es sei noch einmal an sein *learning by doing* erinnert, bei dem bekanntlich der Handlungsaspekt im Vordergrund steht (vgl. Abschnitt 8.1.2). Aus der Fülle der Definitionen greife ich die von Markham heraus, weil sie für den Fremdsprachenunterricht von besonderer Bedeutung ist: „PBL integrates knowing and doing. Students learn knowledge and elements of the core curriculum, but also apply what they know to solve authentic problems and produce results that matter“ (Markham 2011: 38). Das bedeutet, dass handlungsorientiertes Lernen auch im Fremdsprachenunterricht zur Vertiefung und Vernetzung von Lerninhalten eingesetzt werden kann und nicht nur als Spaßfaktor vor den Ferien.

8.5.2 Neuere Forschungsergebnisse zum handlungsorientierten Lernen

Es existieren keine aussagekräftigen wissenschaftlichen Belege dafür, dass beim projektorientierten Lernen die in Abschnitt 8.5.1 beschriebenen positiven Wirkungen tatsächlich eintreten. Das liegt unter anderem daran, dass das Lernen in einem Projekt durch dessen Komplexität nur schwer mit empirisch-quantitativen Forschungsmethoden untersucht werden kann. Besonders schwierig ist die Planung und Durchführung von Experimenten, die den Gütestandards entsprechen. Daher liegen nur wenige aussagekräftige Untersuchungen zum *project-based learning* bzw. zum PBL vor (vgl. Wellenreuther 2004; [7]2014).

Welche Effektstärke(n) gibt Hattie für das *project-based learning* an? Dass dieser Begriff bei Hattie nicht vorkommt, liegt mit großer Wahrscheinlichkeit an dem bereits erwähnten synonymen Gebrauch von *project-* und *problem-based learning* im angelsächsischen Raum. Für *problem-based learning* (PBL) nennt die Hattie-Studie eine Effektstärke von d = 0.15; es nimmt nur Platz 118 in Hatties Rangliste ein (Hattie 2009: 211). Ähnlich wie Wellenreuther, der den kognitiven Lernzuwachs als gering einstuft, gibt auch Hattie in den Erläuterungen zu den Untersuchungsergebnissen an, dass sich problembasiertes Lernen in den meisten Fällen als weniger lernwirksam erweise als herkömmlicher Klassenunterricht. Hattie räumt jedoch trotz der niedrigen Effektstärke für das problemorientierte Lernen ein, dass es bei vertieftem und konzeptuellen Lernen größere Wirkung haben kann:

> For surface knowledge, problem-based learning can have limited and even negative effects, whereas for deeper learning, when students already have the surface level knowledge, problem-based learning can have positive effects. That should not be surprising, as problem-based learning places more emphasis on meaning and understanding than on reproduction, acquisition, or surface level knowledge. (Hattie 2009: 2011)

Was für Irritationen in der deutschsprachigen Erziehungswissenschaft im Rahmen der Rezeption von Hatties Resultaten gesorgt hat (vgl. u.a. Reiss & Bernhard 2014: 93ff.), ist die Tatsache, dass das auf die Lehrperson bezogene Pendant zum *problem-based learning*, nämlich das *problem solving teaching*, als sehr lernwirksam eingestuft wird. Es erreicht eine Effektstärke von d = 0. 61 und nimmt damit Rang 20 ein. Das ist eigentlich nicht verwunderlich, denn beim problemlösenden Lehren kommt es zu einem *modeling*, bei dem die Lehrperson die wichtigsten Schritte bei der Lösung eines Problems, nämlich das Erfassen der Problemstellung, die Planung einer Lösungsmöglichkeit, die eigentliche Lösung und die Evaluation, vorführt und anhand geeigneter Beispiele erläutert.

Stellt man, wie Hattie, Lerneffekte im kognitiven Bereich in den Mittelpunkt der Untersuchung, kann handlungsorientiertes Lernen in Projekten nur eine eingeschränkte Wirkung entfalten, denn die besonderen Effekte dieses kooperativen Verfahrens liegen vermutlich im sozialen und im affektiven Bereich. Hattie selbst scheint sich der Einschränkungen seines Untersuchungsdesigns bewusst zu sein. Im Schlussteil seiner Studie (Hattie 2009: 227) räumt er ein, dass seine Meta-Meta-Analyse auf einen Literaturbericht (*literature review*) hinausläuft. Es geht ihm vor allem um ein Modell erfolgreichen Lehrens und Lernens („to generate a model of successful teaching and learning"). Seine Mega-Untersuchung soll eine neue Perspektive auf die vorhandene Forschungsliteratur eröffnen: „My task is to present a series of claims that have high explanatory value, with many (refutable) conjectures" (ibid.).

Dass es sich gerade im Bereich des handlungsorientierten Lernens in Projekten und dem PBL insgesamt bei Hattie um (widerlegbare) Vermutungen handeln könnte, sieht man an folgender Entwicklung: Die letzte empirische Studie, die Hattie im Zusammenhang mit dem *problem-based learning* anführt, stammt aus dem Jahr 2005 (Gijbels et al. 2005). Inzwischen hat es in Bezug auf das PBL entscheidende Entwicklungen gegeben. Die *Purdue University, School of Education at Indiana University, USA* arbeitet an einem Projekt, welches Forschungen zum PBL aus vier Jahrzehnten analysiert, synthetisiert und weiterentwickelt. Das *Interdisciplinary Journal of Problem-based Learning* hat ein Sonderheft zur Wirksamkeit des problemorientierten Lernens veröffentlicht (Vol. 3, Issue 1, 2009). Die Beiträge bestätigen, dass das PBL im pädagogischen Bereich vor allem zur Vernetzung und Vertiefung vorhandenen Wissens und Könnens erfolgreich eingesetzt wird (vgl. Ravitz 2009).

Das Projekt der *Purdue University* ist vor allem deshalb erwähnenswert, weil es evidenzbasiertes Lehren und Lernen durch zusätzliche wissenschaftliche Belege legitimiert (vgl. auch zum Folgenden De Florio-Hansen 2014: 135). Ein Beitrag im soeben genannten Sonderheft trägt den Titel: *When is PBL More Effective? A Metasynthesis of Meta-analyses Comparing PBL to Conventional Classrooms* (Strobel & van Barneveld 2009). Es handelt sich freilich nicht um eine Meta-Meta-Analyse à la Hattie. Eine Meta-Synthese ist eine qualitative Untersuchungsmethode, die sowohl qualitative als auch quantitative Untersuchungen einbezieht. Die angestrebte Synthese stützt sich sowohl auf systematische Übersichtsarbeiten (*systematic reviews*) als auch auf Meta-Analysen (*meta-analyses*). Die beiden Autoren des genannten Beitrags haben sich gegen eine Meta-Analyse entschieden, „which would have meant quantitatively synthesizing all effect sizes into a single one" (ibid.: 46). Es geht ihnen nämlich in erster Linie darum, Daten zu interpretieren und Konzepte herauszuarbeiten, mit denen die Wirksamkeit des PBL nachgewiesen werden soll. Diese Erweiterung des Forschungsspektrums ist zu begrüßen, auch wenn die Ergebnisse vielleicht nicht ganz so augenfällig sind wie Hatties Angaben in Barometer-Form. Das Ausschlagen des Zeigers bedarf immer der kritischen Analyse, die uns die obengenannten Synthesen und weitere umfassende qualitative Synthesen zweifelsohne erleichtern werden.

8.5.3 Vorschläge für Projekte

Die meisten Fremdsprachenlehrerinnen und -lehrer verfügen über ein Repertoire möglicher Themen bzw. Inhalte für handlungsorientiertes Lernen in Projekten. Oft scheitert die Umsetzung daran, dass nicht genügend Zeit zur Verfügung steht. Viele Projektvorhaben würden durch den 45-Minuten Takt unzulässig aufgesplittert. Die angestrebten Ziele seien aus diesem Grund nur eingeschränkt zu erreichen.

Das möchte ich an einem Beispiel erläutern. In den einschlägigen Fachzeitschriften gibt es zahlreiche Unterrichtsvorschläge, die weniger für den Klassenunterricht als vielmehr für das Projektlernen geeignet sind, auch wenn die Autorinnen und Autoren nicht besonders darauf hinweisen. Seit Jahren wird zu Recht die Forderung erhoben, bestimmte Inhalte nicht nur anhand von Lesetexten zu behandeln, sondern auch auditive und visuelle Elemente einzubeziehen.

Durch die elektronischen Medien hat die Bedeutung von Bildern, zumal von bewegten Bildern, aber auch von Hörerfahrungen rasant zugenommen. *Audio-visual literacy* gilt zu Recht als Schlüsselkompetenz im privaten und beruflichen Bereich. Es bedarf keiner weiteren Begründung, dass die Ausbildung des Hör-Seh-Verstehens in Projekten besonders gut gefördert werden kann. Ästhetisches Erleben, wie es beispielsweise mit Filmen und Videos verbunden ist, lässt sich nur schwer über mehrere auf Wochen verteilte Unterrichtsstunden aufrechterhalten.

Die folgenden Vorschläge für handlungsorientiertes Lernen im Fremdsprachenunterricht können oder müssen in Kooperation mit Lehrpersonen mindestens eines weiteren Faches erarbeitet werden:

Media: Bei diesem Projektvorhaben geht es nicht darum, die Lernenden damit vertraut zu machen, wie sie die digitalen Medien für ihr Fremdsprachenlernen nutzen können, sondern um Medienerziehung, also die kritische Nutzung und Gestaltung von medial vermittelten Inhalten. Anregungen geben meine Beträge: *Faces of facebook/faces de facebook* (vgl. De Florio-Hansen 2011a; Download bei www.lehrer-online.de) sowie *A never-ending story: video games* (vgl. De Florio-Hansen 2012). Sie können leicht auf andere moderne Fremdsprachen übertragen werden.

Money: Geld ist nicht nur ein Thema mit besonderem Erziehungswert. Es spielt in sämtlichen Medien und zahlreichen Genres, z. B. der Literatur, der bildenden Kunst, im Film, in der Popmusik sowie in der Werbung, eine herausragende Rolle und eignet sich daher für umfänglichere Projekte in allen neueren Sprachen, am besten in Verbindung mit dem Fach Politik/Wirtschaft. Konkrete Vorschläge mache ich in meinen Beiträgen: *Money, money, money* (vgl. De Florio-Hansen 2013a) sowie *L'argent ne fait pas le bonheur* (vgl. De Florio-Hansen 2014a).

European Union: Speziell für Englisch, auch hier in Verbindung mit Politik/Wirtschaft, bietet sich ein Projekt an, bei dem die Lernenden Gelegenheit haben, die EU aus Sicht der Briten und der Amerikaner zu betrachten. Das Projekt kann auch ausgeweitet werden auf die Analyse des Erstarkens von EU-kritischen Parteien (z. B. UKIP im UK, Front National in Frankreich, AfD in der Bundesrepublik).

Irie Révoltés: Bei diesem Projekt für Französisch (und andere Fremdsprachen) geht es zunächst darum, sich über die Band *Irie Révoltés* zu informieren. *Irie* stammt aus einer jamaikanischen Kreolsprache und bedeutet in etwa frei, positiv, glücklich. Die Popgruppe (neun Mitglieder, davon zwei Halbfranzosen) wurde zu Beginn des Jahrtausends in Heidelberg gegründet. Irie Révoltés, die sich als *Mouvement Mondial* bezeichnen, tragen ihre Songs auf Französisch und auf Deutsch vor. Sie beschäftigen sich mit sozialkritischen Themen (z. B. Travailler http://youtu.be/Hg212A_aPJ4). Es sollen Songs der Band ausgesucht und zusammengestellt werden, die sich (in französischer Sprache) mit Alltagsthemen befassen. Unter dem Titel: *Irie Révoltés et la vie de chaque jour* kann das Projektergebnis anderen Klassen und (gegebenenfalls) der Schulöffentlichkeit vorgestellt werden.

Sport: Auch dieses Projekt ist für alle schulischen Fremdsprachen geeignet. Besonders gut kann es m. E. im Spanischunterricht in Verbindung mit den Fächern Sport und Religion/Ethik umgesetzt werden. Leitfragen lauten: Welche Verbindungen gibt es in einzelnen Ländern, hauptsächlich in Spanien und lateinamerikanischen Ländern, zwischen Sport und Religion? Aus welchen Gründen ist für viele, auch im deutschsprachigen Raum, Fußball ein Ersatz für Religion? Was treibt Hooligans an? Eine Ausweitung bietet sich an: Warum stellt sich diese Verbindung zwischen Sport und Religion in den USA, z. B. beim Baseball, nicht in gleicher Weise ein wie in den soeben genannten Ländern? Obgleich auch bei diesem Projekt der Fokus auf den Lernprozessen liegt, können Ergebnisse anderen Klassen im Spanischunterricht vorgestellt werden. Bei entsprechender Aufbereitung bietet sich als Zielgruppe auch die weitere (Schul-) Öffentlichkeit an, vor allem um für das Spanische zu werben.

Anregungen zum Nachdenken und Gestalten

1. Überlegen Sie, ob und wie man die Prinzipien kooperativen Lernens (vgl. insbesondere Abschnitt 8.3.1) auf die Zusammenarbeit unter Lehrpersonen übertragen kann. Diskutieren Sie über die Möglichkeiten einer verstärkten Kooperation mit Fachkolleginnen und Fachkollegen, gegebenenfalls über die fremdsprachlichen Fachgrenzen hinweg.

2. Warum ist Einzel- bzw. Stillarbeit nur in Ausnahmefällen, nämlich beim Üben oberflächlichen Wissens, erfolgreich? Listen Sie Gründe für die Arbeit in Kleingruppen, vor allem für *cooperative learning* auf. Gestalten Sie anhand Ihrer Übersicht, die Sie am besten im Fachteam vergleichen und ergänzen, eine Übungsaktivität, die möglichst viele Ihrer positiven Gesichtspunkte berücksichtigt.

3. Was versteht man unter *deliberate practice*? Wie müssen Aufgaben konzipiert sein, um als „wohldurchdacht“ zu gelten?

4. Kennen Sie weitere Varianten der kooperativen Arbeit in Kleingruppen, durch die lernschwächere Schülerinnen und Schüler besonders gefördert werden können? Wenn ja, welche? Sprechen Sie mit einer Kollegin oder einem Kollegen darüber, welche Erfahrungen sie/er mit entsprechenden kooperativen Lernformen gemacht hat.

5. Denken Sie sich weitere Projekte aus, an denen eine Fremdsprache und mindestens ein weiteres Fach, möglicherweise Ihr zweites Fach, beteiligt sind. Bedenken Sie dabei bitte auch die zahlreichen Möglichkeiten bilingualen Lernens.

Lektüreempfehlungen

Heckt, D. H. (2008): "Das Prinzip Think – Pair – Share. Über die Wiederentdeckung einer wirkungsvollen Methode." In: Biermann, C. et al. (Hrsg.): *Individuell Lernen – kooperativ Arbeiten.* (Friedrich Jahresheft XXVI). Seelze: Friedrich, 31-33.

Die Autorin stellt in prägnanter Form die wichtigsten Merkmale des kooperativen Lernens dar, welches für sie eng mit dem pädagogischen Prinzip *Think – Pair – Share* verbunden ist.

Brüning, L. & Saum, T. (2008): Kooperatives Lernen. Methoden für den Unterricht. Beiheft zu Biermann, C. et al. (Hrsg.): *Individuell Lernen – kooperativ Arbeiten.* (Friedrich Jahresheft XXVI). Seelze: Friedrich.

In diesem 24seitigen Beiheft zum Friedrich Jahresheft finden Sie auf maximal zwei Seiten je eine Kurzbeschreibung von 12 Methoden des kooperativen Lernens. Vorab gibt es eine Übersicht zum Einüben sozialer Kompetenzen (ibid.: 3-4). Besonders empfohlen seien die Darstellungen zum Gruppenpuzzle (ibid.: 14-15), dem Gruppenturnier (ibid.: 16-17) und der Gruppenrallye (ibid.: 18-19). Unter der Überschrift: *Wechselseitiges Lesen und Zusammenfassen* wird eine vereinfachte Variante des reziproken Lernens dargestellt (ibid.: 10-11).

Green, N. & Green, K. (2005): *Kooperatives Lernen im Klassenraum und im Kollegium. Das Trainingsbuch.* Seelze. Klett Kallmeyer.

Das kurze Kapitel III des Trainingsbuchs (ibid.: 43-47) trägt den Titel: *Wie möchten Sie lehren und lernen: Konkurrierend, individuell oder kooperativ?* Es geht auf die *Social Interdependence Theory* von Deutsch sowie Johnson & Jonson zurück und führt die drei Prinzipien: Ich statt du (konkurrierend), Ich allein (individualistisch) und Wir statt ich (kooperativ) in einprägsamer Form vor. Generell geben die zahlreichen Übersichten in der Publikation von Green & Green wichtige Denkanstöße. Das Blättern und Stöbern lohnt sich!

9. Feedback – wechselseitig und informativ

9.1 Abrechnung oder Anrechnung?

9.1.1 „Begabungen"

Als Schülerin hatte ich ein Erlebnis, an das ich später noch oft gedacht habe, dessen Bedeutung mir aber erst klar geworden ist, als ich selbst als Lehrerin tätig war. Unser Oberstudienrat für Kunsterziehung, Herr D., praktizierte eine recht eigenwillige Art des Feedbacks. Wenn er uns nicht gerade die Bilder großer Maler und deren besondere Techniken erklärte, stellte er uns Aufgaben, die wir mit Wasserfarben gestalten sollten, z. B. *Dick und Dünn*. Wir waren gehalten, in regelmäßigen Abständen zu ihm nach vorn ans Lehrerpult zu kommen, um ihm unsere „Produkte im Werden" zu zeigen. Das wäre eine gute Gelegenheit gewesen, jedem einzelnen von uns in irgendeiner Form Rückmeldung zu geben: Waren wir auf dem richtigen, d. h. auf dem von ihm erwarteten, Weg? Wie konnten wir unsere Zeichnungen verbessern? Was mussten wir verändern, um seinen Vorstellungen zu entsprechen?

Die meisten meiner Mitschülerinnen und Mitschüler – die Klasse bestand zu mehr als zwei Dritteln aus Jungen – zogen die Expertise unseres Lehrers nicht in Zweifel, malte doch Herr D. selbst und stellte seine Bilder in einer bekannten Galerie meiner Heimatstadt aus. Wir hatten damals nicht den Anspruch, etwas Eigenes zu verwirklichen. Aber wir hätten uns gewünscht, dass er uns dabei unterstützen würde, seinen „Gütekriterien" näherzukommen.

Aber was tat Herr D.? Er blickte gleichermaßen unverbindlich auf unsere Entwürfe bzw. unsere halbfertigen Bilder und wies uns lediglich auf diese oder jene Theorie hin, z. B. den Goldenen Schnitt oder bestimmte Mischtechniken. Einige meiner Mitschüler hatten den Eindruck, er wolle uns einfach nur kontrollieren, damit wir alle in der von ihm angesetzten Zahl an Unterrichtsstunden mit unseren Bildern fertig wurden. Der Höhepunkt bestand darin, dass wir ihm in alphabetischer Reihenfolge unsere fertigen Produkte vorlegen mussten und er eine Note in seinen Lehrerkalender notierte. Zu vielen sagte er dann: „Sehr schön, ausreichend!"

Wir waren darüber recht erbost. Was sollte das heißen: „Sehr schön, ausreichend"? Meine Klassenkameraden konnten sich nicht erklären, wieso er ein Produkt als sehr schön bezeichnete, der betreffende Schüler aber dann eine Vier bekam. Sehr viel später – es war ein Lehrerwechsel eingetreten – hatte ich folgende Vermutung: Herr D. nahm, bewusst oder unbewusst, das vor, was man heute mit Hattie und anderen als *labeling* bezeichnet. Ein großer Teil meiner Mitschüler war in seinen Augen für „Kunst" nicht begabt. In diesem Sinne bedeutete das „sehr schön", dass sie sich in den Augen von Herrn D. angestrengt und unter Berücksichtigung ihres fehlenden Potentials etwas sehr Schönes produziert hatten, was an allgemeinen Normen gemessen eben nur eine ausreichende Leistung darstellte.

Als Herr D. eines Tages auf dem Schulhof Aufsicht führte, ging ich zu ihm und fragte ihn rundheraus, ob meine Vermutung stimmte. Zu meinem Erstaunen nahm er mir meine Frage nicht übel, sondern erläuterte mir, dass es eben Schulfächer gebe, z.B. die Kunsterziehung, in denen alles von der angeborenen Begabung abhänge. Da er wusste, dass ich mich für Fremdsprachen interessiere, fügte er hinzu: Auch beim

Fremdsprachenlernen gebe es so etwas wie Begabung, die Sprachbegabung eben, aber da könne man mit Fleiß und Motivation viel ausgleichen. Meinte er etwa mich?

9.1.2 „Teaching to the Test"

Ohne Zweifel sind Lehrpersonen wie Herr D. heute eher die Ausnahme. Aber hat sich die Praxis des Feedbacks nachhaltig verbessert? Für einen Großteil der Lehrerinnen und Lehrer, das gilt leider auch für den Fremdsprachenunterricht, besteht die Rückmeldung an die Schüler – von gelegentlichem Loben und/oder Ermahnen abgesehen – im summativen Feedback durch die Bekanntgabe der Note oder der Punktzahl bei Vokabel- oder Grammatiktests, Klassenarbeiten und Klausuren. Sätze wie: „Das ist nun die Quittung für dein mangelndes Lernen/dein Verhalten/die nicht erledigten Hausaufgaben/dein Schwänzen etc." sind auch heute noch in Klassenzimmern zu hören. Ist Feedback eine Abrechnung?

Liest man sich Unterrichtstranskripte (www.apaek.uni-frankfurt.de; vgl. Abschnitt 8.2.1) durch, so kann man feststellen, dass Tests, Klassenarbeiten und Klausuren als Druckmittel eingesetzt werden. Wenn die betreffenden Lehrpersonen die gewünschte Aufmerksamkeit oder endlich Ruhe erreichen wollen, weisen sie mehr oder weniger diskret auf die bevorstehenden Testungen hin. Damit suggerieren sie, dass es in erster Linie darum geht, das Beherrschen des Lernstoffs für die Bewertung unter Beweis zu stellen. Muss man sich da wundern, wenn die Schülerinnen und Schüler über den Wert der Lerninhalte erst gar nicht nachdenken und den Spaß am Lernen verlieren?

Statt den Lernenden in Aussicht zu stellen, dass sie etwas Wichtiges über ihre Lernfortschritte erfahren können, wird eine Atmosphäre der Angst verbreitet. Es bedarf keiner Angabe von Effektstärken, um deutlich zu machen, dass ein lernförderliches Klima so nicht zu erreichen ist. Es geht zwar beim Feedback in erster Linie um die Lernenden, aber nicht ausschließlich. Es geht auch um viele Lehrerinnen und Lehrer. Sie stehen sich bisweilen selbst im Weg: Wenn man Testungen und Bewertungen negativ konnotiert, ist es nicht verwunderlich, dass es zu einem *teaching to the test* kommt. Allein die Bildungspolitik dafür verantwortlich zu machen, ist zu einfach.

Testungen, vor allem auch Selbsttests, können – bei angemessener Grundhaltung und einfühlsamem Feedback – höchst lernwirksam sein. Dazu muss sich freilich in nicht wenigen fremdsprachlichen Klassenzimmern die Einstellung von Lehrpersonen und im Gefolge diejenige von Schülerinnen und Schülern ändern. Mit einer Veränderung der Einstellung ist es freilich nicht getan. Ändern muss sich auch die Unterrichtspraxis. Deshalb wollen wir in diesem Kapitel Formen des Feedbacks kennenlernen, und zwar des wechselseitigen Feedbacks zwischen Lehrpersonen und Lernenden sowie zwischen den Lernenden selbst.

9.1.3 Was ist zu tun?

In Abschnitt 9.2 gehen wir der Frage nach, was unter Feedback zu verstehen ist und wie man es in den verschiedenen Phasen des Fremdsprachenunterrichts einsetzen kann. Gemäß der Wissenschaftsorientierung unseres Modells für einen lernwirksamen Fremdsprachenunterricht stützen wir uns dabei auf neuere Forschungsergebnisse. Daran schließen sich Überlegungen und Vorschläge an, wie Lehrpersonen Feedback so gestalten können, dass es von den Lernenden als solches wahrgenommen wird und sie auch tatsächlich davon profitieren, gleichgültig ob es formativ oder summativ ausgelegt ist (Abschnitt 9.3.1). Wie bereits mehrfach skizziert (vgl. ***Kap. 8***), müssen zum kontinuierlichen Feedback durch die Lehrperson geeignete Rückmeldungen der Lernenden untereinander hinzukommen. Mit entsprechenden Möglichkeiten beschäftigen wir uns in Abschnitt 9.3.2. Die größte Herausforderung für Lehrpersonen besteht jedoch darin, ein Klima des Vertrauens zu schaffen, in dem die Lernenden sich ohne Scheu zum Unterrichtsgeschehen äußern können. Durch diese Rückmeldungen, gleichsam die dritte Säule einer Feedbackkultur, werden Lehrerinnen und Lehrer zu Lernenden. Soll es dazu kommen, dass die Lehrenden Nachweise bzw. Belege für die Wirkung ihres Unterrichts erhalten, müssen wir über künstliche Verfahren wie Fragebögen hinauskommen (vgl. Abschnitt 9.3.3).

Im gesamten Kapitel 9 stütze ich mich vor allem auf Hattie, sowohl die Studie (2009) als auch das Lehrerhandbuch (2012). Es ist augenfällig, dass die Feedbackkultur für Hattie das *sine qua non* eines lernwirksamen Unterrichts darstellt. Meiner Kenntnis nach ist Hattie auf dem Gebiet des Feedbacks besonders ausgewiesen. Zusammen mit seiner neuseeländischen Kollegin Helen Timperley hat er im Laufe der Jahre ein weltweit beachtetes Feedback-Modell entwickelt, das auch für den Fremdsprachenunterricht essenziell ist.

Fazit: Die Frage:
Welchen Lernenden habe ich in der heutigen Unterrichtsstunde ein Feedback gegeben, von dem sie tatsächlich profitieren konnten?
ist wichtiger als die Frage: Was haben wir heute gemacht bzw. durchgenommen?

9.2 Neuere Forschungsergebnisse zum Feedback

9.2.1 Feedback als formative Evaluation *(formative assessment)*

Nach einer allgemeinen Definition für den (schulischen) Lehr- und Lernkontext besteht Feedback in erster Linie aus einer Information, die einzelne Schülerinnen und Schüler und/oder eine Lerngruppe von einem Handlungsträger (*agent*) in Bezug auf ihr Lernen erhalten (vgl. auch zum Folgenden Timperley 2013). Es genügt nicht, ihnen nur die korrekte Lösung einer gestellten oder selbstgewählten Aufgabe zu nennen. Vielmehr muss der *agent* – das können Peers, Lehrpersonen oder die Eltern sowie „Experten" sein – den Lernenden Rückmeldung zu einzelnen Aspekten ihrer Leistung und ihrem Verständnis des Lerninhalts geben. Es ist auch denkbar, dass die Schülerin oder der Schüler das Feedback in Eigenregie gestaltet, indem sie/er während des Wegs in Richtung auf das Ziel und nach der (vermeintlichen) Lösung ein *self-assessment* vornimmt, z. B. durch Nachschauen in einem Lehrbuch, in Print- und/oder Online-Medien sowie auf einem im Klassenraum deponierten Lösungsbogen.

In jüngerer Zeit haben diese Feedback-Formen eine Veränderung bzw. Erweiterung erfahren: „More recently, feedback has become integrated into formative assessment processes […], so some forms of feedback could more accurately be seen as new instruction" (Timperley 2013: 402). Welchen Zusammenhang sieht die neuseeländische Forscherin zwischen Feedback und "new instruction"?

Im Laufe der letzten Kapitel wurde immer wieder drauf hingewiesen, dass Lehrpersonen gehalten sind, in allen Phasen eines lernwirksamen Unterrichts, also von der Orientierung auf die neuen Lerninhalte über die Darbietung und die verschiedenen Übungsformate bis hin zur Vertiefung durch kooperative und handlungsorientierte

Lernformen, in kurzen Abständen zu überprüfen, ob und inwieweit die Lernenden mit dem Lernstoff und den zunehmend schwierigeren Aufgaben zurechtkommen. Diese Überprüfung dient keinesfalls der Beurteilung oder Bewertung, sondern soll die einzelnen Lernenden so gut wie möglich fördern.

Aufgrund der kontinuierlichen Rückmeldungen, welche die Lehrperson von einzelnen Lernenden oder von Kleingruppen erhält, kommt es zu sogenannten Lernschleifen, bei denen Lehrpersonen bestimmte Teile oder Aspekte des bereits erläuterten oder modellierten Lernstoffs noch einmal in neuer Form darbieten. Dabei passen sie ihre Lehrbemühungen dem Feedback an, welches sie von den Lernenden erhalten. Für Hattie sind Lehrpersonen, die über eine entsprechende Qualifikation verfügen, „adaptive learning experts“ (Hattie 2009: 246).

Stellt eine Lehrperson im Fremdsprachenunterricht beispielsweise fest, dass einzelne Schülerinnen und Schüler oder ganze Gruppen nicht verstanden haben, wozu eine neu eingeführte fremdsprachliche Zeitform gebraucht werden kann, kommt es zu dem, was Timperley als „new instruction“ bezeichnet. Ähnliches gilt im Unterricht mit Fortgeschrittenen bei der Betrachtung des Zusammenhangs zwischen Passagen eines literarischen Textes. Es wird noch einmal neu geklärt, welche Perspektive der Zielsprachensprecher im Hinblick auf das Geschehen einnimmt bzw. wie bestimmte Leerstellen in einem literarischen Text gefüllt werden können. Für mich liegt die Betonung beim Nachteachen – der Terminus stammt aus dem Management – auf dem „new“: Es müssen veränderte bzw. anders formulierte Erklärungen und vor allem neue, aussagekräftigere Beispiele gewählt werden, wenn größere Lernerfolge erreicht werden sollen.

Timperley gibt einen wichtigen Hinweis zum Feedback als *formative assessment*:

> In these situations, feedback takes the form of extending students' understandings and fill gaps between what is understood and what is aimed to be understood. Whichever way it is thought about, it is most powerful when it addresses faulty interpretations, and not a lack of understanding […]. Feedback must have something on which to build. (Timperley 2013: 402)

Hattie formuliert es noch deutlicher:

> We need to be somewhat cautious, however. Feedback is not "the answer" to effective teaching and learning; rather it is but one powerful answer. With inefficient learners or learners at the acquisition (not proficiency) phase, it is better for a teacher to provide elaboration through instruction than to provide feedback on poorly understood concepts. (Hattie 2009: 177)

Mit anderen Worten: Wenn die Lernenden einen neuen Inhalt überhaupt nicht verstanden haben bzw. über keinerlei Wissen verfügen, ist Feedback sinnlos. Wie andere Unterrichtsstrategien auch muss Feedback auf etwas aufbauen bzw. an etwas anknüpfen. Ich erinnere an das Stricken ohne Wolle (vgl. ***Kap. 4,*** Abschnitt 4.1.1). Dass Feedback oft nicht bei den Lernenden ankommt bzw. anders wahrgenommen wird als von der Lehrperson intendiert, ist nicht verwunderlich. Feedback stellt eine der größten Herausforderungen in einem lernwirksamen Unterricht dar. Die Rückmeldung muss nämlich dem Lernkontext, dem Lernarrangement und der Lernaufgabe entsprechen. Das Wichtigste aber ist, dass die Schülerinnen und Schüler das Feedback überhaupt als individuelle Rückmeldung wahrnehmen (vgl. Abschnitt 9.3.1). Es muss ihren Bedürfnissen in der aktuellen Lernsituation entsprechen. Im Fremdsprachenunterricht kommt erschwerend hinzu, dass das Feedback in der Zielsprache erfolgen sollte. Selbstverständlich kann man die Lernenden mit bestimmten fremdsprachlichen Formulierungen vertraut machen und sie mit ihnen einüben, so wie wir es später beim Feedback der Lernenden untereinander kennenlernen werden (vgl. Abschnitt 9.3.2).

Meiner Erfahrung nach kommt ein individuelles Feedback in der Fremdsprache allenfalls bei fortgeschrittenen Lernenden an. Aber auch da bestehen Zweifel: Soll die Rückmeldung tatsächlich der nachhaltigen Regulierung der Lernprozesse und des Selbst dienen, muss sie „im Herzen" der Lernenden ankommen. Dass Lernende in solchen Situationen das Deutsche bevorzugen, mache ich an folgendem Erlebnis fest: Viele Schülerinnen und Schüler folgten mir beim Verlassen des Unterrichtsraums über die Schwelle nach draußen, wenn sie wirklich einen Rat haben wollten. Sie wussten nämlich, dass ich in der Klasse, besonders im Unterricht mit Fortgeschrittenen, ausschließlich die Fremdsprache benutzte, während man vor der Tür so richtig mit mir reden konnte – eben auf Deutsch. Also lieber ein Feedback, das bei den Lernenden ankommt, in der Klasse auf Deutsch, als „draußen vor der Tür".

In der Hattie-Studie von 2009 nimmt Feedback unter den 138 Faktoren, welche das Lernergebnis im fachlichen Bereich bestimmen, Rang 10 ein; es wird mit einer Effektstärke von d = 0.71 beziffert. In früheren Veröffentlichungen – Hattie ist, was Feedback angeht, breit ausgewiesen – hat der neuseeländische Forscher es mit d = 0.81 angeben, während Marzano von 0.74 ausgeht (vgl. Petty ²2009: 87). Diese großen Lerneffekte kommen auch dadurch zustande, dass die erweiterte Form des Feedbacks mit anderen Strategien zusammenwirkt, z. B., wie wir soeben erfahren haben, mit der formativen Evaluation (*formative assessment*).

Diese hohen Lerneffekte sind nicht mit allen Formen der Rückmeldung, die als Feedback bezeichnet werden, zu erreichen. Es leuchtet unmittelbar ein, dass summatives Feedback, welches lediglich in der Bekanntgabe der Note oder der Punktzahl ohne weitere Kommentierung besteht, einen geringen, vermutlich sogar einen negativen Effekt auf die Lernenden hat. Dass verschiedene Feedbackfomen unterschiedlich lernwirksam sind, betont auch Timperley:

> Those forms of feedback with positive effects provide information to the learner about the task, the processes needed to understand or perform the task, and self-regulation of learning. Those much less effective are focused on forms of feedback that do not provide task-related information. (Timperley 2013: 402)

Unser Feedback im Fremdsprachenunterricht hat dann eine positive Wirkung auf die Lernenden, wenn wir ihnen genau(er)e Informationen zum Lerninhalt geben: „Ein Franzose benutzt diese Zeitform, wenn er ausdrücken will, dass …" Also nicht: „Das habt ihr ganz gut gemacht, aber da ist noch eine Kleinigkeit zu verbessern." Geeignete Rückmeldungen sollen sich auf Lösungsschritte bei der Bewältigung einer Aufgabe beziehen und mögliche irrige Vorstellungen des Lernenden ausräumen. Feedback steht nicht nur mit formativer Evaluation in Wechselwirkung, sondern auch mit Motivation. Wir haben bereits erfahren (vgl. ***Kap. 4***, Abschnitt 4.1.4), dass undifferenziertes Lob in der Regel unproduktiv ist oder das Lernen sogar behindert. Außerdem haben Deci et al. (1999) eine negative Korrelation zwischen materiellen Belohnungen (*extrinsic rewards*) und der Leistung festgestellt, weil *tangible rewards* wie z.B. Geld die intrinsische Motivation untergraben (vgl. auch Pink 2009).

Fazit: Die Kunst des Feedbacks
Hattie spricht zu Recht von „the art of feedback“ (Hattie 2009: 177; 2012: 129): Von der passenden Form und der richtigen Dosierung hängt es entscheidend ab, wie lernwirksam das Feedback für einzelne Schülerinnen und Schüler ist.

9.2.2 Das Feedback-Modell von Hattie und Timperley

Während die Erläuterungen zu vielen Faktoren seines Rankings eher knapp ausfallen, widmet Hattie dem Feedback in seiner Studie mehrere Seiten (Hattie 2009: 173-178); in seinem Lehrerhandbuch behandelt er das Feedback in einem eigenen Kapitel: *The flow of the lesson: the place of feedback* (Hattie 2012, chap. 7, 115-137). Das Feedback-Modell, welches Hattie und seine Kollegin erarbeitet haben, beruht auf einer Zusammenfassung von über 20 Meta-Analysen, welche die beiden Forscher zu einer Meta-Meta-Analyse zusammengefasst haben (Hattie & Timperley 2007). Die folgende Abbildung des Modells verdeutlicht, dass der Zweck von Feedback nach Ansicht von Hattie und Timperley darin besteht, die Diskrepanz zwischen dem aktuellen Verständnis bzw. der gegenwärtigen Leistung und dem zu erreichenden Ziel zu verringern (vgl. Hattie 2009: 176; Abbildung siehe S. 155).

Feedback ist nicht nur häufig in formative Evaluation integriert und wirkt auf die Motivation der Lernenden insgesamt. Es steht, wie man aus der Abbildung entnehmen kann, auch in Wechselwirkung zu den Zielen und kann die Schülerinnen und Schüler zu größeren Lernanstrengungen und zum Einsatz effektiverer Strategien veranlassen. Diese Zusammenhänge verdeutlichen Locke & Latham, auf die auch Hattie sich stützt:

> Feedback tells people what is; goals tell them what is desirable. Feedback involves information; goals involve evaluation. Goals inform individuals as to what type or level of performance is to be attained so that they can direct and evaluate their actions and efforts accordingly. Feedback allows them to set reasonable goals and track their performance in relating to their goals, so that adjustments in effort, direction, and even strategy can be made as needed. Goals and feedback can be considered a paradigm of the joint effect of motivation and cognition controlling action. (Locke & Latham 1990: 197)

Ziele und Feedback stellen für die Autoren ein Paradigma dar. In diesem Ordnungsschema ist der Effekt der Motivation mit dem Handeln verbunden, durch das die Lernenden ihre Kognitionen überprüfen. Vereinfacht ausgedrückt: Ziele und Feedback wirken zusammen auf Motivation und Kognition ein.

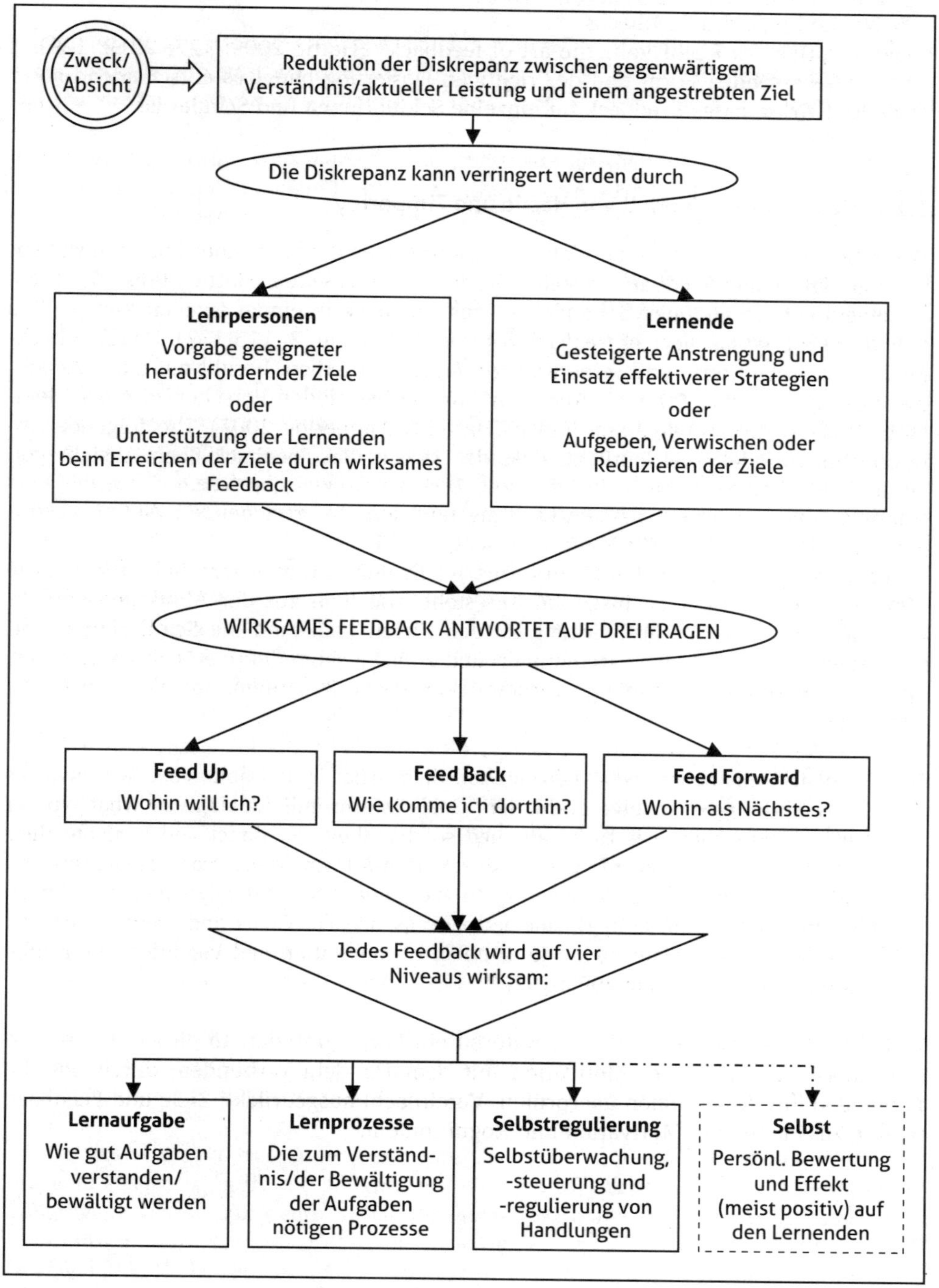

Abbildung: Das Feedback-Modell von Hattie und Timperley

9.2.3 Fokus (*focus*) und Effekt (*effect*) von Feedback

In diesem Abschnitt gehen wir genauer auf das Feedback-Modell der neuseeländischen Forscher ein. Im Wesentlichen geht es um die drei Leitfragen – sie stellen ein weiteres Mantra von Hattie dar – und die unterschiedlichen Niveaus, auf denen sie wirksam werden.

Die Abbildung des Modells unterstreicht, dass Feedback zu drei Fragen Auskunft geben muss, wenn es lernwirksam sein soll. Diese drei Fragen stellen im Rahmen der Mehrdimensionalität von Feedback den Fokus (*focus*) dar (vgl. Hattie 2012: 134):

1. Wohin will ich? (*Where am I going?*)
2. Wie komme ich dorthin? (*How am I going?*)
3. Wohin als Nächstes? (*Where to next?*)

Die erste Frage nach den Zielen, die erreicht werden sollen, bezeichnen Hattie und Timperley als *feed up* (auf Deutsch etwa: Beschicken, Einfüllen). Die Lernenden müssen wissen, welches Ziel sie aufgrund ihres Lernstands, ihrer bisherigen Lernerfahrungen und ihres Vorwissens anstreben können. Dies kann mit Hilfe der bereits oben angesprochenen Zone der nächsten Entwicklung (*Zone of proximal development*, ZPD) bestimmt werden (vgl. Abschnitt 6.4). Das Geschick der Lehrperson besteht darin, das Ziel, gegebenenfalls zusammen mit den Schülerinnen und Schülern, so auszuwählen, dass es für die Lernenden eine Herausforderung darstellt, sie aber nicht durch Überforderung entmutigt werden. Dabei können unterschiedliche Ausprägungen in der Performanz vorgesehen werden. Damit nicht genug: Die Lehrperson muss ein Lerngerüst im Sinne des Scaffolding für die gesamte Lerngruppe bereitstellen, dabei aber das unterschiedliche Leistungsniveau des Mittelfelds und der lernschwächeren Schülerinnen und Schüler berücksichtigen. Es geht also um diagnostische Kompetenz, ein Begriff, den Hattie übrigens nicht gebraucht.

Die Antwort auf die zweite Frage kommt dem traditionellen Feedback (*feed back*), dem Rückkoppeln, am nächsten. Die Lernenden sollen sich über ihre Fortschritte Rechenschaft ablegen und Wege finden, wie sie weiterkommen können. Es ist, wie bereits gesagt, wenig hilfreich, wenn die Rückkopplung nur aus einer Note ohne weitere Erläuterungen zur Bewältigung der Aufgabe(n) besteht. Durch die Note oder die Punktzahl erfährt der Lernende nämlich nichts darüber, wie er die Lücke zwischen seiner derzeitigen Leistung und den Erfolgskriterien, die mit dem Ziel verbunden sind, schließen kann.

Das *feed forward*, die Antwort auf die dritte Frage, beinhaltet einen Vorwärtsschub mit Blick auf die (nahe) Zukunft und soll vielfältige Gelegenheiten zum Weiterlernen eröffnen. „What activities need to be undertaken next to make better progress?" (Hattie 2012: 116).

Die Antworten auf die drei Fragen weisen eine Progression auf: „Die Rückkopplung schreitet von der Aufgabe (Wie gut ist die Aufgabe bewältigt worden?) über die Lernprozesse (Welche Strategien werden benötigt, um die Aufgabe zu bewältigen? Gibt es alternative Strategien? zur Selbstregulierung fort (Welche Wissensvoraussetzungen muss man haben, um sich über das eigene Lernen Rechenschaft abzulegen?)" (vgl. De Florio-Hansen 2014: 143).

Hattie und Timperley stützen sich auf empirische Nachweise bei der Festlegung von vier Ebenen des Lernens, die durch die Beantwortung der drei Fragen beeinflusst werden können. Diesen Aspekt des Feedbacks bezeichnet Hattie als Effekt (*effect*) (vgl. Hattie 2012: 134). Die Auswirkungen können sich auf folgende Levels beziehen:

1. *task level* (die Aufgabe),
2. *process level* (die Lernprozesse)
3. *self-regulation level* (die Selbstregulierung)
4. *self level* (das Selbst)

Während sich das Feedback auf die ersten drei Aspekte in der Regel positiv auswirkt, wird das Selbst durch unangemessene Rückmeldungen häufig negativ beeinflusst. Dazu schreibt Timperley:

> The final level of feedback to self as a person is only referred to here because of the high frequency of its use in classrooms, particularly in the form of personal praise [...]. The circumstances under which praise might be effective occur when it is directed to the effort, self-regulation, engagement, or processes relating to the task and its performance. (Timperley 2013: 403)

Lob sollte sich also nicht oder nur in Ausnahmefällen auf die Person des Lernenden beziehen. Es ist vielmehr dann lernwirksam, wenn es sich auf die Anstrengung bei der Lösung der Aufgabe, auf die eingesetzten Lernstrategien, das Engagement und/oder die Lernprozesse bezieht. Aber das wussten wir schon (vgl. Abschnitt 4.1.4 zu den Motivationstheorien von Dweck).

Die Darstellung des Feedback-Modells von Hattie und Timperley möchte ich mit einer wissenschaftsmethodischen Überlegung abschließen, die auch den Fremdsprachenunterricht in Zukunft beeinflussen wird. Wie man unschwer feststellen kann, beschränkt Hattie sich bei seiner Mega-Analyse nicht einfach nur auf die Angabe der Effektstärke(n); er und Timperley bedienen sich auch qualitativer Forschungsmethoden. Das räumt Hattie indirekt ein:

> In summary, feedback is what happens second, is one of the most powerful influences on learning, occurs to rarely, and needs to be more fully researched by **qualitatively and quantitatively investigating** how feedback works in the classroom and learning process. (Hattie 2009: 178; Hervorhebung DF-H)

Das bedeutet nicht, dass empirisch-quantitative Forschungsergebnisse in Zukunft durch qualitative Studien entwertet werden. Da es sich bei Meta-Synthesen um eine Zusammenschau quantitativer und qualitativer Untersuchungen handelt, werden wir noch zuverlässigere und differenziertere Aussagen darüber erhalten, was lernwirksamen Unterricht ausmacht (vgl. auch ***Kap. 8***, Abschnitt 8.5.2).

9.3 Formen des Feedbacks

9.3.1 Feedback von Lehrpersonen für Lernende

Welche Folgerungen können wir aus den bisherigen Erläuterungen zum Feedback für unser Verhalten im fremdsprachlichen Klassenzimmer ableiten? Wir wissen inzwischen, dass Rückmeldungen zur Persönlichkeit einzelner Lernender („Du bist wirklich schlau!“) eher negative Auswirkungen haben. Die Schülerinnen und Schüler, die wir ein oder gar mehrmals auf diese Weise loben, sind in der Folge darauf bedacht, beim Lernen möglichst kein Risiko einzugehen. Diese Strategie der Risikovermeidung schränkt ihr Engagement und ihre Lernerfolge stark ein.

Außerdem haben wir erfahren, dass Feedback nur dann lernwirksam ist, wenn es beim Adressaten tatsächlich ankommt. Wieso sind wir uns eigentlich so sicher, dass unsere hingestreuten Äußerungen von den Lernenden, die sie erreichen sollen, als Rückmeldung zu ihren Lernwegen und -prozessen aufgenommen werden? Zwar gibt es nur wenige Untersuchungen zur Rezeption von Feedback durch die Lernenden, aber die Aussage einer Studie von Carless (2006), die Hattie anführt, gibt zu denken: „About 70 percent of the teachers claimed they provided feedback often or always, but only 45 percent of students agreed with their teachers' claims“ (Hattie 2009: 174).

In welcher Form können Fremdsprachenlehrerinnen und -lehrer den Schülerinnen und Schülern Rückmeldungen zu ihrem Lernen geben? Hattie nennt Möglichkeiten eines lernförderlichen Feedbacks:

> Feedback can be provided in many ways: through affective processes, increased effort, motivation or engagement; by providing students with different cognitive processes, restructuring understandings, confirming to the student that he or she is correct or incorrect, indicating that more information is available or needed, pointing to directions that the students might pursue, and indicating alternative strategies with which to understand particular information. (Hattie 2012: 115)

Wie können Hatties einzelne Anregungen im Fremdsprachenunterricht umgesetzt werden?

Affective processes: Damit bezieht sich Hattie in erster Linie auf die Lehrer-Schüler-Beziehung (*teacher-student relationships*; d = 0.72). Alle Lernenden sollen sich gleichermaßen von der Lehrperson angenommen fühlen. Fremdsprachenlehrerinnen und -lehrer sollten den Lernenden (und deren Eltern) verdeutlichen, dass es eine spezielle Begabung für Sprachen nicht gibt. Alle Schülerinnen und Schüler können bei entsprechender Lernanstrengung Fremdsprachen lernen und gute Ergebnisse erzielen. Dabei kann die Lehrperson die Lernenden emotional unterstützen. Sie sollte auf die möglichen Schwierigkeiten mit der Aussprache, mit der Grammatik oder mit dem Vokabellernen von Anfang an eingehen und individuelle Hilfestellung geben.

Increased effort, motivation, or engagement: Stellt die Lehrperson fest, dass einzelne Lernende während der Darbietung und/oder den Übungsphasen in ihrer Anstrengung und ihrem Engagement nachlassen oder dass sie insgesamt demotiviert sind, sind in einfühlsamer Weise die Ursachen zu klären. Dann kann die Lehrperson durch gezielte Impulse, z. B. interessante, konkrete Beispiele, kleine Geschichten oder Rätsel, auf eine Verbesserung der Ausdauer bzw. der Motivation hinarbeiten. Darüber hinaus haben das Beispiel der Lehrperson, ihre Anstrengung, ihr Engagement und ihre Motivation bei der Vorbereitung und Durchführung des Unterrichts eine nicht zu unterschätzende Wirkung.

Providing different cognitive processes: Für alle Phasen des Unterrichts, besonders aber dann, wenn durch das rückversichernde Fragen (*assertive questioning*) zutage tritt, dass sich bei einzelnen Lernenden falsche Vorstellungen festgesetzt haben, besteht das Feedback in einer erneuten Darbietung der Lerninhalte – ganz oder in Teilen. Es nützt meist nicht viel, wenn die Lehrperson eine sprachliche Regel nochmals mit anderen Worten formuliert oder in der Grammatik bzw. dem Lehrwerk nachschlagen lässt. Besser sind aussagekräftige Beispiele und/oder Visualisierungen, an deren Erstellung sich die Lernenden beteiligen können.

Restructuring understandings: Oft erweist sich eine erneute Einordnung des Lernstoffs in bekannte Konzepte und Schemata als hilfreich, z. B. bei der Versprachlichung von Teilen eines Restaurantbesuchs oder einer Reklamation bei einem Einkauf. In vielen Fällen hat sich ein Voranschreiten vom Einfachen zum Besonderen und vom Konkreten zum Abstrakten bewährt. Die bessere Aufnahme von (neuem) Lernstoff kann man auch dadurch erreichen, dass man die Inhalte im Rahmen einer Lernschleife besser strukturiert: Der Fokus liegt auf den Hauptaussagen, Einzelheiten folgen später.

Correct or incorrect: Rückmeldungen haben den gewünschten Effekt, wenn die Lehrperson einzelnen Lernenden oder kleinen Gruppen ohne Umschweife sagen kann, dass sie eine Aufgabe nicht richtig gelöst haben bzw. dass sich irgendwo ein Fehler eingeschlichen hat. Die Schülerinnen und Schüler müssen darauf bauen können, dass Fehler, insbesondere Verstöße gegen grammatische Normen, nicht sanktioniert, sondern vielmehr als Lerngelegenheit betrachtet werden. An Korrekturen und Richtigstellungen sind alle Schülerinnen und Schüler zu beteiligen, nicht nur die- oder derjenige, auf den der Fehler zurückgeht.

More information: Die Lernenden müssen die Sicherheit haben, dass sie die Lehrperson ansprechen können, wenn sie zusätzliche Informationen brauchen, z B. wenn sie mit ihren Recherchen nicht weiterkommen oder wenn sie Zweifel haben, dass die zusammengetragenen Materialien für die erfolgreiche Bearbeitung der Aufgabe ausreichend sind, z. B. bei der Erarbeitung von *Graphic Novels* oder von *Bandes Dessinées*. Feedback kann auch darin bestehen, dass die Lehrperson die Lernenden von sich aus auf ungenutzte Quellen aufmerksam macht, z. B. den im Internet dokumentierten Rundgang zu Häusern in Brüssel, die mit Szenen aus bekannten *Bandes Dessinées* bemalt sind (vgl. www.bruxelles.be/artdet.cfm/5316; Parcours BD à Bruxelles).

New directions: Lernende versperren sich aufgrund vorgefasster Meinungen oder bestimmter Lerngewohnheiten manchmal selbst den Zugang zu weiterführenden Lernwegen. Die Kreativität der Lernenden lässt sich durch ein Feedback fördern, das die Schülerinnen und Schüler auf neue Wege oder ungenutzte Möglichkeiten aufmerksamen macht.

Alternative strategies: Ähnlich verhält es sich mit einem Wechsel oder einer Erweiterung der Lernstrategien. Durch geeignete Rückmeldungen können einzelne Lernende angehalten werden, nicht immer die festgefahrenen Lernwege zu beschreiten, sondern neue oder weniger genutzte Strategien einzubeziehen. Wenn sich die Gelegenheit bietet, kann die Lehrperson vor der Bearbeitung einer Aufgabe mit den Lernenden mögliche Lösungsstrategien besprechen und die Schülerinnen und Schüler darauf aufmerksam machen, dass man auch im Leben unterschiedliche Herangehensweisen braucht, um mit den Herausforderungen in Alltag und Beruf erfolgreich umzugehen.

Beim Feedback geht es nicht nur um das Wie; auch die Häufigkeit ist wichtig. Hattie berichtet davon, dass er seine Söhne beim Abendessen immer gefragt hat, wie es in der Schule war, wie sie zurechtgekommen sind und was es Neues gab. Inzwischen ist er dazu übergegangen, sie zu fragen, ob sie an diesem Tag irgendeine Rückmeldung von einer ihrer Lehrpersonen erhalten haben und ob sie hilfreich war. Das Ergebnis war nicht ermutigend (Hattie 2012: 134).

Hattie gibt an, dass ein Feedback im Durchschnitt alle 25 Minuten erfolgen sollte, lässt aber offen, ob er sich mit dieser Angabe auf die Lerngruppe oder auf einzelne Schülerinnen und Schüler bezieht (Hattie 2012: 122f.). An anderer Stelle führt er aus, dass formative Evaluationen (*short-cycle formative assessment*) zwei- bis fünfmal pro Woche stattfinden sollten (Hattie 2012: 127). Hattie weist nachdrücklich darauf hin, dass damit keine Benotungen (*marking and grading*) einhergehen sollten; vielmehr empfiehlt er, wie zahlreiche andere Experten, häufige kurze Tests im Rahmen von Feedback.

Aus dem Feedback-Modell von Hattie und Timperley (vgl. Abschnitt 9.2.2) ist ersichtlich, dass sowohl die Aufgabe als auch die Lernprozesse sowie die Selbstregulierung der Gegenstand von Feedback sein können. Aus Untersuchungen verschiedener Forscher geht hervor, dass sich Feedback zu selten auf die Lernprozesse sowie die Selbstregulierung bezieht. Meist geben Lehrpersonen Rückmeldungen zur Aufgabe. Das ist im Fremdsprachenunterricht nicht anders: So werden z. B. bei der Besprechung der Hausaufgaben die richtigen Lösungen abgeglichen und bisweilen Regularitäten erklärt. Hinweise auf die Lernprozesse und insbesondere die Selbstregulierungs-Strategien erfolgen viel zu selten. Daher legt Hattie bei den Fragen, die er für die Unterrichtspraxis bezüglich der einzelnen Feedback-Levels empfiehlt, das größte Gewicht auf die Selbst-Regulierung (vgl. Hattie 2012: 129):

Aufgabe (*task*):

- Ist seine/ihre Lösung in Einklang mit den Erfolgskriterien?
- Ist seine/ihre Anwort richtig/falsch?
- Kann er/sie die Lösung sorgfältiger ausarbeiten?
- An welcher Stelle ist etwas schiefgegangen?
- Wie lautet die korrekte Antwort/Lösung?
- Welche zusätzlichen Informationen sind nötig, um die Erfolgskriterien zu erreichen?

Prozess (*process*):

- Was ist falsch und warum?
- Welche Strategien hat er/sie eingesetzt?
- Worin besteht die Erklärung für die richtige Antwort/Lösung?
- Welche weiteren Fragen kann er/sie in Bezug auf die Aufgabe stellen?
- In welcher Beziehung stehen die Teile der Aufgabe zueinander?
- Welche zusätzlichen Informationen gibt es im Handout?
- Wie versteht er/sie die auf die Aufgabe bezogenen Konzepte und Kenntnisse?

Selbstregulierung (*self-regulation*):

- Wie kann er/sie die eigene Arbeit überwachen?
- Wie kann er/sie sich selbst überprüfen?
- Wie kann er/sie die zur Verfügung gestellten Informationen evaluieren?
- Wie kann er/sie das eigene Lernen reflektieren?
- Was hast du getan, um …?
- Was ist passiert als du …?
- Wie kannst du Rechenschaft ablegen für …?
- Welche Rechtfertigung gibt es für …?

- Welche weiteren Zweifel hast du hinsichtlich der Aufgabe?
- In welcher Hinsicht kann man das vergleichen mit ...?
- Was haben alle diese Informationen gemeinsam?
- Welche Lernziele hast du erreicht?
- Inwieweit haben sich deine Vorstellungen verändert?
- Was kannst du selbst jetzt jemanden lehren?
- Kannst du einem anderen Schüler jetzt erklären, wie man ...?

Hattie schließt mit folgender Aussage: „No wonder giving feedback that then is appropriately received is so difficult" (Hattie 2012: 136).

Fazit:
Die Lernwirksamkeit von Feedback kann erhöht werden, wenn Lehrpersonen folgende Fragen mit Blick auf individuelle Lernende und bestimmte Lerngruppen beantworten:

- Worauf soll sich das Feedback beziehen? Auf die Aufgabe, die Lernprozesse oder die Selbstregulierung?
- In welcher Form soll die Rückmeldung aufgrund der Bedürfnisse und Interessen der Lernenden erfolgen?
- In welchen Phasen des Unterrichts bzw. wie oft ist ein Feedback in einem spezifischen Lernkontext sinnvoll?

9.3.2 Feedback der Lernenden untereinander

Im Fremdsprachenunterricht erfolgen Rückmeldungen der Lehrerin oder des Lehrers zu den Lernprozessen und der Selbstregulierung wahrscheinlich noch seltener als in vielen anderen Schulfächern. Das liegt u. a. an den sprachlichen Hürden: Wie bereits weiter oben beschrieben, ist es nicht einfach, Schülerinnen und Schülern in den ersten Lernjahren ein verständliches Feedback in der Zielsprache zu geben. Aber auch im Unterricht mit Fortgeschrittenen bedarf es besonderer sprachlicher Fähigkeiten seitens der Lehrperson, wenn die Rückmeldungen bei den Lernenden so ankommen sollen, wie sie intendiert sind.

Während Feedback von Fremdsprachenlehrerinnen und -lehrern für die Lernenden zu selten ist, erfahren die Schülerinnen und Schüler zahlreiche Rückmeldungen von ihren Klassenkameradinnen und -kameraden sowie von Peers aus ihrem weiteren Umfeld. In Anlehnung an Nuthall (2007) gibt Hattie das Peer-Feedback mit 80 % an und fügt hinzu: „...and most of this feedback is incorrect" (Hattie 2012: 131). Hattie führt nicht explizit aus, warum das Feedback, welches sich die Lernenden spontan und ohne Anleitung untereinander geben, seiner Ansicht nach „incorrect" ist. Aus seiner Darstellung kann man jedoch schließen, dass er sich damit auf Rückmeldungen bezieht, die inhaltlich mit Blick auf die gestellte Aufgabe oder sonstige mit dem Lerninhalt verbundenen Aspekte falsch sind.

Feedback der Lernenden untereinander kann jedoch für beide Seiten, sowohl den Peer, der es äußert, als auch denjenigen, für den es bestimmt ist, erheblich zu Lernfortschritten beitragen. Zudem könnte man es auch nicht abstellen: Nicht nur Kinder und Jugendliche sind oft damit beschäftigt, anderen Rückmeldung zu ihrem Äußeren, ihren Anschauungen und ihrem Verhalten zu geben. Was können wir tun, damit das Feedback der Lernenden untereinander in die Bahnen kommt, die wir uns wünschen bzw. die für unsere Schülerinnen und Schüler nützlich sind?

Es ist schon mehrfach angedeutet worden, dass Schülerinnen und Schüler das unterrichtsbezogene Feedback untereinander erst lernen müssen. Lehrpersonen müssen sie in zweierlei Hinsicht entsprechend anleiten: Zum einen gibt es eine größere Zahl von Kindern und Jugendlichen, die einen rüden Ton untereinander (und oft auch mit den Eltern und dem weiteren Umfeld) pflegen. Es geht also zunächst darum, sie auf einen kooperativen und vor allem respektvollen Umgang miteinander einzustimmen. Das ist eine der zahlreichen Erziehungsaufgaben, die Lehrpersonen heutzutage zusätzlich erfüllen müssen. Zum anderen müssen die Schülerinnen und Schüler (sprachliche) Techniken und Strategien lernen, die für einen Gleichaltrigen tatsächlich hilfreich sind. Aussagen wie „Das ist aber falsch!“ oder „Kannst du nicht genau hingucken?“ sind kontraproduktiv. Für Rückmeldungen untereinander, sei es im Tandem oder in der Kleingruppe, aber auch im Plenum, müssen Feedback- und Assessment-Skills eingeführt, gelernt und vor allem geübt werden. Nicht selten profitieren auch Lehrpersonen für ihr eigenes Feedback-Verhalten von den entsprechenden Übungsphasen.

Welche Fertigkeiten und Fähigkeiten sollen – über die erforderliche kooperative und respektvolle Grundhaltung hinaus – dargeboten, besprochen und angewendet werden? Zum Feedback der Lernenden untereinander hat Mark Gan (2011), ein Doktorand von Hattie, ein Kontrollgruppenexperiment durchgeführt. Dabei stützt er sich auf das Feedback-Modell von Hattie und Timperley (2007; vgl. Abschnitt 9.2.2) und die Fragen zur Aufgabe, den Lernprozessen und der Selbstregulierung, die wir im vorigen Abschnitt kennengelernt haben. Diese Fragen hat er auf das Peer-Feedback übertragen, d. h. die Fragen, welche Lehrpersonen an sich selbst bzw. an die Lernenden richten, dienen nun den Schülerinnen und Schülern für Rückmeldungen untereinander. Gan hat den Lernenden der Versuchsgruppen die obigen Fragen jedoch nicht einfach als Liste vorgelegt, sondern er hat sie in eine übersichtliche Form gebracht (siehe Abbildung S. 163).

Hattie begrüßt, wie zu erwarten, den Ansatz seines Doktoranden: Gan hat die aus dem vorigen Abschnitt bekannten Fragen in konkrete Schritte übertragen und so angeordnet, dass die Lernenden sich Rechenschaft darüber ablegen können, auf welchen Feedback-Level sie sich beziehen (wollen). In Gans Untersuchung haben sich die Schülerinnen und Schüler in den Kontrollgruppen auf die Angabe der korrekten Lösung und (mögliches) Lob beschränkt, während die Lernenden in den Versuchsgruppen differenzierter vorgegangen sind, indem sie die Orientierungshilfe genutzt haben. Trotz dieser positiven Ergebnisse von Gan empfiehlt Hattie eine wohldurchdachte unterrichtliche Unterstützung („deliberate instructional support“, Hattie 2012: 134) beim Feedback der Lernenden untereinander, mindestens so lange, bis die meisten das Peer-Feedback in wünschenswerter Weise gestalten können.

Wenn die Lernenden im Peer-Feedback hinreichend geschult sind, lassen sich durch *peer tutoring* große Lerneffekte erzielen. In Hatties Liste von 138 Faktoren, die die kognitive Lernleistung beeinflussen, nimmt *peer tutoring* Rang 36 ein; es erreicht nach Hattie eine Effektstärke von $d = 0.55$ (vgl. Hattie 2009: 186f.). Die Lernwirksamkeit gilt sowohl für den *tutee*, dem die Rückmeldungen zuteil werden, als auch für den *tutor* selbst. Vermutlich wäre die Effektstärke weit höher, wenn auch soziale und affektive Komponenten des Peer-Feedbacks untersucht worden wären.

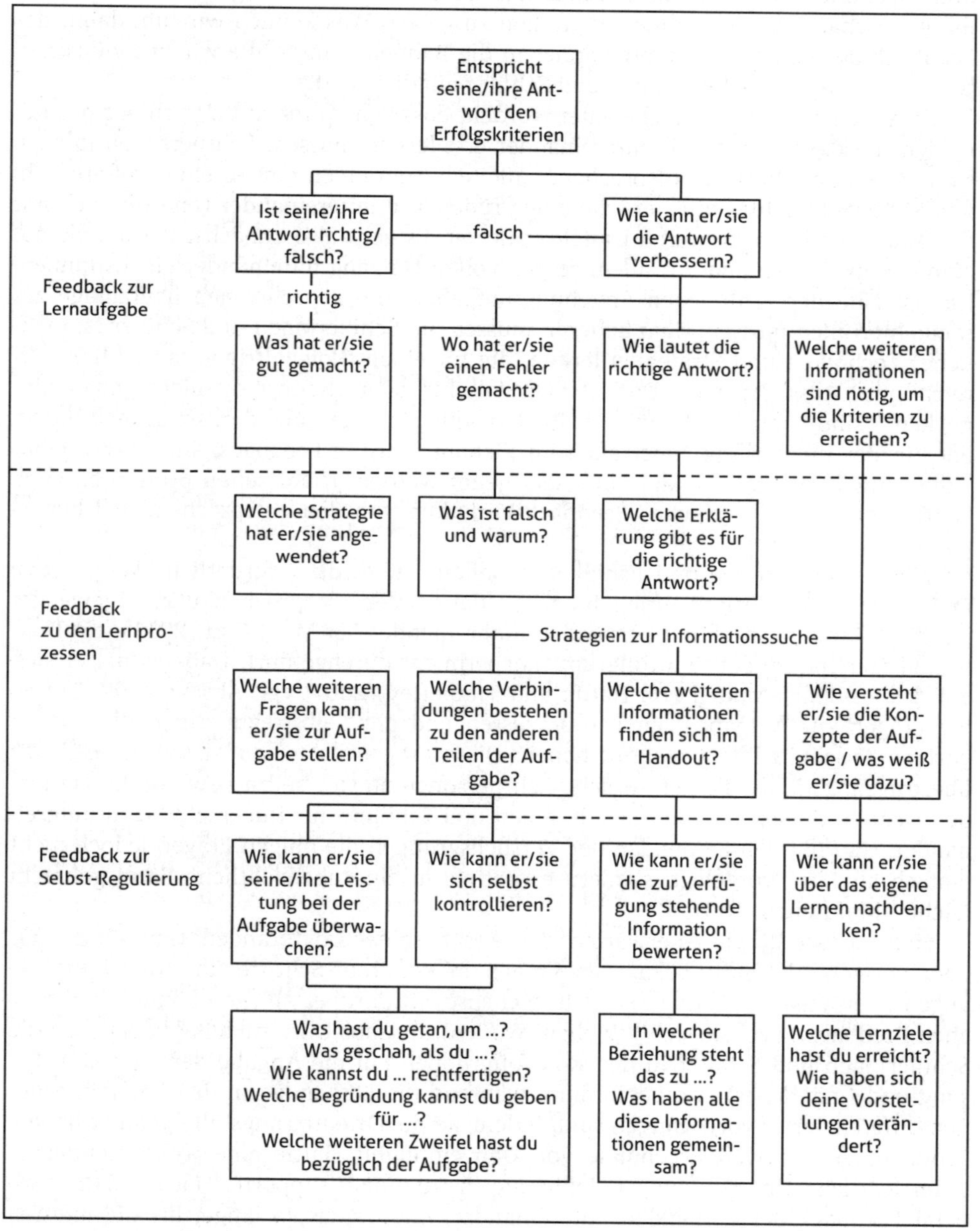

Abbildung: Orientierungshilfe für Feedback von Lernenden untereinander (vgl. Hattie 2012: 133) (Kopiervorlage Englisch, Französisch und Spanisch siehe Download: www.narr.de … vgl. Vorwort)

9.3.3 Feedback von Lernenden für Lehrpersonen

Die Publikationen von Hattie stellen die Bestätigung einer Tendenz dar, die sich im deutschsprachigen Raum schon seit Jahren abzeichnet: die Durchführung von Schülerfeedbacks. In unseren Schulen wird dieses Feedback häufig durch mehr oder weniger empirisch geprüfte Fragebögen erhoben, welche die Schülerinnen und Schüler ca. einmal im Jahr, bisweilen auch öfter, ausfüllen. In dieser Form erfreut es sich der Zustimmung, auch wenn diese nicht uneingeschränkt gilt.

Im Jahr 2013 hat die Zeitschrift *Pädagogik* (6/2013: 48f.) ihre Rubrik *Pro und Contra* dem Schülerfeedback gewidmet. Es geht um die Frage, ob man ein Feedback der Schülerinnen und Schüler für ihre Lehrpersonen für alle verbindlich machen soll. Die Vertreter der Rede (Pro), eine Hamburger Schulleiterin, und der Gegenrede (Contra), einer der Herausgeber der Zeitschrift, nämlich J. Bastian, befürworten das Schülerfeedback. Da sich aber kein Gegenredner fand, schlüpfte Bastian in diese Rolle. Im Wesentlichen führt er drei (von ihm nicht geteilte) Gründe für die Ablehnung eines Schülerfeedbacks an:

1. Das Ergebnis könnte dadurch verfälscht werden, dass einige Lernende aus einer opportunistischen Haltung heraus eine positive Bewertung des Unterrichts abgeben. Damit will er offenbar andeuten, dass einige Schülerinnen und Schüler ihre Lehrpersonen „bei Laune halten“ wollen, obgleich das Schülerfeedback anonym erfolgt. Es handelt es sich also nicht um Angst vor der „Rache“ der Lehrperson. Einen ähnlichen Effekt beobachten Forscher manchmal bei wissenschaftlichen Untersuchungen, insbesondere bei schriftlichen Befragungen, wenn einzelne Befragte „positiv“ antworten in der Annahme, dem Wissenschaftler dadurch weiterzuhelfen. Aus meiner Sicht besteht die mögliche Verfälschung der Ergebnisse beim Schülerfeedback eher darin, dass die Lernenden die Items anders interpretieren, als sie gemeint sind.

2. Den zweiten Grund für die Ablehnung solcher Erhebungen zum Unterricht sieht Bastian in der Lehrerrolle. Die Lehrperson trägt die Verantwortung für den Unterricht. Sie muss selbst wissen, ob und wie ihre Lehrbemühungen von den Lernenden wahrgenommen werden, wie die Schülerinnen und Schüler das Unterrichtsangebot nutzen und ob alle Lernenden, auch die weniger leistungsstarken, hinreichend gefördert werden. Bastian geht vermutlich davon aus, dass das Schülerfeedback die Autorität der Lehrerin oder des Lehrers untergraben könnte. Wird das Feedback der Lernenden für ihre Lehrrinnen und Lehrer routinemäßig in Form anonymer schriftlicher Befragungen durchgeführt, ist diese negative Einschätzung m. E. nicht ganz von der Hand zu weisen.

3. Durch ein derartiges Schülerfeedback könnten sich nach Ansicht von Bastian Lehrpersonen unter Druck gesetzt fühlen. Das kann zwei Richtungen betreffen: Zum einen könnten Lehrpersonen sich gegen ihre Überzeugungen veranlasst sehen, an ihrem Unterricht etwas zu verändern. Selbstverständlich kann jede Lehrerin oder jeder Lehrer den Unterricht besser, schülergerechter und lernwirksamer gestalten, selbst wenn bereits gute Lernerfolge erreicht werden. Das sollte aber auf eigener Einsicht beruhen. Zum anderen bleiben die Ergebnisse im Kollegium nicht verborgen. Lehrpersonen gehen mit solchen Ergebnissen ganz unterschiedlich um.

Fazit: Am besten wäre es, wenn alle sich als Lernende begreifen und untereinander ein Feedback suchen, also vom Feedback der Lernenden für Lehrpersonen zum Feedback von Lehrpersonen für Lehrpersonen.

Über das beschriebene Pro und Contra hinaus, gibt es im deutschsprachigen Raum in jüngster Zeit weitere Publikationen, die sich mit dem Schülerfeedback beschäftigen. Ich greife zwei Veröffentlichungen heraus, die ich als symptomatisch empfinde.

Zunächst geht es um das Sachbuch, das Melda Akbaş, eine junge Türkin, im Jahr 2013 unter dem Titel: *Warum fragt uns denn keiner? Schüler sagen, was in der Schule falsch läuft* veröffentlicht hat. Ich gehe auf diese „Erlebnisberichte" kurz ein, weil Akbaş eine Chance vertan hat. Ihre Befragungen hätten authentische Einblicke in die Erfahrungen von Schülerinnen und Schülern mit Migrationsgeschichte geben können. Stattdessen ist das Buch zu dem geraten, was man bei schriftlichen Befragungen den „Kotzkübel" nennt, nämlich die Rubrik, in der die Befragten Gelegenheit haben, all das loszuwerden, was in den sonstigen Items nicht berücksichtigt wurde. Bei Akbaş kommen so gut wie ausschließlich Lernende zu Wort, die sich darüber „auskotzen", was sie Negatives erlebt haben. Dabei sind viele nicht fair, und vor allem werden auch von der Autorin selbst nur ansatzweise Verbesserungsmöglichkeiten aufgezeigt.

Einen ähnlichen Titel trägt der Lehrerratgeber von Regina Berger et al: *Warum fragt ihr nicht einfach uns? Mit Schüler-Feedback lernwirksam unterrichten*, das ebenfalls 2013 erschienen ist. Die Autorinnen und Autoren haben sich die Aufmerksamkeit von Hattie anlässlich eines seiner Besuche in Deutschland gesichert (vgl. www.visiblelearning.de) und werben auf dem Cover ihres Buches mit dem Aufdruck ‚Unterrichtsentwicklung nach Hattie'. Mit Hatties Unterrichtsmodell, das eben nicht von individualisiertem Lernen, sondern von Direkter Instruktion ausgeht, hat der Ratgeber wenig zu tun. Zwar wird das Feedback-Modell von Hattie & Timperley (2007) vorgestellt; die Autorinnen und Autoren sind von evidenzbasiertem Lehren und Lernen allerdings noch weit entfernt.

Die Titel der beiden Bücher sind sicher verkaufsfördernd. Sie sind aber irreführend, denn sie suggerieren eine Bereitschaft von Schülerinnen und Schülern sich ihren Lehrpersonen gegenüber zum Unterricht zu äußern. Das tun Lernende aber nur, wenn sie anonym bleiben können.

Einen Mangel an Wissenschaftlichkeit kann man Helmke ([4]2012) nicht vorwerfen (vgl. auch zum Folgenden De Florio-Hansen 2014: 153). Mit vollem Recht bezeichnet er sein umfangreiches Projekt EMU als *Evidenzbasierte Methode zur Unterrichtsdiagnostik und -entwicklung.* In Kapitel 5 (ibid.: 272-306) *Diagnose und Evaluation von Unterricht* geht er ausführlich und differenziert auf den Nutzen von Lehrer- und Schülerangaben zum Unterricht ein. Dabei stellt er die wichtigsten Instrumente vor und unterzieht sie einer kritischen Analyse. Sicherlich gewinnen Lehrpersonen durch Helmkes empirisch-geprüfte Erhebungs- und Diagnosebögen Einblicke in die Befindlichkeiten der Lernenden hinsichtlich des Unterrichts. Wenn die Lehrer-Schüler-Beziehung tragfähig ist, können Lehrpersonen nach der Auswertung zusammen mit den Lernenden an einer generellen Verbesserung wichtiger Aspekte des Lehrens und Lernens arbeiten.

Die Frage, an welchem Punkt des Unterrichts eine bestimmte Schülerin oder ein bestimmter Schüler nicht mehr mitgekommen ist, was zu einer Fehlinterpretation oder einem Irrweg bei der Lösung einer Aufgabe geführt hat bzw. welche Fragen und Schwierigkeiten aufgetaucht sind, erfährt die Lehrperson durch diese schriftlichen

Befragungen meist nicht. Aber gerade das sollten Lehrpersonen nach Auffassung von Hattie herausfinden. Deshalb fordert er mit solchem Nachdruck ein angemessenes Feedback der Lernenden für ihre Lehrperson: „...it is the feedback to the teacher about what students can and cannot do that is more powerful than feedback to the student, [...]“ (Hattie 2009: 4). In häufigen kurzen Gesprächen anlässlich bestimmter Unterrichtsaktivitäten kann eine Lehrperson am ehesten erfahren, wie individuelle Lernende den Unterricht wahrnehmen. Durch Diagnose- oder Beobachtungsbögen wird Hatties Forderung, die seine Publikationen durchzieht, nicht eingelöst:

> Feedback from students to teachers involves information and understanding about the tasks that make the difference in light of what the *teacher* already understands, misunderstands, and constructs about the learning of his or her student. (Hattie 2009: 238, Hervorhebung des Autors)

Die Rückmeldungen an die Lehrperson hinsichtlich des gesamten Unterrichtsgeschehens bezeichnet Hattie als *providing formative evaluation of progams*. Diese Form des Feedbacks erreicht nach Hattie eine Effektstärke von d = 0.90 und liegt damit an dritter Stelle des Faktorenrankings. Hattie weist ausdrücklich darauf hin, dass das positive Ergebnis unabhängig vom Alter der Lernenden, der Häufigkeit der Messung oder den besonderen Bedürfnissen der Lernenden ist. Wir schließen mit einem aussagekräftigen und richtungsweisenden Zitat von Hattie:

Fazit:
It is this feedback to teachers that assists in explaining why most of the more powerful effects are higher than what has been termed the “typical teacher effects” of d = 0.25 to d = 0.40. It is the attention to the purposes of innovations, the willingness to seek negative evidence (i.e., seeking evidence on where students are not doing well) to improve the teaching innovation, the keenness to see the effects on all students. And the openness to new experiences that make the difference. Innovations are not “change for change’s sake” as not all interventions are successful. The major message is for teachers to pay attention to the formative effects of their teaching, as it is these attributes of seeking formative evaluation of the effects (intended or unintended) of their programs that makes for excellence in teaching. (Hattie 2009: 181; deutsche Übersetzung 2013: 215).

9.4 Liebe muss nicht blind machen

Antonio ist ein munterer Junge von 12 Jahren. Er lernt gern Fremdsprachen. Englisch gefällt ihm, weil fast alles so schön kurz ist. Außerdem versteht er schon ziemlich viel durch die englischsprachigen Songs, die er mit Begeisterung hört. Antonio ist zudem stolzer Besitzer eines Notebooks und eines Smartphones. Auch das trägt zu seiner Vorliebe für Englisch bei.

Antonio besucht die sechste Klasse einer Gesamtschule und hat als zweite Fremdsprache Spanisch gewählt. Das kann er bereits ziemlich gut, auch wenn zu Hause Deutsch gesprochen wird: Antonios Vater stammt nämlich aus Spanien. Seinen Eltern sagt Antonio nicht, dass er mit der von ihnen vorgeschlagenen Wahl auch aus einem anderen Grund einverstanden ist. Seine Lieblingslehrerin wird in Antonios Klasse nämlich nicht nur Englisch, sondern auch Spanisch unterrichten.

Etwa zwei Monate nach Beginn des Schuljahrs fordert Frau Berthold die Schülerinnen und Schüler auf, ihr in Abständen von ca. sechs Wochen zu vermelden, was im Unterricht gut und was nicht gut läuft. Dafür reserviert sie einen Teil des Englischunterrichts. Als diese Feedback-Initiative nicht auf das gewünschte Echo stößt, richtet Frau Berthold eine Schülersprechstunde ein. Aber auch das führt nicht dazu, dass einzelne Schülerinnen oder Schüler ihr in irgendeiner Form die gewünschte Rückmeldung zu ihrem Unterricht geben. Da fordert Frau Berthold Antonio kurzerhand auf, doch einmal zu ihr in die Schülersprechstunde zu kommen.

Hinterher wollen die anderen natürlich wissen, was die Lehrerin mit ihm besprochen hat. Antonio erzählt es bereitwillig: Zunächst hat sie ihn aufgefordert, ihr zu sagen, wie er ihren Unterricht findet. Da sagte Antonio: „Also, soweit läuft alles ganz gut." Als Frau Berthold meinte, das sei doch recht nichtssagend, merkte Antonio an, dass sie das auch immer sage. Da musste die Lehrerin lachen, denn in der Tat wollte sie die Kinder mit dieser Floskel ermutigen. Antonio dürfe sie ruhig kritisieren, müsse aber fair bleiben. Zum Erstaunen seiner Klassenkameraden und auch der Mädchen hatte Antonio daraufhin nacheinander seine Kritikpunkte aufgezählt:

- „Manchmal versäumen wir zu viel Zeit mit Nebensachen wie Klassenbuchführung, Bücherlisten usw."
- „Viele brauchen einfach mehr Zeit. Sie nehmen immer zu schnell die dran, die es ohnehin wissen."
- Sie loben uns dauernd; in der letzten Stunde haben sie mich dreimal gelobt, obwohl ich gar nichts Besonderes gemacht habe."
- „Könnten Sie mir nicht mal sagen, was ich besser machen kann?"

Einige glauben Antonios Erzählung nicht; andere sind davon überzeugt, dass er es bei Frau Berthold „verschissen" hat. In der darauffolgenden Stunde jedoch nennt die Lehrerin Antonios Kritikpunkte vor der Klasse und sagt, dass sie dadurch Wichtiges gelernt habe. Sie werde sich bemühen, es in Zukunft besser zu machen. So etwas hatten die Kinder noch nie von einer Lehrperson gehört. In der Folgezeit brachten zunehmend mehr Schülerinnen und Schüler den Mut auf, Frau Berthold in der Feedback-Stunde, aber auch bei anderen Gelegenheiten ein Feedback zu geben. Antonio schwärmt jetzt noch mehr für seine Lehrerin. Liebe muss eben nicht blind machen.

Hinweis anstelle von Anregungen und Lektüreempfehlungen

Ich werde zum Thema Feedback auf meiner Website (www.deflorio.de) einen Link mit Hinweisen und Materialien einrichten. Das tue ich hauptsächlich aus drei Gründen: 1. Für mich ist Feedback in der von Hattie und Timperley sowie anderen Wissenschaftlern und Pädagogen vorgeschlagenen Form eine der wichtigsten Voraussetzungen für lernwirksamen Unterricht. 2. Feedback ist der Aspekt des evidenzbasierten Lehrens und Lernens, der sich in nächster Zeit sehr schnell weiterentwickeln wird. 3. Es stehen bisher – im Gegensatz zu den angelsächsischen Ländern – kaum geeignete Unterrichtsmaterialien zur Verfügung. Das gilt insbesondere für das Feedback beim Lehren und Lernen von Fremdsprachen.

10. Bildungsstandards, Kompetenzen und lernwirksamer Fremdsprachenunterricht

10.1 Welchen Bildungseffekt haben Bildungsstandards?

Standards hat es selbstverständlich im Schul- und Bildungswesen schon vor der Einführung der KMK-Bildungsstandards (2004) gegeben. Jede Institution wie beispielsweise die Schule ist durch Standards geregelt: Jahrgangsklassen, Unterricht durch ausgebildete Lehrpersonen, Festlegung von Schulfächern, Lehr- und Rahmenpläne, Unterrichtszeiten und vieles mehr. Auch die (bisherige) Einteilung in ein dreigliedriges Schulsystem ist ein, wenn auch unrühmlicher, Standard des deutschen Bildungswesens. Der Berner Pychologe und Eziehungswissenschaftler Walter Herzog fasst diese Überlegungen zur Schule als Standardmodell folgendermaßen zusammen:

> Standards sind Instrumente zur Schaffung von Institutionen, die den Austausch zwischen Menschen regulieren. Für die Schule heißt dies, dass im Prinzip jedes Merkmal, das eine Schule als Institution kennzeichnet, als Standard begriffen werden kann. (Herzog 2013: 14)

Als die KMK-Bildungsstandards als Reaktion auf das negative Abschneiden von Schülerinnen und Schülern nach der ersten PISA-Welle eingeführt wurden, wiesen zahlreiche Kritiker darauf hin, dass mit den vorgegebenen Standards lediglich Fertigkeiten und im günstigsten Fall Fähigkeiten erreicht und abgeprüft werden könnten. Sie führten nicht zu Bildung, sondern zum „standardisierten Schüler" (Spinner 2004).

Meiner Ansicht nach liegen hier mindestens zwei Missverständnisse vor: Einerseits findet man in den Veröffentlichungen der KMK nirgendwo den Hinweis, dass man über die aufgeführten Standards nicht hinauszugehen brauche. Es ist immer wieder betont worden, dass dem Erwerb der vorgegebenen Bildungsstandards lediglich 60 % des Unterrichts gewidmet werden sollten (vgl. De Florio-Hansen & Klewitz 2010: 22ff.).

Andererseits ist es ein erfreuliches Merkmal der deutschen Sprache, dass wir mehrere Substantive zu einem einzigen Wort zusammenfügen können, ohne die Beziehung explizit auszudrücken. Man denke nur an Bienen- und Imkerhonig oder an Kalbsschnitzel und Jägerschnitzel. Wer das Wort Schuhcreme hört, weiß, dass durch die Creme keine Schuhe entstehen.

Bildungsstandards schaffen keine Bildung; es handelt sich vielmehr um Festlegungen für das Bildungswesen. Damit unterscheiden sie sich von Industriestandards, mit denen sie jedoch einige Gemeinsamkeiten aufweisen. Die ISO-Standards (*iso* von griechisch ‚gleich') wurden eingeführt, um sicherzustellen, dass man bei Produkten und Serviceleistungen über die Ländergrenzen hinweg und inzwischen weltweit die gleiche Qualität erwarten darf.

Wie bei den ISO-Standards geht es auch bei den KMK-Bildungsstandards zunächst um die Vergleichbarkeit von Leistungen. Es ist nicht zu leugnen, dass es seit der Einführung der KMK-Standards eine gewisse Harmonisierung zwischen den bildungspolitischen Vorgaben der einzelnen Bundesländer gegeben hat. Zumindest beachten die jeweiligen Kultusministerien und Landesinstitute stärker als vorher, was jenseits der Grenzen des eigenen Bundeslandes geschieht.

> Standards dienen der Vergleichbarkeit und Angleichung von Normen des menschlichen Zusammenwirkens in wichtigen Lebensbereichen. [...] Institutionen sind Erwartungstrukturen, „die darüber bestimmen, was gemeinsames Handeln und Entscheiden ist“ (Haase & Krücken 2005, S. 15). Institutionen orientieren und stabilisieren soziale Interaktionen und begrenzen den stets offenen Horizont menschlicher Entscheidungen. Insofern lassen sich Standards auch als konventionalisierte soziale Erwartungen definieren. (Herzog 2013: 14)

Was also sind die Bildungssstandards tatsächlich? Die Diskussion in den USA, wo die Standard-Bewegung bereits in den 1980er Jahren eingesetzt hat, zeigt, dass unter dem Oberbegriff der *educational standards* eine Reihe von Konventionalisierungen zusammengefasst wird, z. B. *curriculum standards, learning standards, pupil achievement standards, instructional standards, teaching standards, proficiency standards, competence standards* und *outcome standards*. Die Reihe ließe sich ohne weiteres fortsetzen.

Diane Ravitch, zunächst eine der bekanntesten Befürworterinnen, inzwischen eine engagierte Kritikerin der US-amerikanischen Standardbewegung (vgl. Ravitch 1995; 2010), hat eine wichtige Systematisierung der Standard-Begriffe vorgenommen: Sie unterscheidet drei Arten von *educational standards*, nämlich *content standards, opportunity-to-learn standards* und *performance standards* (Ravitch 1995: 12ff.; vgl. zum Folgenden auch Herzog 2013: 16f.).

1. Inhaltliche Standards (*content standards*) beschreiben nach Ravitch klar und spezifisch, was Lehrpersonen lehren und was Schülerinnen und Schüler lernen sollen. Es geht um Wissen, Fertigkeiten und Fähigkeiten, die durch entsprechende Lehr- und Lernstrategien von allen Lernenden erworben werden (vgl. Abschnitt 10.2). Der Input, auf den beim Lehren und Lernen niemals verzichtet werden kann, ist in Lernzielen und Lehrplänen festzulegen.

2. Ressourcen-Standards (*opportunity-to-learn standards*) stellen die Verfügbarkeit von Ressourcen sicher. Damit sind in erster Linie qualifizierte Lehrpersonen sowie Lehrmittel und Lernmaterialien gemeint. Diese personellen und materiellen Ressourcen schaffen Opportunitäten, d. h. Bedingungen, die für alle Schülerinnen und Schüler möglichst lernförderlich sein sollen.

3. Leistungsstandards (*performance standards*) stellen sicher, dass die Lernenden die anvisierten Leistungen unter den gegebenen Bedingungen auch tatsächlich erreichen (können). „Performance standards describe what kind of performance represent inadequate, acceptable, or outstanding accomplishment“ (Ravitch 1995: 12f.). Während curriculare Standards angeben, was zu lehren und zu lernen ist, geben Leistungsstandards vor, „wie viel davon in einem Fach zu einem bestimmten Zeitpunkt gelernt werden muss“ (Herzog 2013: 17).

Es lässt sich unschwer feststellen, dass die KMK-Standards nichts anderes sind als Leistungs- bzw. Ergebnisstandards. Sie werden bisweilen (fälschlich) als Kompetenzstandards bezeichnet. Dabei gehen Erziehungswissenschaftler davon aus, dass man von der Performanz, nämlich dem Ergebnis in einem Test, auf die zugrunde liegende Kompetenz schließen könne (vgl. Klieme 2004).

Die Einführung der KMK-Bildungsstandards wurde oft als Richtungsänderung von der Input-Steuerung zur Output- oder Outcome-Steuerung bezeichnet. Diese Sicht ist korrekturbedürftig:

Es hat von Seiten der Bildungspolitik nur sehr eingeschränkt eine Input-Steuerung gegeben. Die Erreichung der Ziele und Inhalte, die in den länderspezifischen Curricula mehr oder weniger ausführlich vorgegeben waren (und sind), wurde niemals ernsthaft überprüft. Es gab und gibt eine große Zahl von Lehrpersonen, die die gültigen Lehrpläne nicht gelesen hat. Das gilt auch für Fremdsprachenlehrerinnen und -lehrer. Sie vertrauen darauf, dass die Ziele und Inhalte in die Lehrwerke eingearbeitet sind.

Außerdem gilt die sogenannte Wende von der Input- zur Outcome-Steuerung vor allem für die Bildungspolitik selbst, die eine gewisse Kontrolle über die erreichten Ergebnisse ausüben möchte. Dieses Bildungsmonitoring ist nicht prinzipiell abzulehnen. Voraussetzungen sind jedoch Vorgaben zum geeigneten Input und förderliche Rahmenbedingungen.

Für den Unterricht gilt nach wie vor die sogenannte Inputsteuerung: Solange ich nicht angebe, welche Ziele anhand welcher Inhalte erreicht werden sollen, ist es ein wohlfeiles Vorgehen, die Leistungen festzuschreiben, die die Schülerinnen und Schüler in gewissen zeitlichen Abständen unter Beweis stellen sollen. Selbstverständlich sollen Curricula gewisse Spielräume lassen. Wer will schon den Lehrplan Punkt für Punkt abarbeiten. Schulen und Lehrkräfte können aber nicht damit allein gelassen werden, selbst herauszufinden, wie ihre Lernenden die vorgegebenen Leistungsstandards am besten erreichen. Noch bedenklicher ist es m. E. so zu tun, als bedeute dies die „selbstständige" Schule oder räume Lehrpersonen besondere Freiheiten ein.

Es würde den Rahmen dieses Schlusskapitels sprengen, wollte ich näher auf die über 30-jährige wechselvolle Geschichte der US-amerikanischen Standardbewegung eingehen, obgleich wir vieles daraus lernen können. Für unseren Zusammenhang, nämlich einen lernwirksamen Fremdsprachenunterricht, ist der Hinweis wichtig, dass die amerikanische Reform keineswegs mit Tests ihren Anfang nahm, sondern mit curricularen Standards. Es zeigte sich aber, dass man das Bildungswesen nicht grundlegend verbessern kann, wenn man lediglich Ziele und Inhalte genau festlegt.

Die gegenwärtigen *high-stakes tests* mit ihren negativen Konsequenzen für die Lernenden, viele Lehrpersonen und die Schulen insgesamt haben alles nur noch schlimmer gemacht. Auch Performanz-Standards führen nachweislich nicht zu besseren Lernergebnissen seitens der Schülerinnen und Schüler.

Das bedeutet, dass auch die KMK-Bildungsstandards, die reine Leistungsstandards sind, keinen lernwirksamen Unterricht generieren. Unterrichtsentwicklung kann nicht über die Vorgabe von erwünschten Kompetenzen positiv beeinflusst werden, denn eine Schule ist keine Fabrik, in der Management-Qualitäten zum Erfolg führen. Dass die KMK-Standards bisher nicht die gleichen verheerenden Folgen haben, wie die Leistungsstandards im US-amerikanischen Erziehungssystem, liegt daran, dass Lehrpersonen und Schulen (noch) nicht mit Sanktionen oder gar finanziellen Einbußen rechnen müssen, wenn sie weniger erfolgreich sind.

Wenn die genannten Standards keine positive Wirkung zeigen, gibt es dann überhaupt Vorgaben, die zu einer Verbesserung des Unterrichts sowie der Lernergebnisse der Schülerinnen und Schüler führen? Eine wichtige Möglichkeit der Steuerung des Bildungswesens ist die Verbesserung der Lernprozesse. Das kann man erreichen, indem man *teaching standards* vorgibt, d. h. die Professionalisierung der Lehrpersonen durch eine geänderte Aus- und Fortbildung verbessert. Das kommt im Titel von Helmkes Standardwerk deutlich zum Ausdruck: *Unterrichtsqualität und Lehrerprofessionalität. Diagnose, Evaluation und Verbesserung des Unterrichts* (Helmke [4]2012).

Um den Unterricht lernwirksamer zu gestalten, kann man außerdem den Zugriff auf einschlägige Unterrichtsmaterialien ermöglichen. In den USA und in Neuseeland beispielsweise stehen online professionell entwickelte Unterrichtseinheiten und (Kurz-) Tests für das formative Feedback zur Verfügung (vgl. Hattie 2009: passim). Ähnliches gilt für Japan, wo es Lehrwerke gibt, die den Fachlehrern einen großen Teil der Vorbereitung abnehmen (vgl. Wellenreuther [7]2014: passim).

Solange es im deutschsprachigen Raum lediglich Bildungsstandards gibt, die als Leistungsstandards ausgelegt sind, gilt das, was Wolfgang Böttcher (2014: 46) so formuliert: „Die Schule bleibt ein monoprofessionelles System, das weitgehend unkoordiniert und auf Basis einer extrem hohen Autonomie der einzelnen operativen Akteure – der Lehrer – funktioniert". Lehrpersonen sind also weitgehend auf sich selbst und die Zusammenarbeit mit Kolleginnen und Kollegen gestellt.

> The current mantra is that teachers *make the difference*. As noted above, this message, like most simple solutions, is not quite right – it is some teachers undertaking certain teaching acts with appropriately challenging curricula and showing students how to *think* or *strategize* about the curricula. Not all teachers are effective, not all teachers are experts, and not all teachers have powerful effects on students. The important consideration is the extent to which they do have an influence on student achievements, and what it is that makes the most difference. (Hattie 2009: 34; Hervorhebungen des Autors)

Fazit:

- Bildungsstandards schaffen keine Bildung.
- Bildungsstandards tragen, ohne zusätzliche Maßnahmen, wenig zur Unterrichtsentwicklung bei.
- Bildungsstandards sind staatliche Vorgaben, die Lehrpersonen jedoch nicht außer Acht lassen dürfen.
- Bildungsstandards benennen einen Teil der erwünschten Kompetenzen, welche die Lernenden erwerben sollen.
- Bildungsstandards stellen eine Herausforderung für Lehrpersonen dar, ihren Unterricht möglichst lernwirksam zu gestalten.

10.2 Warum haben wir keine Mindeststandards?

In den vorangegangenen neun Kapiteln, besonders ab Kapitel 5, habe ich anhand der 30 Schritte zu einem lernförderlichen Unterricht aufgezeigt, wie Lehrpersonen mit größeren und kleineren Veränderungen die Effekte des Fremdsprachenunterrichts steigern können. Ausschlaggebend sind die Lernerfolge der Schülerinnen und Schüler. Die Ergebnisse sind an den herausfordernden Zielen, den Lernintentionen und den Erfolgkriterien zu messen. Mit anderen Worten: Die Festlegung des Outcome, wie sie durch die KMK-Standards erfolgt, führt nicht per se zum Erfolg.

Es geht aber nicht nur um eine Verbesserung der Unterrichtsergebnisse insgesamt. Immer wieder wurde in Rahmen dieser Anleitung zu einem lernwirksamen Fremdsprachenunterricht betont, dass evidenzbasiertes Lehren und Lernen nachweislich die Schülerinnen und Schüler des Mittelfelds und die lernschwächeren fördert. Ein Schulsystem muss sich auch daran messen lassen, inwieweit es Lehrpersonen in die Lage versetzt, alle Kinder und Jugendlichen angemessen zu fördern. Mit Absichtserklärungen seitens der Bildungspolitik ist es nicht getan. Es geht um empirische Nachweise, dass auch beim unteren Drittel größere Lernerfolge zu verzeichnen sind (vgl. De Florio-Hansen 2014: 155). Das ist für jeden Fremdsprachenunterricht zu fordern, insbesondere aber für den Englischunterricht.

Jedem Lernenden ist ein Minimum an Bildung zu ermöglichen. Heymann formuliert es als Frage:

> Wie aber kann es in der Schule und vor allem im Unterricht gelingen, allen Schülerinnen und Schülern, auch den „Leistungsschwächeren", eine Grundausstattung an Kulturtechniken und lebenswichtigen Basiskompetenzen mitzugeben, die ihnen eine reale Chance eröffnet, in unserer Gesellschaft menschenwürdig zu leben – und zwar beruflich wie auch privat? (Heymann 2014: 6)

Es steht außer Zweifel, dass zu einem Minimalcurriculum die „für praktische Verständigung taugliche (nicht: perfekte) Beherrschung mindestens einer Fremdsprache (Englisch) als Kommunikationsmittel" gehört (ibid.: 8). Über diese unverzichtbare Basiskompetenz brauchen wir nicht zu diskutieren. In unserem Kontext stellt sich die weiterführende Frage, wie, d. h. mit welchen Strategien und Einzelmaßnahmen, die unverzichtbaren Basiskompetenzen bei den sogenannten „Risikoschülerinnen und -schülern" erreicht werden können.

Die Antwort ist die Bildungspolitik bisher schuldig geblieben. Bekanntlich haben Klieme (und Mitautoren) in der Expertise, auf deren Grundlage die KMK ihre Bildungsstandards entwickelt hat, die Festlegung von Mindeststandards empfohlen (vgl. Klieme et al. 2003), damit „gerade die Lernschwächeren nicht zurückgelassen werden" (ibid.: 27). Auf diese Weise wären Standards formuliert worden, die alle Schülerinnen und Schüler (mit geringen Ausnahmen) erreichen können. Mindeststandards besagen auch, dass die weniger Begabten entsprechend gefördert werden müssen.

Dieser Empfehlung ist die KMK nicht gefolgt. Vielmehr wurden Regelstandards festgelegt, die auf ein Druchschnittsniveau abzielen. Dabei wird von einer Art Normalverteilung der Kompetenzen ausgegangen, eben von einem Regelfall, bei dem es immer Gewinner und Verlierer gibt. Obgleich bereits in der Klieme-Expertise gefordert wurde, über dieses Minimum hinaus höhere Anforderung zu stellen, fürchtete die KMK offenbar ein Absinken des Niveaus nach dem Motto: Warum sollen wir uns um größere Lernerfolge bemühen, wenn wir die Vorschriften erfüllt haben?

Aus meiner Sicht stellen sich weitere Fragen:

- Wäre durch Mindeststandards die Selektion und Verteilung der Lernenden auf zwei, vielerorts immer noch drei, Schulformen nicht in Frage gestellt worden?
- Hat die Bildungspolitik durch Regelstandards nicht signalisiert, dass ihr die Wählerstimmen der Mittel- und Oberschicht wichtiger sind als Kinder aus bildungsfernen Schichten und/oder mit Migrationsgeschichte?

– Hat die KMK durch die Vorgabe von Regelstandards die Kosten für die Fördermaßnhmen des unteren Drittels zu minimieren versucht?

> Fazit:
> „Basiskompetenzen sind grundlegend und unverzichtbar für schulisches Lernen und Handeln im Alltag". (Heymann 2014: 7)

10.3 Wann bekommen wir eine empirisch geprüfte Bildungspolitik?

Zentrale Abschlussarbeiten in den einzelnen Bundesländern sowie nationale und internationale Vergleichsuntersuchungen zeigen, dass empirische Forschungs-methoden auch in die Bildungspolitik Einzug gehalten haben. Deshalb ist die Frage von Böttcher zum Abschluss seines oben angeführten Aufsatzes *Steuerung durch Bildungspolitk. Wie Politik die Schulen steuert – und was sie vernachlässigt* durchaus berechtigt: „Warum unterzieht sich eigentlich die Schulpolitik keiner Leistungsmessung?" (Böttcher 2014: 47).

Zunächst geht es um die Frage, inwieweit die KMK-Bildungsstandards (vgl. http://www.kmk.org/bildung-schule/qualitaetssicherung-in-schulen/bildungsstandards/) überhaupt empirisch überprüft wurden (vgl. auch zum Folgenden De Florio-Hansen 2014: 158f.). Es drängt sich der Verdacht auf, dass die wünschenswerten Lernergebnisse von Bildungspolitikern in Anlehnung an Experten festgelegt wurden. Die KMK hatte bereits 1995 Standards veröffentlicht, die mit der unverbindlichen Maßgabe der Qualitätssicherung kaum Beachtung gefunden haben. Nach dem „PISA-Schock" wurden diese Standards zum großen Teil verbindlich gemacht, ohne dass die nötige detaillierte empirische Überprüfung erfolgt wäre.

Soweit es aus den Verlautbarungen der KMK hervorgeht, wurde vor der Veröffentlichung auch nicht wissenschaftlich untersucht, ob die Regelstandards im Rahmen unseres Schulsystems überhaupt von allen Lernenden erreicht werden können. Wie viele Schülerinnen und Schüler sollen sie überhaupt erreichen? 60 Prozent? 80 Prozent? An dieser Frage ist die Implementierung nationaler Standards im UK bekanntlich gescheitert, obwohl von einem Scheitern eigentlich nicht die Rede sein kann. Man hatte 80 Prozent anvisiert und erreichte 74 Prozent (vgl. Hattie 2009a). Ein Blick auf die Gaußsche Normalverteilung hätte gezeigt, dass 74 Prozent ein sehr guter Erfolg sind.

Bei jeder PISA-Nachfolgeuntersuchung wird von Politikern und in den Medien bekanntgegeben, die Schülerinnen und Schüler in Deutschland hätten sich im Vergleich zu den vorangegangenen internationalen Studien in diesem oder jenem Bereich verbessert. Bildungspolitiker verweisen dann gern auf die Einführung der Bildungsstandards. Es gibt aber bisher keine empirischen Belege dafür, dass zwischen den Ergebnissen und der Einführung der Standards tatsächlich ein Zusammenhang besteht. Möglicherweise beruhen tatsächliche und vermeintliche Verbesserungen darauf, dass Lehrpersonen sowie Schülerinnen und Schüler sich stärker engagieren. Zahlreiche andere Korrelationen sind denkbar.

Außerdem bleibt offen, auf welchen Teil der Schülerpopulation sich die Verbesserungen beziehen. Nachweise, dass das untere Drittel größere Lernerfolge im Vergleich zum Mittelfeld und den begabteren Lernenden erzielen konnte, stehen aus. Gelegentlich wird angeführt, alle hätten sich verbessert, aber der Abstand zu den Lernschwächeren sei bestehen geblieben.

In vielen Ländern wurden aufgrund des unzureichenden Abschneidens ihrer Schülerinnen und Schüler nationale Standards eingeführt in der Hoffnung, die Lernerfolge zu vergrößern und im Vergleich zur Schülerschaft anderer Länder aufzuholen. In den meisten Fällen – Hattie liefert u. a. eine ausführliche Analyse der Entwicklung in den USA (Hattie 2009a) – sind diese Initiativen gescheitert. Sich dafür einzusetzen, dass möglichst alle Schülerinnen und Schüler bessere Lernergebnisse erzielen, bedeutet noch nicht, dass sich die Lernerfolge auch einstellen.

Um Unterricht, auch Fremdsprachenunterricht, lernwirksam für möglichst alle Schülerinnen und Schüler werden zu lassen, bedarf es eines wissenschaftlich fundierten Unterrichtsmodells. Nachweislich lernfördernde Verfahren und Strategien müssen analysiert, adaptiert und erprobt werden. In diesem Zusammenhang können empirisch überprüfte Kompetenzziele und die evidenzbasierte Rückmeldung ihrer Wirksamkeit an die Lehrpersonen hilfreich sein. Das setzt m. E. auch voraus, dass „Weichenstellungen“, wie die KMK sie durch die Vorgabe von Bildungsstandards bewerkstelligen wollte, unter Beteiligung von Lehrpersonen erfolgen sollten.

In Hatties Publikationen zum *Visible Learning* ist nirgendwo von nationalen Standards die Rede (vgl. Hattie 2009, 2012). Das folgende Zitat stammt vielmehr aus einem Aufsatz von Hattie, in dem er sich sehr kritisch zur Einführung von nationalen Standards in Neuseeland äußert (Hattie 2009a). In diesem Beitrag stellt Hattie grundlegende Fragen, von deren Beantwortung es abhängt, ob Standards nicht gegebenenfalls wieder abgeschafft werden sollten.

> Is the success of the national standards policy to be evaluated in terms of how it enhances teaching and learning; or is the success of the policy evaluated in terms of how teaching and learning is changed to implement the national standards? […] We also need agreement that there will be a “self-destruct” button that will get rid of national standards if the policy is not shown to make the difference to teaching and learning across the curriculum. (Hattie 2009a: 1)

Angeblich schrieb Seneca (4 v. Chr. bis 65 n.Chr.): *Non scholae, sed vitae discimus.* Nicht für die Schule, sondern für das Leben lernen wird. Das stimmt aber nicht: Im 106. Brief an Lucilius heißt es: *Non vitae, sed scholae discimus.* Nicht für das Leben, sondern für die Schule lernen wir. Damit übte Seneca Kritik am römischen Schulwesen seiner Zeit, das aus seiner Sicht nicht hinreichend auf das Leben vorbereitete. Dadurch, dass man den Spruch wendet, hat man noch keine Bildungsreform erreicht: Wir sollten fürs Leben lernen, und nicht für die Schule. Davon sind wir aber noch weit entfernt.

Literaturverzeichnis

Akbaş, M. (2013): *Warum fragt uns denn keiner? Schüler sagen, was in der Schule falsch läuft.* München: Bertelsmann.

Albert, R. & Marx, N. ([2]2014): *Empirie in Linguistik und Sprachlehrforschung. Anleitung zu quantitativen Studien von der Planungsphase bis zum Forschungsbericht.* Tübingen: Narr (Narr Studienbücher).

Alfieri, L. et al. (2011): "Does discovery-based instruction enhance learning?" In: *Journal of Educational Psychology* 103, 1-18.

Anderson, C. A. et al. (2004): "Violent Video Games: Specific effects of violent content on aggressive thoughts and behavior." In: *Advances in Experimental Social Psychology* 36, 199-249.

Anderson, J. R. et al. (1996): "Situated Learning and Education." In: *Educational Researcher* 25/4, 5-11.

Anderson, L. W. et al. (2001): *A taxonomy for learning, teaching, and assessing: A* revision of Bloom's taxonomy of educational objectives. New York: Longman.

Anonymous/David-Lang, J. (?) (2013): *Visible Learning for Teachers: Maximizing Impact on Learning.* By John Hattie (Routledge 2012). In*: The Main Idea Net: current book summaries,* 1-12 (www.TheMainIdea.net).

Arnold, I. (2011): "John Hattie: Visible Learning. A synthesis of over 800 meta-analyses relating to achievement." In: *International Revue of Education* 57, 219-221.

Beck, B. & Klieme, E. (Hrsg.) (2007): *Sprachliche Kompetenzen. Konzepte und Messung.* DESI-Studie (Deutsch Englisch Schülerleistungen International). Weinheim & Basel: Beltz.

Bellmann, J. & Müller, T. (Hrsg.) (2011): *Wissen, was wirkt. Kritik evidenzbasierter Pädagogik.* Wiesbaden: VS Verlag für Sozialwissenschaften.

Bereiter, C. (2002): *Education and mind in the knowledge age.* Mahwah, NJ: Lawrence Erlbaum Associates.

Berger, R. et al. (2013): *„Warum fragt ihr nicht einfach uns?" Mit Schüler-Feedback lernwirksam unterrichten.* Weinheim & Basel: Beltz.

Biggs, J. B. & Collins, K. F. (1982): *Evaluating the Quality of Learning: The SOLO taxonomy (structure of the observed learning outcome).* New York: Academic Press.

Bloom, B. S. (1956): *Taxonomy of Educational Objectives.* Boston, MA: Allyn & Bacon.

Blum, W. et al. (Hrsg.) (2006): *Bildungsstandards Mathematik: konkret. Sekundarstufe I: Aufgabenbeispiele, Unterrichtsanregungen, Fortbildungsideen.* Berlin: Cornelsen (IQB).

Böhm-Kasper, O. et al. (2009): *Quantitative Methoden in der Erziehungswissenschaft.* Darmstadt: Wissenschaftliche Buchgesellschaft (WBG).

Böttcher, W. (2014): „Steuerung durch Bildungspolitik. Wie Politik die Schulen steuert – und was sie vernachlässigt." In: *Pädagogik* 5, 44-47.

Bonnet, A. (2010): „Empirie." In: Surkamp, C. (Hrsg.): *Metzler Lexikon Fremdsprachendidaktik.* München: Metzler, 46-50.

Borman, G. D. et al. (2003): "Comprehensive school reform and achievement. A meta-analysis." In: *Review of Educational Research* 73, 125-230.

Bortz, J. & Döring, N. ([4]2006): *Forschungsmethoden und Evaluation.* Heidelberg: Springer.

Brophy, J. E. (2000): *Teaching* (Educational Practices Series, Vol. 1). Brussels: International Academy of Education and International Bureau of Education. (www.ibe.unesco.org)

Brown, J. D. ([2]1990, 2010): *Understanding Research in Second Language Learning. A teacher's guide to statistics and research design.* Cambridge: Cambridge University Press.

Brüning, L. & Saum, T. (2008): Kooperatives Lernen. Methoden für den Unterricht. Beiheft zu Biermann, C. et al. (Hrsg.): *Individuell Lernen – kooperativ Arbeiten.* (Friedrich Jahresheft XXVI). Seelze: Friedrich.

Byram, M. (1997): *Teaching and Assessing Intercultural Communicative Competence.* Bristol: Multilingual Matters.

Campbell, G. (2013): *"Gordon Campbell on New Zealand's PISA education rankings."* http://www.scoop.co.nz/

Carless, D. (2006): "Differing perceptions in the feedback process." In: *Studies in Higher Education* 31/2, 219-233.

Coffield, F. et al. (2004a): *Learning styles and pedagogy in post-16 learning: a systematic and critical review.* (LSRC reference) (www.lsda.org.uk/research/reports).

Coffield, F. et al. (2004b): "Should we be using learning styles? What research has to say to practice." (LSRC reference) (www.lsda.org.uk/research/reports).

Cohen, J. (^{2}1988): *Statistical power analysis for the behavioral sciences.* Hillsdale, NJ: Lawrence Erlbaum Associates.

Deci, E. L. et al.: (1999): "A meta-analytical review of experiments examining the effects of extrinsic rewards on intrinsic motivation." In: *Psychological Bulletin* 125, 627-668.

De Florio-Hansen, I. (1994): *Vom Reden über Wörter. Vokabelerklärungen im Italienischunterricht mit Erwachsenen.* Tübingen: Narr.

De Florio-Hansen, I. (2001): „Zur Entwicklung interkultureller Sensibilität im autonomiefördernden Fremdsprachenunterricht. Vorschläge für den Englisch- und den Französischunterricht." In: *Praxis des neusprachlichen Unterrichts* 48/2, 61-69.

De Florio-Hansen, I. (2008a): „Selbstbestimmtes Lernen: Essentials für die Konstruktion kompetenzorientierter Lernaufgaben." In: *französisch heute* 39/3, 230-248.

De Florio-Hansen, I. (2008b): „Das Europäische Portfolio der Sprachen im Rahmen der Portfolio-Pädagogik – eine Einführung." In: *französisch heute* 39/1-2, 4-12.

De Florio-Hansen, I. (2008c): „Annäherung an die Praxis. Interview mit Paul Leuck zum Einsatz des Europäischen Portfolios der Sprachen." In: *französisch heute* 39/1-2, 22-33.

De Florio-Hansen, I. (2009): "How to become a successful Language Learner. Autonomy, Styles and Strategies revisited." In: *Fremdsprachen und Hochschule* 81, 9-40.

De Florio-Hansen, I. (2010): "Global education." In : Surkamp, C. (Hrsg.): *Metzler Lexikon Fremdsprachendidaktik.* München: Metzler, 91.

De Florio-Hansen, I. (2011): "How migrant students of Turkish origin perceive their school and family contexts." In: De Florio-Hansen, I. (Hrsg.): *Towards Multilingualism and the Inclusion of Cultural Diversity.* Kassel: kassel university press, 99-128.

De Florio-Hansen, I. (2011a): „Faces of Facebook/Faces de Facebook. Zum Umgang mit sozialen Netzwerken: kritisch, konstruktiv, kreativ." In: *Praxis Fremdsprachenunterricht* 5, 5-8 (+ Download).

De Florio-Hansen, I. (2012): "A never ending story: video games." In: *Praxis Fremdsprachenunterricht Englisch* 4, 9-13.

De Florio-Hansen, I. (2013): „Sprachmittlung in alltagsweltlicher Kommunikation. Eine komplexe Herausforderung für Fremdsprachenlehrer und -lerner." In: Reimann, D. & Rössler, A. (Hrsg.): *Sprachmittlung im Fremdsprachenunterricht.* Tübingen: Narr, 65-92.

De Florio-Hansen, I. (2013a): "Money, money, money." In: *Praxis Fremdsprachenunterricht* 5, 4-8 (+ Download).

De Florio-Hansen, I. (2014): *Lernwirksamer Unterricht. Eine praxisorientierte Anleitung.* Darmstadt: Wissenschaftliche Buchgesellschaft (WBG).

De Florio-Hansen, I. (2014a): « L'argent ne fait pas le bonheur. » In: *Praxis Fremdsprachenunterricht Französisch* 2, 4-7 (+ Download).

De Florio-Hansen, I. & Altmann, T. (2008): „Mit dem Europäischen Portfolio der Sprachen arbeiten – à chacun son goût?“ In: *französisch heute* 39/1-2, 34-56.

De Florio-Hansen, I. & Klewitz, B. (2010): *Fortbildungshandreichung zu den Bildungsstandards Englisch und Französisch.* Kassel: kassel university press.

Deutsch, M. (1949): "A theory of cooperation and competition." In: *Human Relations* 2, 129-152.

Deutsch, M. (1962): "Cooperation and trust: Some theoretical notes." In: Jones, M. R. (ed.): *Nebraska symposium on motivation.* Lincoln: University of Nebraska Press, 275-319.

Dewey, J. (1985): *Democracy and Education.* In: The Middle Works 1899-1924, Vol. 9. Carbondale & Edwardsville: Southern Illinois University Press.

Dewey, J. (1938): *Education and Experience.* New York: Touchstone.

Diao, Y. et al. (2007): "The Effect of Written Text on Comprenhension of Spoken English as a Foreign Language." In: *The American Journal of Psychology* 120/2, 237-261.

Dörnyei, Z. (2003): *Questionnaires in Second Language Research. Construction, Administration, and Processing.* Mahwah, NJ & London: Lawrence Erlbaum Associates.

Doff, S. (Hrsg.) (2012): *Fremdsprachenunterricht empirisch erforschen. Grundlagen – Methoden – Anwendung.* Tübingen: Narr (Narr Studienbücher).

Dweck, C. S. (1999): *Self-Theories: Their role in motivation, personality and development.* Philadelphia: Psychology Press.

Dweck, C. S. (2006): *Mindset. The new psychology of success.* New York: Random House.

Dweck, C. S. (2012): *Mindset. How You Can Fulfill Your Potential.* London: Constable & Robinson Ltd.

Europarat (Hrsg.) (2001): *Gemeinsamer europäischer Referenzrahmen für Sprachen: lernen, lehren, beurteilen.* Berlin et al.: Langenscheidt.

Felten, M. & Stern, E. (^{2}2012): *Lernwirksam Unterrichten.* Berlin: Cornelsen Scriptor.

Freiberg, H. J. (2013): "Classroom Management and Student Achievement." In: Hattie, J. & Anderman, E. M. (eds.): *International Guide to Student Achievement.* London & New York: Routledge, 228-230.

Fung, I. et al. (2002): "L1-assisted reciprocal teaching to improve ESL Students' comprehension of English expository text." In: *Learning and Instruction* 13/1, 1-31.

Gan, M. (2011): The effects of prompts and explicit coaching on peer feedback quality. Unpublished doctoral dissertation, University of Auckland, available online at https://researchspace.auckland.ac.nz/handle/2292/6633.

Gardner, H. et al. (2011): *Making Learning Visible.* Reggio Emilia: Reggio Children.

Giaconia, R. & Hedges, L. V. (1982): "Identifying Features of Effective Open Education." In: *Review of Educational Research* 52, 479-602.

Gijbels, D. et al: (2005): "Effects of problem-based learning: A Meta-analysis from the angle of assessment." In: *Review of Educational Research* 75/1, 27-61.

Glass, G. V. (1976): "Primary, secondary, and meta-analysis of research." In: *Educational Researcher* 5/10, 3–8.

Green, N. & Green, K. (2005): *Kooperatives Lernen im Klassenraum und im Kollegium. Das Trainingsbuch.* Seelze: Klett Kallmeyer.

Grünewald, A. et al. (2011): „Kultur und Interkulturalität.“ In: Meißner, F.-J. & Krämer, U. (Hrsg.): *Spanischunterricht gestalten. Wege zu Mehrsprachigkeit und Mehrkulturalität.* Seelze: Klett Kallmeyer, 49-80.

Habermas, J. (1971): "Vorbereitende Bemerkungen zu einer Theorie der kommunikativen Kompetenz." In: Habermas, J. & Luhmann, N. (Hrsg.): *Theorie der Gesellschaft oder Sozialtechnologie – Was leistet die Systemforschung?* Frankfurt/Main: Suhrkamp, 101-141.

Haddon, M. (2003): *The Curious Incident of the Dog in the Nighttime.* London: Jonathan Cape.

Haddon, M. (2003): *Supergute Tage oder Die sonderbare Welt des Christopher Boone.* München: Blessing.

Hallet, W. (2008): „Diskursfähigkeit heute. Der Diskursbegriff in Piephos Theorie der kommunikativen Kompetenz und seine zeitgemäße Weiterentwicklung für die Fremdsprachendidaktik." In: Legutke, M. K. (Hrsg.): *Kommunikative Kompetenz als fremdsprachendidaktische Vision.* Tübingen: Narr, 76-96.

Hallet, W. (2011): *Lernen fördern Englisch. Kompetenzorientierter Unterricht in der Sekundarstufe I.* Seelze: Klett Kallmeyer.

Hartley, J. (2012): "Review: Visible Learning for Teachers." In: *British Journal of Educational Technology* 43/4, E 134 – E 136.

Hattie, J. (2009): *Visible Learning. A synthesis of over 800 meta-analyses relating to achievement.* London & New York: Routledge (dtsch. 2013).

Hattie, J. (2009a): Horizons and whirlpools: The well travelled pathway of national standards. Working Paper from Visible Learning Labs, University of Auckland, (Located on Cognition Research Trust Website), 1-14.

Hattie, J. (2012): *Visible Learning for Teachers. Maximizing impact on learning.* London & New York: Routledge (dtsch. 2014).

Hattie, J. (2013): "Class Size." In: Hattie, J. & Anderman, E. M. (eds.): *International Guide to Student Achievement.* London & New York: Routledge, 131-133.

Hattie, J. & Anderman, E. M. (eds.) (2013): *International Guide to Student Achievement.* London & New York: Routledge.

Hattie, J. & Timperley, H. (2007): "The power of feedback." In: *Review of Educational Research* 77/1, 81-112.

Hattie, J. & Yates G. (2014): *Visible Learning and the Science of How We Learn.* London & New York: Routledge.

Heath, C. & Heath, D. (2007): *Why Some Ideas Survive and Others Die. MADE to STICK.* New York: Random House.

Heath, C. & Heath, D. (2010): "Teaching that Sticks." *Download: www.heathbrothers.com,* 1-11.

Heckt, D. H. (2008): "Das Prinzip Think – Pair – Share. Über die Wiederentdeckung einer wirkungsvollen Methode." In: Biermann, C. et al. (Hrsg.): *Individuell Lernen – kooperativ Arbeiten.* (Friedrich Jahresheft XXVI). Seelze: Friedrich, 31-33.

Helmke, A. (2009, [4]2012): *Unterrichtsqualität und Lehrerprofessionalität: Diagnose, Evaluation und Verbesserung des Unterrichts.* Seelze: Klett Kallmeyer.

Helmke, A. & Weinert, F. E. (1997): „Bedingungsfaktoren schulischer Leistungen." In: Weinert, F. E. (Hrsg.): *Psychologie des Unterrichts und der Schule.* Göttingen: Hogrefe, 71-176.

Hessisches Kultusministerium (Hrsg.) (2010): *Bildungsstandards und Inhaltsfelder. Das neue Kerncurriculum für Hessen. Sekundarstufe I – Gymnasium. Moderne Fremdsprachen.* Wiesbaden: HKM.

Herzog, Walter (2013): *Bildungsstandards. Eine kritische Einführung.* Stuttgart: Kohlhammer.

Heymann, H. W. (2014): „Wie lässt sich ein Minimum an Bildung erreichen? Problemaufriss, Klärungen, offene Fragen." In: *Pädagogik* 5, 6-10.

Higgins, S. & Simpson, A. (2011): "Visible learning: A synthesis of over 800 meta-analyses relating to achievement. By John A. C. Hattie." In: *British Journal of Educational Studies* 59/2, 197-201.

Hörisch, Jochen (2004): *Theorie-Apotheke. Eine Handreichung zu den humanwissenschaftlichen Theorien der letzten fünfzig Jahre einschließlich ihrer Risiken und Nebenwirkungen.* Frankfurt/Main: Eichborn.

Johnson, D. W. & Johnson, R. T. (2013): "Cooperative, Competitive, and Individualistic Learning Environments." In: Hattie, J. & Anderman, E. M. (eds.): *International Guide to Student Achievement.* London & New York: Routledge, 372-374.

Kang, S. H. K. et al. (2007): "Test format and corrective feedback modulate the effect of testing on memory retention." In: *European Journal of Cognitive Psychology* 19, 529-558.

Kramsch, C. (1998): *Language and Culture.* Oxford: Oxford UP.

Kirschner, P. A. et al. (2006): "Why minimal guidance during instruction does not work: An analysis of the failure of constructivist, discovery, problem-based, experiental, and inquiry-based teaching." In: *Educational Psychologist* 41, 75-86.

Klieme, E. (2004): „Was sind Kompetenzen und wie lassen sie sich messen?" In: *Pädagogik* 6, 10-13.

Klieme, E. et al. (2003): *Zur Entwicklung nationaler Bildungsstandards. Eine Expertise.* Bonn: BMBF.

KMK (Sekretariat der Ständigen Konferenz der Kultusminister der Länder in der Bundesrepublik Deutschland) (1995): *Bildungsstandards für den Mittleren Schulabschluss in den Fächern Deutsch, Mathematik und erste Fremdsprache.* (Beschluss der KMK vom 12. 05. 1995; www.kmk.org).

KMK (Sekretariat der Ständigen Konferenz der Kultusminister der Länder in der Bundesrepublik Deutschland) (2004): *Bildungsstandards für die erste Fremdsprache Englisch/Französisch für den Mittleren Schulabschluss.* (Beschluss der KMK vom 04. 12. 2003). München: Luchterhand.

KMK (Sekretariat der Ständigen Konferenz der Kultusminister der Länder in der Bundesrepublik Deutschland) (2005): *Bildungsstandards für die erste Fremdsprache Englisch/Französisch für den Hauptschulabschluss.* München: Luchterhand.

Köller, O. et al. (2001): „TIMSS: Third International Mathematics and Science Study. Dritte internationale Mathematik- und Naturwissenschaftsstudie." In: Weinert, F. E. (Hrsg.): *Leistungsmessungen in Schulen.* Weinheim & Basel: Beltz, 269-284.

Kounin, J. S. (1970): *Discipline and group management in classrooms.* New York: Holt, Rinehart and Winston.

Kounin, J. S. (2006): *Techniken der Klassenführung.* Münster: Waxmann.

Kyun, S. et al. (2013): "The Effect of Worked Examples When Learning to Write Essays in English Literature." In: *The Journal of Experimental Education* 81/3, 385-408.

Legutke, M. K. (Hrsg.) (2008): *Kommunikative Kompetenz als fremdsprachendidaktische Vision.* Tübingen: Narr.

Legutke, M. K. (2010): „Kommunikative Kompetenz und Diskursfähigkeit." In: Hallet, W. & Königs, F. G. (Hrsg.): *Handbuch Fremdsprachendidaktik.* Seelze: Klett Kallmeyer, 70-75.

Liem, G. A. D. & Martin, A. J. (2013): "Direct Instruction." In: Hattie, J. & Anderman, E. M. (eds.): *International Guide to Student Achievement.* London & New York: Routledge, 366-368.

Lindsey et al. (2013): "Improving students' long-term knowledge retention through personalized review." In: *Psychological Science* August 16, 1-14 (+ Supplementary Online Materials 1-2; 1-12.

Little, D. (2007): "Knowledge about language and learner autonomy." In. Cenoz, J. & Hornberger, N. H. (eds.): *Encyclopedia of Language and Education.* Vol. 6: *Knowledge about Language.* New York: Springer, 247-260.

Locke, E. A. & Latham, G. P. (1990): *A theory of goal setting and task performance.* Englewood Cliffs, NJ: Prentice Hall.

Long, M. H. (2005): "Problems with supposed counter-evidence to the Critical Period Hypothesis." In: *International Review of Applied Linguistics* 43/4, 287-317.

Maier, U. et al. (2010): „Ein fächerübergreifendes Kategoriensystem zur Analyse und Konstruktion von Aufgaben." In: Kiper, H. et al. (Hrsg.): *Lernaufgaben und Lernmaterialien im kompetenzorientierten Unterricht.* Stuttgart: Kohlhammer, 28-43.

Markham, T. (2011): "Project Based Learning." In: *Teacher Librarian* 39/2, 38-42.

Marzano, R. J. (1998): *A theory-based meta-analysis of research on instruction.* Aurora, CO: Mid-Continent Regional Educational Lab.

Marzano, R. J. et al. (2001): *Classroom instruction that works: Research-based strategies for increasing student achievement.* Aurora, CO: Mid-Continent Research for education and Learning (MRL).

Mayer, R. E. (2004): "Should there be a three-strikes rule against pure discovery learning? The case for guided methods of instruction." In: *American Psychologist* 59, 14-19.

Meyer, H. (2014): „Auf den Unterricht kommt es an. Hatties Daten deuten lernen." In: Terhart, E. (Hrsg.): *Die Hattie-Studie in der Diskussion. Probleme sichtbar machen.* Seelze: Klett Kallmeyer, 117-133.

Meyer, H. & Terhart, E. (2007): „Guter Unterricht – nur ein Angebot? Interview mit dem Unterrichtsforscher Andreas Helmke." In: Becker, G. et al. (Hrsg.): *Guter Unterricht. Maßstäbe & Merkmale – Wege & Werkzeuge.* (Friedrich Jahresheft XXV). Seelze: Friedrich, 62-63.

Meyer, M. A. & Heckt, D. H. (2008): „Individuelles Lernen und kooperatives Arbeiten. Über das enge Verhältnis scheinbar widersprüchlicher Ansätze." In: Biermann, C. et al. (Hrsg.): *Individuell Lernen – kooperativ Arbeiten.* (Friedrich Jahresheft XXVI). Seelze: Friedrich, 7-10.

Miller, G. A. (1956): "The Magical Number Seven, Plus or Minus Two. Some Limits on Our Capacity for Processing Information." In: *Psychological Review* 63/2, 81-97.

Ministero dell'Istruzione, dell'Università e della Ricerca (2012): *Visible Thinking, Slow Learning.* Roma.

Müller-Michaels, H. (2014): „Hochschulreife durch Bildungsstandards? Kritische Anmerkungen." In: *Forschung & Lehre* 4, 280-282.

Nuthall, G. A. (2007): *The hidden lives of learners.* Wellington: New Zealand Council for Educational Research.

OECD (2001): *Lernen für das Leben. Erste Ergebnisse der internationalen Schulleistungsstudie PISA 2000.* Paris: OECD.

Palincsar, A. S. (2013): "Reciprocal Teaching." In: Hattie, J. & Anderman, E. M. (eds.): *International Guide to Student Achievement.* London & New York: Routledge, 369-371.

Palincsar, A. S. & Brown, A. L. (1984): "Reciprocal teaching of comprehension-fostering and comprehension-monitoring activities." In: *Cognition and Instruction* I/2, 117-175.

Pant, H. A. (2014): „Visible Evidence? Eine methodisch orientierte Auseinandersetzung mit John Hatties Meta-Metaanalysen." In: Terhart, E. (Hrsg.): *Die Hattie-Studie in der Diskussion. Probleme sichtbar machen.* Seelze: Klett Kallmeyer, 134-146.

Pattison, T. (ed.) (2013): *IATEFL 2012 Glasgow Conference Selections.* Canterbury: University of Kent.

Peschel, F. (2002): *Offener Unterricht – Idee, Realität, Perspektive und ein praxiserprobtes Konzept zur Diskussion.* Baltmannsweiler: Schneider.

Petty (2004, ^{2}2009): *Evidence-Based Teaching. A Practical Approach.* Cheltenham: Nelson Thornes.

Piepho, H.-E. (1974): *Kommunikative Kompetenz als übergeordnetes Lernziel im Englischunterricht.* Dornburg-Frickhofen: Frankonius.

Pink, D. H. (2009): *Drive: The Surprising Truth About What Motivates Us.* New York: Riverhead Books (dtsch. 2010: *Drive. Was Sie wirklich motiviert.* Salzburg: Ecowin).

Popper, K. (1938; [11]2005): *Logik der Forschung.* Berlin: Akademie-Verlag.

Porte, G. K. ([2]2010): *Appraising Research in Second Language Learning. A pratical approach to critical analysis of quantitative research.* Amsterdam & Philadelphia: John Benjamins.

Ravitch, D. (1995): *National Standards in American Education. A Citizen's Guide.* Washington, DC: Brookings Institution Press.

Ravitch, D. (2010): *The Death and Life of the Great American School System: How Testing and Choice are Undermining Education.* New York: Basic Books.

Ravitz, J. (2009): "Introduction: Summarizing Findings and Looking Ahead to a New Generation of PBL Research." In: *Interdisciplinary Journal of Problem-based Learning* 3/1, 4-11.

Reich, K. (o. J.): Demokratie und Erziehung nach John Dewey aus praktisch-philosophischer und pädagogischer Sicht.
www.uni-koeln.de/hf/konstrukt/reich_works/aufsatze/reich_52.pdf

Reiss, K. & Bernhard, M. (2014): „Hatties *Visible Learning* im Kontext der Mathematikdidaktik. Das Beispiel Problemlösen." In: Terhart, E. (Hrsg.): *Die Hattie-Studie in der Diskussion. Probleme sichtbar machen.* Seelze: Klett Kallmeyer, 89-100.

Rohrer, D. & Pashler, H. (2010): "Recent Research on Human Learning Challenges. Conventional Instructional Strategies." In: *Educational Researcher* 39/5, 406-412.

Rosenshine, B. (1985): „Direct Instruction." In: Husen, T. & Postlethwaite, T. N. (eds.): *The International Encyclopedia of Education.* Vol. 3, 1395-1400.

Rosenshine, B. & Meister, C. (1994): "Reciprocal teaching: A review of the research." In: *Review of Educational Research* 64/4, 479-530.

Rosenshine, B. & Stevens, R. ([3]1986): "Teaching functions." In: Wittrock, M. C. (ed.): *Handbook of Research on Teaching.* New York: American Educational Research Association, 376-391.

Roth, G. (1994, [8]1997): *Das Gehirn und seine Wirklichkeit. Kognitive Neurobiologie und ihre philosophischen Konsequenzen.* Frankfurt/Main: Suhrkamp.

Roth, G. (2011): *Bildung braucht Persönlichkeit. Wie Lernen gelingt.* Stuttgart: Klett-Cotta.

Rück, N. (2009): *Auffassungen vom Fremdsprachenlernen monolingualer und plurilingualer Schülerinnen und Schüler.* Kassel: kassel university press.

Seidel, T. & Shavelson, R. J. (2007): "Teaching effectiveness research in the past decade. The role of theory and research design in disentangling meta-analysis results." In: *Review of Educational Research* 77, 454-499.

Skehan, P. (2003): "Task-based instruction." In: *Language Teaching* 1, 1-14.

Slavin, R. E. ([2]1995): *Cooperative learning: Theory, research and practice.* Boston: Allyn & Bacon.

Snook, I. et al. (2009): „Invisible Learnings? A Commentary on John Hattie's book: Visible Learning: A synthesis of over 800 meta-analyses relating to achievement." In: *New Zealand Journal of Educational Studies* 44/1, 93-106.

Spiewak, M. (2013): Ich bin superwichtig! In: Zeit online vom 14. 01. 2013
http://www.zeit.de/2013/02/Paedagogik-John-Hattie-Visible-Learning

Spinner, K. H. (2004): „Der standardisierte Schüler. Über ungewollte Folgen der Einführung von Bildungsstandards." In: *Forschung & Lehre* 12, 677-679.

Steffens, U. & Höfer, D. (2012): *Die Hattie-Studie.* Wien: Bundesministerium für Unterricht, Kunst und Kultur (bm:ukk).

Strobel, J. & van Barneveld, A. (2009): "When is PBL More Effective? A Meta-synthesis of Meta-analyses Comparing PBL to Conventional Classrooms." In: *Interdisciplinary Journal of Problem-based Learning* 3/1, 44-58.

Thaler, E. (2013): "IATEFL 2012 Glasgow Conference Selections." In: *Praxis Fremdsprachenunterricht Englisch* 5, 21.

Terhart, E. (2011): „Hat John Hattie tatsächlich den Heiligen Gral der Schul- und Unterrichtsforschung gefunden? Eine Auseinandersetzung mit Visible Learning." In: Keiner, E. et al. (Hrsg.): *Metamorphosen der Bildung. Historie – Empirie – Theorie.* Bad Heilbrunn: Klinkhardt, 277-292.

Terhart, E. (1997): „Entwicklung und Situation des qualitativen Forschungsansatzes in der Erziehungswissenschaft." In: Friebertshäuser, B. & Prengel, A. (Hrsg.): *Handbuch Qualitative Forschungsmethoden in der Erziehungswissenschaft.* Basel & Weinheim: Beltz, 27-42.

Terhart, E. (Hrsg.) (2014): *Die Hattie-Studie in der Diskussion. Probleme sichtbar machen.* Seelze: Klett Kallmeyer.

Tesch, B. et al. (Hrsg.) (2008): *Bildungsstandards Französisch: konkret. Sekundarstufe I: Grundlagen, Aufgabenbeispiele und Unterrichtsanregungen.* Berlin: Cornelsen (IQB).

Timperley, H. (2013): "Feedback." In: Hattie, J. & Anderman, E. M. (eds.): *International Guide to Student Achievement.* London & New York: Routledge, 402-404.

Tobias, S. & Duffy, T. M. (2009): *Constructivist instruction: Success or failure?* New York: Routledge.

Torgerson, C. J. et al. (2005): "A systematic review and meta-analysis of controlled trials evaluating interventions in adult literacy and numeracy." In: *Journal of Research in Reading* 28/2, 87-107.

Verdonk, P. (2002): *Stylistics*. Oxford: OUP.

Viskochil, L. A. (1984): *Chicago at the turn of the century in Photographs.* New York: Dover Publications.

Vygotsky, L. S. (1962): *Thought and Language.* Cambridge, MA: MIT Press.

Waxman, H. C. et al. (1985): "Synthesis of research on the effects of adaptive education." In: *Educational Leadership* 43/1, 26-29.

Weinert, F. E. (1998): *Neue Unterrichtskonzepte zwischen gesellschaftlichen Notwendigkeiten, pädagogischen Visionen und psychologischen Möglichkeiten.* Vortragsmanuskript für den Bildungskongress des Bayrischen Staatsministeriums für Unterricht, Kultus, Wissenschaft und Kunst am 29. 04. 1998.

Weinert, F. E. (1999): *Konzepte der Kompetenz.* Paris.

Wellenreuther, M. (2000): *Quantitative Forschungsmethoden in der Erziehungswissenschaft. Eine Einführung.* Basel & Weinheim: Beltz.

Wellenreuther, M. (2004, ^{2}2010, Neubearbeitung 2013, ^{7}2014): *Lehren und Lernen – aber wie? Empirisch-experimentelle Forschungen zum Lehren und Lernen im Unterricht.* Baltmannsweiler: Schneider.

Wellenreuther, M. (2011a): „Kooperativ lernen – aber wie? Teil 1: Möglichkeiten effektiver Gruppenarbeit." In: *Schulverwaltung NRW* 11, 292-295.

Wellenreuther, M. (2011b): „Kooperativ lernen – aber wie? Teil 2: Wirksamkeit und Grenzen kooperativer Methoden." In: *Schulverwaltung NRW* 12, 324-327.

Wellenreuther, M. (2014): „Direkte Instruktion. Was ist das, und wie geht das?" In: *Pädagogik* 1, 8-11.

Wiechmann, J. (2002, ^{5}2011): *Zwölf Unterrichtsmethoden.* Weinheim & Basel: Beltz.

Willis, J. (1996, ^{6}2004): *A Framework for Task-based Learning.* Harlow: Longman.